复旦卓越·金融学系列

金融运营管理

牛淑珍 齐安甜 主编

Financial Operation Management

復旦大學出版社

内容简介

目前,国内关于金融运营管理的同类书并不常见,也未对金融运营管理形成统一、权威的定义。本书基于学科领域内的经典论述,结合我国实际国情,认为金融运营管理是指企业在运作过程中通过金融手段进行计划、组织、管理、控制的一切活动的总合。通过金融运营管理,使企业的各种资源有效转化为金融产品和金融性服务,更好地满足自身或市场的金融需求,实现企业的价值增值。本书高度注重理论与实践的结合,梳理了金融运营管理的现有理论以及国内外的实践经验,并且运用大量一手案例和数据,进一步丰富了该研究领域的研究成果。

本书作者团队由高校金融学教授和金融业高管组成,他们既有坚实的理论基础,又有丰富的金融业务实操经验。本书适合金融相关专业的本科高年级学生、研究生,以及教师使用,也可为相关专业从业人员提供操作思路。

序　言

党的二十大报告明确提出："完善中国特色现代企业制度，弘扬企业家精神，加快建设世界一流企业。"这为企业今后发展进一步指明了方向，坚定了企业家以更大格局、更宽视野，加快打造世界一流企业的信心。

正如金融是经济的血脉，金融同样是企业发展的助推剂，无论是金融机构还是实体企业的发展都离不开金融运营与金融管理。离开了金融运营，企业很难取得快速发展；离开了金融管理，企业发展则可能陷入困境。

目前，关于金融运营与管理的研究或者立足于宏观金融管理，或者立足于以银行、证券、保险为代表的金融机构运作管理，或者立足于实体企业的资金运作或资本运营，内容宽泛，涉及众多领域。这就造成了两个问题：一是相关领域互不交叉，造成对金融运营管理的人为割裂；二是重点不突出，读者无法把握金融运营和金融管理中最重要的环节有哪些。

为此，将金融机构与实体企业结合起来，从整体角度思考和把握企业运营及管理模式，把握金融运营与金融管理的重点和精髓，在实践中就显得十分有必要。基于此，我们编写了这本《金融运营管理》。本书将从理论和实践两个方面对金融机构、实体企业的运营理念、方法和管理模式进行系统性解读，并进一步运用到我国企业经营实践中，促进我国经济社会的持续稳定发展。

本书致力于实现三个方面的创新。第一，正如二十大报告中所提出的弘扬企业家精神，信用、道德与社会责任、环境、战略、管理、运营这六个金融运营管理的基本要素以及"企业如水"的精神本质正是企业家精神的体现。本书对金融运营管理的基础理念和基本前提进行了创新性研究。离开了这些基础和前提，金融运营管理就成为了无本之木。

第二，本书尝试对金融运营管理的关键环节进行提炼。无论是金融机构运营管理还是实体企业资本运作，都涉及运营、管理、产品的方方面面，全面关注则难免失去重点。本书立足于企业发展中最关键的战略规划、环境分析、规划先行、企业并购等问题进行探讨，突出了金融运营及金融管理的重点，起到提纲挈领的作用。

第三，本书借鉴 MBA(Master of Business Administration,工商管理硕士)常用的教学方式进行写作方法的创新，大部分篇幅和重点问题以整体案例的形式进行分析讨论，让读者从案例中反思、总结出金融运营管理的基本方式、方法，增强对金融运营管理的理解和实践能力。同时,在每章的最后一节结合全章内容设置一个具体案例,用以增强读者对本章内容的理解。通过总体案例与具体案例相结合的方式,增强本书的实践性与应用性。

本书共分为八章。第一、第二章侧重理论部分,主要是金融运营管理概论及两个基础前提;第三、第四章从国际、国内两个层面,对公司金融运营管理环境进行分析;第五至第八章从金融机构、实体企业两个层面,运营、管理两个维度分别对不同主体下的金融运营管理进行了探讨,通过理论与实践的结合,将金融运营管理的内涵、理念进一步深化。

金融运营管理涉及的内容比较广泛,既需要在理论上研究完善,也需要从实践操作层面深入探讨,将金融机构与实体企业相结合进行系统研究具有一定的理论价值和现实意义。

目　录

第一章　金融运营管理概论 ··· 001
 第一节　金融运营管理的定义 ··· 001
 第二节　金融运营管理的研究范畴 ····································· 002
 第三节　金融运营管理的基本要素 ····································· 003
 第四节　金融运营管理的精神实质 ····································· 008
 第五节　本书的主要研究内容 ··· 011
 第六节　案例分析：没有企业的时代，只有时代的企业 ··················· 012

第二章　金融运营管理基础 ··· 016
 第一节　战略规划 ··· 016
 第二节　财务计划 ··· 021
 第三节　案例分析：赤壁之战的战略分析 ······························· 024

第三章　金融运营管理的环境分析之一：国际环境分析 ····················· 026
 第一节　对世界经济的认识 ··· 026
 第二节　次贷危机及其引发的国际金融危机 ····························· 028
 第三节　"一带一路"的倡议抉择 ······································· 036
 第四节　贸易战的动因剖析及我国对策 ································· 041
 第五节　案例分析：雷曼兄弟公司的倒下 ······························· 043

第四章　金融运营管理的环境分析之二：国内环境分析 ····················· 047
 第一节　我国经济增长的重要引擎——新型城镇化 ······················· 047
 第二节　新型城镇化的内涵及意义 ····································· 049
 第三节　我国新型城镇化的发展历程 ··································· 052
 第四节　新型城镇化的国际经验 ······································· 054
 第五节　新型城镇化的路径选择 ······································· 058
 第六节　案例分析：成都市新型城镇化之路 ····························· 068

第五章　金融机构运营：开发性金融发展与运营模式······074
第一节　国家开发银行发展历程······074
第二节　开发性金融运营原理······081
第三节　开发性金融作用与成效······089
第四节　开发性金融的国际比较······094
第五节　开发性金融总结及展望······105
第六节　案例分析：助学贷款创新······106

第六章　金融机构管理：开发性金融规划先行战略······110
第一节　规划先行概述······110
第二节　开发性金融规划先行战略的提出······114
第三节　开发性金融规划先行基本框架······116
第四节　开发性金融科学发展规划编制要求······125
第五节　规划先行组织管理······130
第六节　规划先行战略成效······136
第七节　案例分析：大连金州新区系统性融资规划······137

第七章　实体企业金融运营方式：收购与兼并······148
第一节　收购与兼并概论······148
第二节　收购与兼并决策及交易过程······152
第三节　收购与兼并财务及估值······155
第四节　收购与兼并整合······161
第五节　收购与兼并防御策略······166
第六节　收购与兼并效应及风险控制······168
第七节　案例分析：吉利"蛇吞象"收购沃尔沃······176

第八章　实体企业金融管理：德隆集团的覆灭······185
第一节　德隆的时代背景······185
第二节　德隆的诞生与快速发展······188
第三节　德隆金融管理的失败······191
第四节　德隆金融管理得失：员工角度······193
第五节　德隆金融管理的教训与启示······196
第六节　案例分析：德隆金融管理与行业整合的双轮驱动······201

总结与展望······207

参考文献······209

第一章 金融运营管理概论

第一节 金融运营管理的定义

一、相关研究

目前,关于金融运营管理的同类书籍还不常见,对它的定义也较少涉及,并未形成统一。

最典型的一本关于金融运营管理的著作是赫里特·扬·范登布林克所著的《金融机构运营管理》,中译本由中国人民大学出版社于2008年3月出版,在书中作者对金融运营管理是这样定义的:金融运营管理是指金融机构的后台系统(back office),即结算与清算过程。作者的这一定义,具体指金融机构后台系统的运作,我们把它称为"狭义的金融运营管理。"

另一本是同年7月由北京大学出版社出版的《金融企业管理系列教材:金融企业运作管理》,作者林光对金融运营管理这样定义:金融运营管理是指对金融企业运作过程及金融企业运作系统的设计、计划、组织和控制。也就是说,金融企业通过对服务内容、服务提供系统、服务运作过程的设计、运行与改进,以及服务系统的计划、组织与控制的职能管理,使金融企业的各种资源有效地转化为金融产品和金融性服务,更好地满足市场上庞大繁杂的金融需求,在实现企业经营目标的同时较好地实现企业的价值增值。作者的这一定义,超越了金融机构后台系统的运作,更加侧重于对金融企业运营的整个管理过程,我们把它称为"广义的金融运营管理"。

此外,还有一本《金融市场运营管理》的书,2018年1月由中国金融出版社出版,作者是基思·迪金森(Keith Dickinson),主要侧重于金融市场,与本书的侧重点偏离比较大,我们在此不作介绍。

二、本书的定义

结合已有研究,本书对金融运营管理给出如下定义:

金融运营管理是指企业在运作过程中通过金融手段进行计划、组织、管理、控制的一切活动的总和。通过金融运营管理，使企业的各种资源有效地转化为金融产品和金融性服务，更好地满足自身或市场的金融需求，实现企业的价值增值。

第二节 金融运营管理的研究范畴

根据定义，金融运营管理研究的内容很多，一是它不再局限于企业内部，因为现代公司的生存和发展都离不开金融系统，所以，必须注重研究企业与金融系统之间的关系，综合运用各种形式的金融工具与方法，进行风险管理和价值创造。这是现代公司金融学的一个突出特点。二是就企业内部而言，金融运营管理所研究的内容也比"财务"或"理财"要广，它还涉及与公司融资、投资以及收益分配有关的公司治理结构方面的非财务性内容，涵盖了金融运营、金融管理两个层面。

具体而言，本书的研究分两个维度进行界定。

第一个维度，本书侧重于宏观还是微观层面的金融运营管理？鉴于宏观金融运营管理主要是侧重于金融学领域的研究，本书侧重于微观，即针对企业的金融运营管理研究。

第二个维度，本书侧重于实体企业还是金融企业？本书的研究领域包含金融企业，但不局限于金融企业，还会包含甚至侧重于实体企业。也就是说，只要是企业内部与金融、财务有关的运营管理活动都是本书的研究范畴。

因此，本书每章的研究内容并不完全限制在金融机构的维度之内。例如，第五章"金融机构运营：开发性金融发展模式与运营模式"、第六章"金融机构管理：开发性金融规划先行战略"聚焦于金融机构的运营管理；而第七章"实体企业金融运营方式：收购与兼并"、第八章"实体企业金融管理：德隆集团的覆灭"则超出了金融机构层面，着眼于实体企业相关的内容，从而使金融运营管理的外延扩展，适用性更强。

需要说明的是，本书不以理论或原理性知识的归纳和总结为重点，而是借鉴MBA的教学方式，除第一、二、七章偏重于理论介绍之外，其余各章均以案例形式，让读者从案例中反思、总结出金融运营管理的基本方式、方法，增强对金融运营管理的理解和实践能力。如第三章"金融运营管理的环境分析之一：国际环境分析"以及第四章"金融运营管理的环境分析之二：国内环境分析"，分别从国际方面重点分析了次贷危机引发的国际金融危机、"一带一路"倡议、贸易战这几个主题，提出国际政治经济形势的演变趋势；国内方面则聚焦在新型城镇化这一经济增长的重要引擎，其他国内环境不再赘述。通过国际、国内环境分析，以这两部分为例，引导读者加深对金融运营管理中环境因素的重视，增强对企业经营中环境要素的分析能力，从而举一反三，在国际、国内环境分析思路与方法的基础上，对技术、产业、竞争、市场等外部环境以及制度、文化、组织等内部环境进行分析，进而更好地理解和把握金融运营管理的内涵。

在全书的结构设计中，一个总体思路是聚焦但又不局限于金融运营管理，只要有助于加深对金融运营管理的把握、提高对金融运营管理实践能力的相关要素，都会作为本书的探讨内容。例如,第一章"金融运营管理概论"的第三节分析了金融运营管理的基本要素,我们总结了信用、道德与社会责任、环境、战略、管理、运营这六部分内容,虽然这六个方面看似与金融联系不紧密,但好的金融运营管理实则与这六大要素是密不可分的,做不到这六个方面,就很难做好金融运营管理;又如,第二章"金融运营管理基础"的最后一节以赤壁之战作为案例分析,主旨在于加深对金融运营管理的战略把握,提高读者的战略分析能力,而不仅仅局限在金融领域。

第三节　金融运营管理的基本要素

金融运营管理的研究范畴确定之后,本节主要探讨金融运营管理的六个基本要素。

一、信用

金融运营管理的第一个核心要素是信用。可以说,从我们每一个人,到每一个企业,乃至每一个国家,信用都是最为重要的,它是我们做人的根本,是企业基业常青的基石,也是国家之所以存在和强盛的基础。

孔子说"人无信不立",人没有信用就不能算作一个堂堂正正的人;人如果一次失信,两次失信,第三次就没有人再相信你了。像那个放羊的孩子,为了好玩,他第一次喊"狼来了",人们赶紧跑过来救他;第二次喊"狼来了",人们尽管犹豫了一下,还是跑过来救他,又一次被这个孩子欺骗了;第三次当他喊"狼来了",没有一个人再过来救他,因为他已经彻底失去了人们的信任,而这次,狼真的来了。在生活中,一个诚实守信的人,才能赢得别人的尊重。如果一个人总是不讲诚信、谎话连篇,别人即使嘴上不说,心里对他也肯定是鄙视和远离的。

对企业而言,诚信是企业发展的第一重要因素。诚信的企业,才能走得更远。哪怕企业经营暂时失败了,领导者诚信的品格也可以帮助他东山再起。海尔在创业之初,张瑞敏当众砸烂有一些质量问题但完全不影响使用的冰箱,一方面是为了提高员工的质量意识,另一方面就是在树立企业的诚信理念。

巨人集团的史玉柱投资珠海市的地标建筑——巨人大厦,结果资金链断裂,欠债2个多亿,这在20世纪90年代末是一个天文数字。但他在之后的岁月里,坚持把所有的债还清,体现了超出常人的诚信精神,巨人集团也终于东山再起。

"2001 CCTV 中国经济年度人物"颁奖词这样说道:

> 从一无所有到亿万富翁,他是一个著名的成功者;从亿万富翁到一无所有,他是一个著名的失败者;再从一无所有到亿万富翁,他是一个著名的东山再起者;他创造了一个中国乃至全球经济史上绝无仅有的传奇故事。

第一次,他上演了一个成功的版本;第二次,他演绎了一个失败的案例;这一次,他从哪里跌倒就从哪里爬起，并完成了对企业家精神的定义：执着，诚信，勇于承担责任。

对国家而言，信用更是立国之本。周幽王为博褒姒一笑而"烽火戏诸侯"，换来的就是当外敌真的兵临城下时，没有哪一路诸侯赶过来相救，因为人们已经不相信自己的王了。

所以说，诚信、信用，对个人、企业、国家都是最为重要的，也是这本《金融运营管理》中所探讨的第一个核心要素。

二、道德与社会责任

金融运营管理的第二个要素是道德与社会责任。首先要清楚什么是道德？道德从表面上看是一个非常简单和常见的词汇，但如果深入探讨，道德的实质界定和真正内涵却又模糊不清。什么是道？什么是德？

我国古代著名的《道德经》，此书也叫《老子》，是春秋时期一个叫老子的人写的。老子姓李，名耳，也被称为老聃。他是中国最伟大的哲学家、政治思想家，被道家尊为始祖，也是中国神话传说中太上老君的原型。他的职务是周朝的守藏室之史，相当于现在的国家图书馆管理员。

公元前501年，孔子问礼于老子。回来后孔子对弟子们说："鸟，吾知其能飞；鱼，吾知其能游；兽，吾知其能走。……至于龙，吾不能知，其乘风云而上天。吾今见老子，其犹龙邪！"体现出老子在孔子心中至高无上的地位。

《史记》记载，老子看透了周朝的衰败，于是骑着青牛西出函谷关，关令尹喜对老子说："子将隐矣，强为我著书。"于是老子乃著书上下篇，言道德之意五千余言而去，莫知其所终。也就是说老子在尹喜的邀请下，写了《道德经》这本书，分上下两册，上册为道经，下册为德经。这本书有着怎样的影响力呢？

据联合国教科文组织统计，《道德经》是除了《圣经》以外，被译成外国文字、发行量最多的文化名著。

据荷兰学者沃尔夫（Knut Walf）所编的《西方道教研究目录》（第六版）统计，1816—2009年，全球西文《道德经》译本总共涉及31种语言、643种译本。

美国《纽约时报》将《道德经》列为世界十大名著之首。

在中国，历史上的三大盛世：文景、贞观、开元，都是采用的老子思想。"文景之治"重视"以德化民"，采取"轻徭薄赋""与民休养生息"的无为而治政策，府库里的铜钱多到穿钱的绳子都烂了；"贞观之治"执行尊祖崇道的国策，运用道家思想治国平天下，都城长安成为世界的中心；"开元盛世"时期唐玄宗治国以道家清静无为思想为宗，提倡文教，使得唐中期的朝政趋于稳定。中国历代领导人都非常推崇老子思想，在文章、讲话中多次引用《道德经》中的名句。

那么，在《道德经》中，是如何定义道和德的呢？老子是这样说的："道生一，一生二，二生三，三生万物；人法地，地法天，天法道，道法自然；万物莫不尊道而贵德。"通俗而言，所谓"道"，就是天地万物存在的本源、本质和规律。

那么，什么是"德"呢？把道映射到人的身上，就是德。也就是说，德是人们对天地万物的本源、本质和规律的认识。

从说文解字的角度来讲，"德"字的左边这个双立人就像人在向上攀升的意思；右边是"十目一心"。因此，"德"字的含义就是让人要不断修养自己，在这个修养自身的过程中还要经受很多的督促与监督。守"德"就是做人一定要守规矩，要按照客观规律、按照道来做人做事。

对我们个人而言，哲学上有一个终极追问：我是谁？我从哪里来？我到哪里去？人只有明白自己是谁，尊道守德，才能度过一个有意义的人生。

在我国的另一部传统文化经典《周易》中讲到，易有六十四卦，每卦有六爻，分为阴爻和阳爻。其中，最上边的两爻即五爻和六爻代表天道，最下边的两爻即初爻和二爻代表地道，而中间的三、四两爻就代表人道。天要符合天道，地要符合地道，人要遵循人道，即要守德。如果人不遵循人道，就是"失德"，民间也称"缺德"。从《易经》的卦象来说就是背离了三、四爻，也就是不三不四，这就是"不三不四"这个民间俗语的由来，其含义就是做人要有道德。

老子说："万物莫不尊道而贵德"，万物非道不能生，非德不能成。天、地、人、万物之所以能生存发展，都是源于道德的养育。德是一种看不见、摸不着而确实存在的高能量物质。可以说"德"字决定着人的一切，德行的多寡深浅，决定着人的福分和命运。正如古人所言："有德者得""失德者失"。对于常人来说，没有"德"就没有福气。人的吉凶祸福与德紧密相连，有德为福，无德为祸，这便是"天道无亲，常与善人"的真正含义。

德的一种高级形式是玄德。《道德经》第十章中说："生而不有，为而不恃，长而不宰，是谓玄德。"玄德就是道的一种特质：生育万物而不占有他们，有了功劳不自恃，养育万物却不主宰他们的命运。这就是最高形式的德。刘备，字玄德，就出自此处。在人的身上体现出来，这种德就像母亲的爱一样，无私地为他人储蓄力量，为他人的成长付出，为他人的成功付出，也爱护他人，护持他人。

做人讲道德，做企业更要有道德。海尔创始人张瑞敏曾经说过，"做企业就是做人"，他这句话有两层意思：第一层意思是"得良将者得天下"，好的企业一定要有精兵强将；第二层意思是做企业要有做人的品德。

那么对企业来讲，怎样才算是有好的道德呢？那就是企业的社会责任。企业之所以存在，不仅仅是为赚多少钱，更是要给股东、给员工、给顾客带来多少价值，给这个社会带来多少价值，这是企业存在和发展的根本。

日本著名的企业家稻盛和夫被称为"经营之圣"，也是任正非、张瑞敏等著名企业家最崇拜的人生导师。他用自己七十多年来的人生经验，写了《稻盛和夫给年轻人的忠告》一书，将自己对职场上的人生感悟分享给世人。他出身于贫困家庭，家中连他共有七个小孩，他不是非常聪明，求学过程也非常曲折，刚开始工作也很不顺利。但稻盛和夫并没有让自己沉沦下去，他始终坚信，付出终有回报，所以他付出了常人难以承受的努力，也得到了骄人的成绩。

稻盛和夫认为：钱，并不是赚来的，而是帮助别人解决问题后带来的回报。他通过长期的观察发现，那些越想赚钱的人，如果不择手段，最终往往会赚不到钱。

抱利他之心，行利他之事，命运自然就会好转。因此，作为个人都应该思考，自己能给别人带来什么，能帮别人解决什么问题。什么时候想明白了这句话，一个人就开始真正赚钱了。

做人如此，做企业更是如此，具体表现就是企业道德与社会责任。

许多读者应该都听说过松下的"自来水哲学"。"自来水哲学"，是松下幸之助对企业使命的比喻。松下幸之助认为，企业的责任是把大众需要的东西，变得像自来水一样便宜。企业经营的目的就是从"无"中制造"有"，通过生产活动给所有人类带来富足丰裕的生活。以优良的品质，用消费者能购买的价格，把商品像自来水一样源源不断地提供给顾客。使顾客经常受益，才是企业获益的最大源泉。

这就是企业存在的意义，是企业道德的体现，也是企业应该肩负的社会责任。这一部分内容本书将会在第五章"金融机构运营：开发性金融发展与运营模式"中通过案例进行详细分析。

三、环境

金融运营管理的第三个要素是环境。"孟母择邻"的故事在中国家喻户晓。孟子小的时候非常调皮，有一段时间，他家住在墓地旁边，孟子就和邻居的小孩一起学着大人跪拜、哭嚎的样子，玩起办理丧事的游戏。孟子的妈妈看到了，就皱起眉头说："不行！我不能让我的孩子住在这里了！"孟子的妈妈就带着孟子搬到市集旁边去住。到了市集，孟子又和邻居的小孩，学起商人做生意的样子，一会儿鞠躬欢迎客人、一会儿招待客人、一会儿和客人讨价还价，表演得像极了！孟子的妈妈知道了，又皱皱眉头说："这个地方也不适合我的孩子居住！"于是，他们又搬家了。这一次，他们搬到了学校附近。孟子开始变得守秩序、懂礼貌、喜欢读书。这个时候，孟子的妈妈很满意地点着头说："这才是我儿子应该住的地方呀！"于是就定居在那里了。等孟子长大成人后，学成六艺，获得大儒的名望，可以说很大因素要归功于孟母择邻、逐步教化的结果。

孟母为教育好幼小的孟子，为了选择环境而三次搬家，终于把孟子培养成一代大儒。后人以"孟母择邻、孟母三迁、三迁之教"等比喻慈母希望子女成才，选择良好的教育环境。

企业的运营环境也十分重要。在摄影领域，现在已经很少有人提及"乐凯胶卷"这个产品了。但二十世纪八九十年代，河北保定的乐凯胶卷是国内最大的胶卷制造商，与日本的富士胶卷可谓平分秋色，但后来却销声匿迹了。是公司的管理不善吗？不尽然。最主要的原因是数码相机淘汰了胶卷，之后手机又淘汰了数码相机，现在只有摄影专业人士才会使用相机和胶卷，普通人使用手机拍照就行了。也就是说，乐凯胶卷的外部环境发生了变化，所以无论管理再科学、运营再完善、成本再合理，也很难阻止公司的衰败。这样的例子还有很多，例如以前的单放机、MP3等都是如此。

影响企业经营的宏观环境要素包括社会环境、经济环境、技术环境和文化环境。

社会环境包括社会的政治、法律、人口、教育等环境因素。在国际上,则涉及各国的政治体制,政权更迭及各政党的政策,特别是经济政策。

经济环境是宏观环境中对企业经营具有重要影响的因素。它主要包括:资源的丰瘠及其分布状况;国民经济的发展速度;国家、地区的经济发展战略;通货膨胀率;银行利率;税制与税率;国民收入水平等。就国际经济环境来讲,还包括国际性经济集团、国际贸易关系、经济周期等因素。

技术环境是影响企业经营的宏观诸因素中最活跃的因素。新技术的出现往往会改变产业结构和战略均势。

文化环境也属于社会环境,但是对企业经营具有特殊的意义。文化因素包括人们在特定的社会环境中形成的特定的习惯、风俗、观念、道德准则等,其核心是价值观念。不同社会、不同国家、不同民族的价值观念有很大差异,往往会造成一定的文化障碍,忽视这种差异,会导致战略失误。

企业的微观环境包括竞争环境以及内部的组织、文化等方面。好的金融运营管理必须要有好的公司运营环境。

四、战略

金融运营管理的第四个要素是战略。什么是战略?可以说,战略就像是太空中高高飘扬的风筝,指引着企业发展的方向。企业的存在与发展,一定要有目标。不但要有目标,还要有实现这个目标的人、财、物等各个生产要素的配置以及相应的战略措施。企业以通过生产产品和提供服务来获得收益为最终目的,其战略就是要回答企业做什么、做到什么程度、在哪里做和怎么做的问题,而这一切都要建立在对企业自身有客观、清醒的认识的基础上,不仅要树立高远目标,还要立足于企业实际。若战略决策失误,金融运营也不可能取得好的效果,金融管理也会缺乏正确的目标。因此,战略又是金融运营管理的基础,这一部分内容本书会在第二章进行详细分析。

五、管理

金融运营管理的第五个要素是管理。管理是企业永恒的主题。谈到管理,人们都会想到西方管理学,从法约尔、韦伯到泰罗,从梅奥、德鲁克到迈克·波特。对管理的内涵,不同管理学流派各有各的认识。本书认为,究其本质,管理应包括三个层次的内涵。

管理的第一层就是西方管理学的传统定义,即涵盖计划、组织、领导、协调的整个过程。这方面的各种管理学理论论述很多,本书不再赘述。

管理的第二层就是通过他人达成组织的目标。作为公司的领导层,什么事都自己做,这不是管理。该领导做的事情领导做,该员工做的事情员工做,组织内部做到合理、有效分工,才是管理的本质。

管理的第三层是做正确的事,而不是正确地做事。也就是说,选择做什么比怎么做更重要。对我们个人也是如此,选择比努力更重要。好的管理就是要做好选择,有所为有所不为,选择做正确的事。军事战争的最高境界是不战而屈人之兵,管理的最高境界是无为而治,治国的最高境界是治大国若烹小鲜,放利于民,不折腾。

西方管理学重在"管",是一种偏硬性的管理,就好比竹字头的"管"字,竹子偏硬而不屈。在中国古代则把管理叫作"治理","治"是水字旁,水是软的,而且是变化的,"水善利万物而不争",治理是顺势而为的。其实这正是老子提倡的"无为而治"。

管理者应将重点放在"理"上,而非"管"上。所谓"理"是指创造有利的环境使所有的人能够发挥其能力,"自然"地达成组织目标。而"管"则是对下属进行规定和控制,通过贯彻管理者的意志实现组织的目标。

很多人对"无为"有误解,认为"无为"就是不作为、不做事,这是不对的。事物的发展都要遵循由小到大、循序渐进的过程,若操之过急,人为地去干预,就如同"拔苗助长",适得其反。管理者用顺其自然的方式处理事务,施行"不发号施令"的教化,进而达到"无为而无不为"的最高境界,这才是东方式的管理。

六、运营

金融运营管理的第六个要素是运营。此处的运营也就是本书前文定义的"狭义的运营管理"。在企业的经营活动中,一些高层管理者往往重视前台业务,认为后台不重要,因为企业利润主要都是由前台部门产生的,后台最多在节约成本方面对企业效益产生影响,这种看法实际是非常错误的。

企业的各种创新活动往往是后台在运营支持,设计再好、创新再独特,如果没有后台的支撑,也难以实现。尤其在科技日新月异的数字经济时代,后台的运营对前台业务的产品创新往往起到重要的支撑作用。创新产品再好,如果后台系统不完备、不支持,那新产品的优越性也难以得到体现。

同样,对金融运营管理来说,运营的基础是成功的必要条件。没有好的运营,公司难以取得成功。

第四节　金融运营管理的精神实质

本书认为,金融运营管理的精神实质或者说本质内涵是"水"的精神。

前面金融运营管理的六个核心要素,其实在《道德经》一书的第八章中基本都包含了。这一章以水为喻,详细论证了信用、道德、环境、战略乃至管理的本质。他是这么说的:

> 上善若水。水善利万物而不争,处众人之所恶,故几于道。居善地,心善渊,与善仁,言善信,政善治,事善能,动善时。夫唯不争,故无尤。

这段话翻译过来就是:道德高尚的人像水一样。水具有施利于万物而不与万物相争的优秀品质,安然于众人所厌弃的低洼之处,所以说它的行为最接近道的准则。像水一样的人可以称为"仁",是高明的人,他们可以很安心地处在卑下的位置,但思想深邃幽远,交往仁慈关爱,言语真实坦诚,为政清净廉明,做事德才兼备,行为择时而动。正因为他与世无争,所以没有灾祸。

曾仕强先生在谈《道德经》的时候,提过"水有善",下面我们具体看看水的这七个特性。

第一个特性:"居善地",就是说人应待在自己该待的地方。然而,哪里才是自己应该待的地方呢?这很难一概而论,关键要看自己的才能、个性等,才能决定你是否适合待在某个地方。如果无法清醒地认识自我,站错了地方,则很有可能地位不保,甚至还有危险。例如:

> 唐朝张易之与张昌宗两兄弟,因为长得英俊,备受武则天的宠爱,旬日之间,名震天下。这两人一开始倒有自知之明,曾向狄仁杰请教"自安之术"。后来他们名气越来越大,巴结他们的人越来越多,他们就忘掉自己是谁了,最终双双被杀。这两人其实也有些才能的,如果出任州、县一级的官员,位置就站对了,就不至于招来杀身之祸。

此外,站位是否恰当,有时候也不完全取决于才能。姜子牙的才能足以胜任宰相,但在商纣王手下却连一个小官也当不好。而有些人才能平平,却能在很高的位置上如鱼得水。这是个人价值观与社会价值观是否相容的问题,是我们在选择人生站位时要重点考虑的问题。

待在自己该待的地方,这个地方不就是人或者企业所处的环境吗?这一点正是前文论述的金融运营管理的基本要素之一——环境。环境不合适,人再大的才能也难以发挥,企业再好的管理也难以为继。

第二个特性:"心善渊",意思就是说人的心胸要水一样虚静深远。这其实也是道德的一种具体体现。老子认为,人应该宽容,让心胸如水一般虚静深远,包容一切,也能化解一切。一个宽厚的人,顺利的时候可以与之共同奋斗,困难的时候人们也会去帮助他。

人一生中难免与别人产生误会、摩擦,如果不注意,仇恨便会悄悄成长,最终导致堵塞了通往成功之路。所以无论是做普通人还是企业管理者乃至政府官员,一定要记着在心里装满宽容,那样就会少一分烦恼,多一分机遇。

在物质社会的今天,要如何避免受到不良习气的污染与惊扰呢?这就需要通过学习,或感悟,或自我修炼,要把自己的心修炼成像磐石一样稳固,不易被外界情况所影响。

在今天的社会中,有些人看到别人升迁了,就认为那是溜须拍马的结果;看到别人发财了,就认为是幸运,或者是违法犯纪所得……其实每个人的成就都与他自身的努力密不可分。但如果一个人缺乏宽容之心,他就看不到这些,这样他就无法处理好人际关系,而且也丧失了学习别人优点的机会。

当然,即便有一些人靠着出风头、溜须拍马等不那么规范的手段得到提拔获得高薪,你也没必要嫉妒他们,否则会因心生埋怨、处处提防,变得孤独而陷入忧郁和痛苦。

第三个特性:"与善仁",也就是说,与人交往,要心存友善。对强者要尊重,对弱者要理解与嘉许。许多人对强者能保持足够尊敬,对弱者却心有轻视;或者对弱者表示亲近,对强者却心存排斥。这不是真正的"仁"。有一句话说得好,"你以怎么样的态度对待别人,别人也会以怎么样的态度对待你"。如果一个人对强者、弱者都能待之以仁,就可得众之力,无所不成。历史上这样的例子比比皆是。

第四个特性:"言善信",表示说话、做事要讲究信用,言必行,行必果。信用是为人的根本,言而无信,则寸步难行。君子守信,但承诺应与能力相匹配,不说空话,不许不可兑现的承诺。顺其自然,这便是老子的"道"之理。也是金融运营管理的基本要素之一——信用。

第五个特性:"政善治",表示要忠于职守,用业绩说话。古今中外,无论什么事物都有可能过时,无论什么理念都有可能被取代,唯独用业绩说话这一条始终是真理。如果用业绩说话都不灵了,不按规则去处理事务,那这家公司或这个团体也就没有再经营下去的必要了。

第六个特性:"事善能",就是做力所能及的事,将它理解为有办事能力也未尝不可。《孟子·梁惠王篇上》中提到:"挟泰山以超北海,此不能也,非不为也;为老人折枝,是不为也,非不能也。"有些事情不是我们想不想做的问题,确实力有不逮,也没办法。但有些事情我们能做,而且做了有益,也可能不去做。勉强去做力所不能及的事,或者放弃做力所能及的事,都不符合"事善能"的自然法则。

第五、第六个特性,强调用业绩说话和工作能力,这两点正是管理学中重要方法之一——"目标管理"所着重强调的。

第七个特性:"动善时",即合理把握时机。这是一个说说容易,做起来难的事情。什么时机才算合适?这完全取决于企业管理者个人的眼光和阅历。有的人能在适当的时候做恰当的事情,有的人却让事情发生在错误的时间和地点。如果我们的眼光与阅历不够,如何做到"动善时"呢?向有经验的人请教是一个好的方法。除此之外,抱着与人为善的想法去做,一般错不了。如果一个人、一家企业做的事情对他人、对社会有利,则可以说总是合宜的。

老子一方面以"无为之德"彰显出人性内在的光辉,同时又从另一个方面对人的行为提出了外在要求,即"知止""知常"。知止,就是要把握事物发展的度,做到适可而止、恰到好处,力戒贪心、排除妄为;知常,就是要明了物之本性,坚持顺应自然、恪守规律,做到知天理、循人情、顺造化。如果按照《道德经》中"知止知常""有所为,有所不为"的内在修养和外在德行去要求自己,则自然人我清静、烦恼不生,这正是"夫唯不争,故无尤"的境界。做人如此,企业运营管理更是如此。

对企业战略而言,"动善时"更是十分重要。在合适的时机做合适的事,既要具有前瞻性又要具备可行性,既要顶天又要立地,这正是金融运营管理中战略这个基本要素的内容。尤其是这最后一句话"夫唯不争,故无尤",因为不与人争所以没有大的灾祸发生,这种境界运用到企业经营当中,则正是管理学中强调的企业竞争的最高层次——超越竞争的境界。

综上可见,水的这些精神和特性,对企业运营管理非常重要,对个人的成长也具有很强的指导作用。例如,如果别人都厌恶而不愿去做的事,你去做了,长而久之,你就会拥有一些意想不到的机会。另外,找到能适合自己发展的平台、诚信做人、心胸仁厚、与能提升自己能力的人交往、把握时机,若能做到这几点,那离成功也就不远了。

八十一章的《道德经》,仅仅这第八章以水为喻的短短几句话,就无比形象地道出了金融运营管理六个基本要素的精髓,以及我们做人的准则。所以说,古人的智慧是无穷的,盲目崇拜以生产力为中心、物竞天择的西方文化并不可取,弘扬中国民族文化、传统文化应该是我们这代人乃至后人不可推卸的使命。

第五节 本书的主要研究内容

本书共分为八章。

第一章是金融运营管理概论,主要包括金融运营管理的定义、研究范畴、基本要素、精神实质等相关内容。在金融运营管理的研究范畴部分,对本书的研究领域、研究内容、研究思路和研究方法都做了比较详细的说明,提出了侧重于案例研究、既包括金融企业也包括实体企业、既聚焦于金融运营管理又不局限于金融运营管理的整体研究和写作思路。

第二章是金融运营管理基础,包括战略规划和财务计划两部分内容。战略是金融运营管理的六大核心要素之一,同时战略规划也构成了金融运营管理的基础支撑,没有好的战略规划,金融运营管理也就失去了目标和方向;相对于战略规划,财务计划则更加微观、具体,是战略规划实施的财务支撑,也是金融运营管理的基础前提。

第三章是金融运营管理的环境分析之一:国际环境分析,主要包括对世界经济的认识、次贷危机及其引发的国际金融危机、"一带一路"倡议、中美贸易战对国际格局的影响。

第四章是金融运营管理的环境分析之二:国内环境分析,主要聚焦在新型城镇化这一我国经济未来发展的重要引擎,通过对新型城镇化发展思路、发展历程的探讨,以此为基础,帮助读者更好地领悟和把握企业所处的国内环境。

第五章是金融机构运营:开发性金融发展与运营模式。开发性金融是国家开发银行的立行之本和主要理论依据,我们通过对国开行自成立至今发展模式的探讨,对金融运营管理的主要内容进行具体分析。

第六章是金融机构管理:开发性金融规划先行战略。第六章是第五章内容的进一步深化和具体化,规划先行是国开行实现超越竞争的主要手段,这一章主要以规划先行为例,具体探究一项战略措施是实际工作中究竟是如何落实的。

第七章是实体企业金融运营方式:收购与兼并。本章在第二节中界定了金融运营管理的研究范围包括实体企业和金融企业。而对实体企业而言,收购与兼并是企业运用资本运营实现快速发展的主要方式,第七章将对这一金融运营模式进行具体分析。

第八章是实体企业金融管理：德隆集团的覆灭。我们将以20世纪末中国民营资本的龙头——德隆集团为例，分析其金融运营管理尤其是金融管理的成功之处和最终失败的教训，总结德隆给金融运营管理带来的启示。

最后是本书的总结，将会对每一章的内容作一个简单的回顾，并总结出相关研究结论。

第六节　案例分析：没有企业的时代，只有时代的企业

一、退出500强的巨型企业[①]

2022年9月6日，中国企业联合会、中国企业家协会发布了"2022中国企业500强"榜单，这是中国企联连续第21次发布该榜单，从榜单上看，过去十年，许多中国巨无霸企业有着不同的路径。

数据显示，该榜单的入围门槛连续20年提高，2022年的500强入围门槛已经提升至446.25亿元，比上年增长13.74%。上榜企业的营业收入实现较高速度增长，营业收入总额达到102.48万亿元，首次突破百万亿元大关，比上年增长14.08%，为近10年来最大涨幅。

榜单显示，"2022中国企业500强"共实现归属母公司的净利润4.46万亿元，比上年的500强增长9.63%；收入利润率为4.36%，比上年的500强下降了0.17%。企业亏损面略有扩大，煤炭、地产、化学原料、航空运输是亏损多发领域。

2022年三季度，有51家企业退出中国500强行列，行业风向的转变和股价下跌导致部分公司市值快速缩水。它们曾经一度成长为中国500强，但因周期变迁，或自然演化，而从榜单上消失了。它们退出的背后有大时代的激荡，也有部分企业如同细胞的新陈代谢，自然地退出了榜单。

我们从这些或进入或退出的企业中，可以看到各个行业在国民经济中的地位变化，也能从企业的兴衰中看到经济环境的剧烈变动。

二、发生了什么？

（一）电商革命

百联集团在2013年首次进入世界500强。然而，同年的线上购物节成交额已达到350亿元，电商交易量增长很快。传统的实体销售第一次直面电商的挑战。

到了2014年，百联集团就从榜单上消失了，且此后再未登上该榜单。2014年9月19日，阿里巴巴在纽交所正式挂牌，创造了史上最大规模IPO的记录。自那以后，电商的

[①] 案例资料来源：(a) https://business.sohu.com/a/590615840_121123919；
(b) https://baijiahao.baidu.com/s?id=1597184125997721138&wfr=spider&for=pc。

崛起一发不可收,并进入中国经济的各个方面,深刻改变了其发展面貌。

(二)供给侧改革

2016 年,供给侧改革,新旧动能开始切换。先有中国冶金科工集团有限公司整体并入中国五矿集团公司,后有宝钢与武钢合并,正式更名为中国宝武钢铁集团有限公司。

与此同时,房地产行业也在去库存,棚改的红利释放更是掀起了一波高潮。

那个时候,恒大还在疯狂拿地,从三四线城市转向一二线城市,直至占领它们。

而在国内,煤老板和房企老板还在进行历史性易位的时候,中国互联网企业第一次闯入了全球视野。

在 2017 年《财富》世界 500 强榜单上,阿里巴巴、腾讯首次上榜,加上前一年首次上榜的京东集团,在全球 6 家互联网服务大公司中,中国和美国各占一半。

(三)能源暴雷

2020 年,退出世界 500 强企业的关键词是"能源"。在当年退出的 10 家企业中,除了华夏保险外,其余 9 家均为能源相关企业。

当年,河南一家大型煤炭国企毫无预兆地暴雷,引发了中国信用债市场的一次巨震。那个时候,财政部刚发了抗疫特别国债,这场巨震甚至导致有关部门要专门进行声明,特别国债不会违约。

煤炭国企暴雷背后的大环境,是 2020 年持续下行、跌至 2016 年以来低点的煤炭价格。再叠加供给侧改革和环保压力,许多煤炭企业的账上都是一言难尽。例如冀中能源,作为河北国资委所属的地方能源集团,2020 年,冀中能源已经连续 9 年上榜世界 500 强名单。2019 年,冀中能源短期有息债务为 886.68 亿元,在有息负债中占比已经达到了 58.45%。

与此同时,山东刚开始进行新旧动能转换,对煤炭企业的重组并购是让旧动能腾出空间的一大方式。于是,山东能源集团开始重组,预计未来营业收入将超过 6 000 亿元,成为山东省营收最高的企业,同时还将成为仅次于国家能源集团的中国第二大煤企。这样操作的益处,除了动能转换,还有债务重组后可减轻煤炭价格对债务的压力。

然而三年后的今天,世界再次陷入一场能源危机,对传统能源的需求急剧逆转,曾经关闭的矿场再度运作,煤炭价格水涨船高。2022 年的 500 强行业结构在疫后经济恢复中持续调整,2022 中国企业 500 强中,黑色冶金、石化及炼焦分别增加了 6 家和 4 家。

(四)房企的陨落

房地产,是 2021 年的退榜关键词。

中国恒大、融创中国和华润置地三家中国房地产企业退出了当年的世界 500 强名单。中国恒大曾连续 6 年在榜,最高到过第 152 名,而融创和华润置地,则是昙花一现,刚上榜的第二年就消失了。

在更为聚焦的中国企业 500 强名单上,房企的离开更为剧烈。在当年的名单上,足足有 18 家房地产企业退出。

2021 年,二手房交易面积创 2015 年以来的最低值,同比下降 9%;同年,房地产开发投资增速五年来第一次没能跑赢经济增速,象征着房地产经济的正式落幕……

从2016年提出"房住不炒",到2020年出台"三道红线",落在房企上的监管越来越多。直到2022年底恒大万亿债务震惊整个市场,拉开了房企流动性遇困的序幕。

万科郁亮表示,市场已经筑底,但恢复是一个缓慢、温和的过程。"市场会积蓄自发修复的动能,要相信居民追求美好生活、改善居住条件的力量。"

可是,有些企业是活下来了,有些企业只是掉出了榜单,而有些企业却直接隐入了尘烟。

9月7日中午,SOHO中国发布公告称,潘石屹夫妇双双从SOHO中国离职。

三、案例总结

长路漫漫,绝非坦途。

过去这十年,是中国经济换挡升级的十年,旧动能正式微,新动能在酝酿,在普通人难以感知到的时刻里,科技在持续跃迁,产业在急速迭代。

煤炭企业、房地产企业、互联网企业、金融服务企业……每一次环境的变换都会诞生新的传奇。

刘慈欣在科幻作品《三体》中创作出许多经典名言,其中最著名的一句话便是:我要毁灭你,与你有何相干?这句话阐述了优胜劣汰、适者生存的自然法则。

抛开个人发展的社会问题不谈,这句话同样适用于金融运营管理的环境分析。作为金融运营的高级管理者,仅仅熟悉本领域的市场环境是远远不够的。如果不熟悉企业所面临的各种国际政治经济环境、社会环境、技术环境等,则很有可能在带领企业不断努力拼搏的过程中,会无奈地发现企业正在一步步甚至会突然间走向毁灭。

市场环境中,企业的竞争对手有时候并不来自所处行业内部,而是可能来自行业外,面对激烈的竞争,需要企业回归场景中去进行创新,脱离使用场景谈产品创新没有任何实际意义。

在市场环境、技术环境突破发展的今天,社会上的很多领域正在经历根本性变革,无论是小企业还是大企业,突然倒闭的例子随处可见。

以前自行车行业生意兴隆,网上买自行车也很盛行,后来忽然之间,车店和摊位都消失不见了,取而代之的是共享经济下满大街的共享单车、小黄车、小蓝车畅行无阻。但有意思的是,经历了不到十年的沉寂,2022年初以来,大街上的自行车店又如雨后春笋般不断冒了出来。这种现象又是如何造成的呢?实际上,自行车尤其是高档自行车的行业转折与2022年初以来新冠疫情的重新爆发有着直接的关系。2022年初以来,疫情再次严重,乘坐交通工具面临传染风险,近三年的疫情让人们更多地去思考生命的意义,关注健康、积极锻炼、减少疫情传播风险,由此自行车重新回到了人们的视野。

这说明了什么?说明了一个事实,就是环境在每时每刻不断发生着变化。无论是企业还是个人,在变化的环境里,只有不断适应变化才不会被时代淘汰。

从2022年中国企业500强榜单中可以发现,入围企业的产业构成持续优化。其中,化工、冶金、建筑、地产等传统产业入围企业数量持续减少,战略性新兴产业企业数量持续增多。总的来看,涉矿企业整体排名稳中有升,营业收入总体上涨,企业实力持续增强,随着煤炭业的再度火热,矿业形式发展总体向好。

这十年来,行业的升落很好地说明了一个道理:没有企业的时代,只有时代的企业。企业家们在脚踏实地的同时,也要学会看天。

为了防止跨界打击,或者不至于被跨界打击彻底击垮,和其他企业一样,金融运营管理者只有不断提升自己的认知体系,才能够适应环境的变化,从而立于不败之地。

第二章 金融运营管理基础

做好金融运营管理需要两个重要的基础,一个是战略规划,另一个是财务计划。下面分别加以论述。

第一节 战 略 规 划

一、战略规划的内涵

本书在第一章中提到,战略就像在空中高高飘扬的风筝,指引着企业发展的方向。企业的存在与发展,一定要有目标,且不但要有目标,还要有实现这个目标的人、财、物等各个生产要素的配置以及相应的战略措施。

所谓战略规划,是指对重大的、全局性的、基本的、未来的目标、方针、任务的谋划。战略事关国家、社会组织、企业乃至个人的重大问题,属于大政方针的制定。因为所规划的范围涉及大方向、总目标及主要步骤、重大措施等方面,这就要求在战略规划的制定过程中必须注意:①要用总揽全局的战略眼光,全面把握事物发展的大方向、总目标。立足全局,着眼未来,从宏观上考虑问题。②规划长远目标与确定近期任务紧密结合。③增强战略规划的预见性。

根据定义,企业战略规划的内容由三个要素组成。

(1) 方向和目标。

企业管理者在设立方向和目标时有自己的价值观和自己的抱负,但是他不得不考虑外部的环境和企业自身的长处,因而最后确定的目标总是这些要素的折中。一般来说,最后确定的方向目标绝不是某一个企业管理者个人的意愿。

(2) 约束和政策。

这就是要找到环境和机会与企业组织资源之间的平衡。要找到一些活动集合,使它们能最好地发挥组织的长处,并最快地达到组织的目标。这些政策和约束所考虑的机会是还未出现的机会,所考虑的资源是正在寻找的资源。

(3) 计划与指标。

计划的责任在于进行机会和资源的匹配。此处考虑的是现在的情况,或者说是不久的将来的情况。如果是短期范围内,有时可以做出最优的计划,以达到最好的指标。然而更多的时候,企业管理者以为做到了最好的平衡,却往往是主观的,实际情况与计划难以完全相符。

二、战略规划的意义

为什么说战略规划是金融运营管理的基础呢?因为金融运营管理一定是在企业发展战略的基础和指导下运作的,没有战略的指引,企业的金融运营也就成了无头的苍蝇,到处乱窜而找不到方向。

为什么战略要规划呢?我们先看规划,规划即谋划,战略规划就是规划、谋划企业的发展方向、发展目标以及发展措施。那么,战略又该如何理解呢?在此通过对几个著名的战略案例进行分析来加以说明。

(一)"赤壁之战"的战略意义

很多人都背诵过苏轼的千古名篇——《念奴娇·赤壁怀古》:

> 大江东去,浪淘尽,千古风流人物。故垒西边,人道是,三国周郎赤壁。乱石穿空,惊涛拍岸,卷起千堆雪。江山如画,一时多少豪杰。
>
> 遥想公瑾当年,小乔初嫁了,雄姿英发。羽扇纶巾,谈笑间,樯橹灰飞烟灭。故国神游,多情应笑我,早生华发。人生如梦,一尊还酹江月。

这首词写的是赤壁之战,这次战役是历史上刘备、孙权合力抵抗曹操百万大军,以少胜多的最为著名的战役,这首词中有一句话就是概括了赤壁之战的战略。究竟是哪一句呢?

就是这一句:"谈笑间,樯橹灰飞烟灭。"

而这一句词又可以仅用一个字来概括,是什么呢?就是"火"字。

赤壁之战的战略就是用"火"。这个字,正是周瑜、诸葛亮两个人把作战计划各自写在手心上,同时展开一看,两人不约而同都写了一个"火"字,于是破敌战略就这样形成了。

也就是在"火攻"这一总体战略指引下,才有了群英会蒋干中计,周瑜利用曹操派蒋干来离间的机会,将计就计把曹操的两个水军都督蔡瑁、张允给干掉了;火攻需要曹军把船连在一起,以防止起火后曹军的战船四处奔逃,于是就有了庞统给曹操献连环计的情节,对曹操说曹军是北方士兵,容易晕船,把战船用木板连在一起,则可以在船上如履平地,甚至战马都可以在上面如履平地,曹操果然中计。

下一步的问题又来了,曹军的战船虽然连在了一起,但它不会自己失火,需要有人去放火。怎么去,如果硬攻的话,估计还没接近曹军就会被打回来。那么就需要有人去曹营诈降。谁去呢?老将军黄盖自告奋勇站了出来。但如何让曹操相信黄盖是真心归降呢?于是就又有了"周瑜打黄盖,一个愿打一个愿挨"这出戏。

接着,新的问题又出现了。曹军在长江北岸,孙刘联军在南岸。赤壁之战是发生在冬季,冬天刮西北风,一旦放火,火势不是朝向孙刘联军这个方向烧吗?于是又有了诸葛亮借东风的环节。这也是"万事俱备,只欠东风"这句话的由来。

在整个过程中,还穿插着周瑜嫉妒诸葛亮的超人才智,想通过让诸葛亮监工三天造出十万支箭的方式杀掉诸葛亮,而诸葛亮却妙用"草船借箭"的故事。

在一个"火攻"的战略下,通过一环扣一环的战术,最终导致了曹军的惨败,创造了军事史上的经典案例。用火攻敌是战略,其余的群英会、连环计、黄盖诈降、借东风等是战略措施,或者说是具体的战术。本章第三节的案例分析部分将对赤壁之战做更为详尽的战略分析。

上面通过一个赤壁之战的故事说明了战略的重要意义,接着再简单分析几个典型的战略案例。主要包括:诸葛亮"隆中对"的战略;"农村包围城市"的战略,"改革开放"的战略。

(二)"隆中对"的战略意义

在脍炙人口的"隆中对"中,诸葛亮未出茅庐而知天下三分,他在隆中向刘备分析了总体的战略方针,即"东和孙权,北拒曹操,西取巴蜀,南抚夷越",也正是在这一总体战略的指导下,才使得弱小的刘备一方逐渐站稳了脚跟,形成了三足鼎立之势。遵从"东和孙权,北拒曹操"这一战略方针,就有了赤壁之战打败如日中天的曹军;通过"西取巴蜀",把汉中、成都作为蜀国的大本营;而为什么要"南抚夷越"呢,这主要是由于云南、广西等地区以少数民族为主,地势险恶不宜长久占领,征服这些地方应该以收心为上,于是就有了诸葛亮七擒七纵孟获的故事。可以说遵守这一总体战略,则蜀国形势一片大好,但如果违背了这一战略呢?结果便是蜀国与孙权交恶,于是关羽败走麦城,张飞急着替关羽报仇自己却在酒醉睡着时被两个手下杀掉,随后刘备亲自领军出征报仇,被陆逊火烧连营八百里,损失将士无数,最后身死白帝城。我们从这里可以看出"隆中对"提出的战略有多么重要。

(三)"农村包围城市"的战略意义

很多人在学习历史的过程中知道中国共产党革命成功的一项重要战略措施就是以农村包围城市,但学习到这一段历史时可能不会想太多,只是理解为这一战略引领革命走向了成功。实际上,如果仔细思考一下,提出这一战略是需要巨大的智慧和勇气。提出农村包围城市,与苏联当时的经验与教条相悖,这在当时受到的阻力和反对可想而知。然而毛主席的这一战略,是在充分了解中国国情的基础上提出的,即蒋介石在中心城市的力量十分强大,国共两党的力量对比悬殊。在农村建立根据地,呈燎原之势,最后再围攻城市,这在当时的严峻形势下不能不说是一个开天辟地的创举。在这一战略思路的指引下,红军把战略重心放在了"打土豪分田地"、发动农民革命,从而最终取得了革命的胜利。

中国的经济基础是小农经济,土地是根基,自古以来得天下者,打的口号无不是"分田地"。这是中国革命走"农村包围城市"的历史与经济因素。

"农村包围城市"战略理论,就是对《孙子兵法》"避实击虚"军事思想的活学活用。孙武认为,带兵打仗,要避开敌人主力及实力强大的地方,专门攻打敌人薄弱的环节,更容易取得胜利。毛主席将理论结合实际,再加以创造性地运用发挥,认为敌人的"虚"在农村,敌人的"实"在城市,革命部队要避实击虚,所以要到农村去建立革命根据地。

中华人民共和国成立之后,我国继续把"农村包围城市"战略沿用在政治、外交领域,联合亚非拉发展中国家,建立"第三世界"阵营。为此,中国成功进入联合国,并成为联合国五大常任理事国之一,在外交上取得巨大成就。

时至今日,"农村包围城市"理论,被广泛运用于商业领域,国内很多企业家在创业初期,都采用"农村包围城市"策略,并取得了巨大成功。

(四)"改革开放"的战略意义

四十多年的改革开放,使中国经济实现了飞跃,由一个满目疮痍、发展落后的农业国家跃居经济总量世界第二的制造业大国。"改革开放"虽是简单的四个字,但提出这一战略思想在当时是面临巨大挑战的。改革开放的总设计师邓小平提出这一战略是基于这样的判断:第三次世界大战打不起来,未来很长一段时期内和平与发展是世界的主题。

从某种角度而言,中国的和平是打出来的。我们在新中国成立后依然经历了抗美援朝和中印边界自卫反击战。经过这些战役,中国几乎击败了主要的敌对势力,由此邓小平判断:大的战争在未来几十年应该打不起来了。于是,才有了总设计师的"改革开放"政策,随后开始了百万大裁军,把省下的资金用于经济建设,同时这些军人从部队退役后,由于经受过严格的军事训练,成了经济建设的中坚力量。通过四十多年的"改革开放",中国从一个落后的贫穷国家一跃成为世界第二大经济体。这就是战略所发挥的重要作用。

三、战略规划的制定

前面通过几个具体的案例,说明了战略对一个国家的重要意义,同样的,战略对企业、个人也是一样重要。那么,具体应如何制定战略呢?首先要把握三个层面的内容:第一个层面要明确企业发展中面临的战略问题,第二个层面要厘清战略规划的实质,第三个层面要把握战略规划制定的有效工具。

(一)企业发展中面临的战略问题

企业发展中面临的战略问题主要表现在以下十个方面:

(1)缺乏长远发展规划,没有清晰的发展战略和竞争战略;

(2)战略决策随意性较大,缺乏科学的决策机制;

(3)领导兢兢业业,员工任劳任怨,但是企业发展就是停滞不前;

(4)对公司战略的判断仅仅依靠领导者和管理者个人的直觉和经验;

(5)对市场和竞争环境的认识不足,缺乏量化的客观分析;

(6)盲目追逐市场热点,企业投资过度多元化,导致资源分散,管理混乱;

(7)企业上下对未来发展方向没有达成共识,内部存在较大分歧;

(8)战略制定时没有在组织内部充分的沟通和交流,导致既定战略缺乏组织内部的理解和支持；

（9）战略目标没有进行充分分解，也没有具体的行动计划，无法落实到企业的日常经营管理活动中，成为空中楼阁；

（10）缺乏有效的战略执行手段和保障措施，在组织结构、人力资源规划、财务政策等方面与战略脱节。

（二）战略规划的实质

要制定一个优秀的企业发展战略，首先要厘清战略的实质。战略规划的实质就是回答四个终极的哲学问题：我是谁、我在哪、到哪去、怎么去？也就是说，企业为了什么而存在，企业的存在意义是什么？企业目前处于什么位置，在社会、在行业中的地位如何？结合企业使命与社会责任，企业未来要达成什么样的目标？采取哪些措施，如何达成这些目标？

（三）战略规划的工具

制定战略规划最有效的手段可以概括成"5W+H"，即：What，Why，Who，Where，When，How。

具体而言，What 是指企业做什么，即生产什么产品满足社会大众的需要，这里的产品既指有形的产品，也指无形的服务。企业只有生产社会需要的产品，为社会服务，才能更好地实现自身的发展。在确定产品的基础上，随后提出企业的战略目标，分为定性和定量目标。

Why 是指为什么做，要求从各个层面分析、探讨和阐述企业选定此目标产品的原因。其中一个重要的步骤就是进行环境分析，包括企业的内外部环境。外部环境主要是经济、金融、行业、技术、竞争环境等，内部环境包括资源、组织、文化环境等。

Who 是指由谁来做，这涉及企业的人力资源管理，即通过选用最适合的人才做最擅长的事。

Where 是指在哪做，也就是说企业的目标市场在哪里。

When 是指实现发展战略的时间安排是怎样的，有哪些时序步骤，最终形成总体的时间安排。

How 是指如何做，即采取哪些具体的战略措施来实现战略目标。包括企业目标市场的定位、组织结构的调整、人力资源、企业文化措施等。

这些问题的回答均是企业领导层基于对机会的认识，基于对组织长处和短处的评价，以及基于企业的价值观和企业使命而做出的回答。所有这些不仅限于现实情况，而且要考虑到未来趋势。

战略规划制定完成后，下一步便是战略实施中的反馈与动态调整过程。要根据战略实施过程中的进展和出现的问题、外部环境的变化，对战略规划实行柔性管理，适时进行动态的反馈与调整。

第二节 财 务 计 划

一、财务计划的内涵

财务规划就是为企业未来的发展变化制定准则,这些准则包括以下几点。

第一点,明确企业的财务目标,即为了配合企业发展战略,企业的财务目标应该怎样确立,例如应该实现怎样的增长率,股东回报率是多少等;

第二点,分析企业目前的财务状况与既定目标之间的差距,找到努力的方向;

第三点,指出企业为达到目标应采取的行动,即具体采取哪些措施来实现财务目标,例如本年度或未来年度融资多少、计划做多少投资等。

财务计划一般分为短期计划和长期规划。短期计划在实践中一般是指未来12个月以内的计划。长期规划通常的时间跨度则为2~5年。

财务规划汇集了企业每一个项目的资本预算分析。要将企业每一个经营单位较小的投资计划汇聚在一起,使之成为一个大的项目,这个过程就是"综合"。

二、财务计划的制定

财务计划的基本目标是配合企业发展战略的实现。企业战略目标确定后,目标增长率就确定了,那么为实现这个增长率,企业需要提前做好投融资的安排。财务计划的制定具体包括以下主要步骤。

(一) 销售额的预测

企业财务计划的投融资安排要在一定的经济假设前提下,首先确定利率水平,然后作出销售额的预测。

企业经营发展离不开向金融机构融资,那么首先要明白金融机构对融资的关注点在哪里。

一般而言,银行的贷款项目评审主要包括四方面内容:谁来借、借来干什么、借了怎么还、还不了怎么办。

"谁来借"就要对借款人进行分析,包括高级管理人员的履历、公司治理结构、财务状况、信用等级等各方面情况。

"借来干什么"要对贷款项目进行分析,包括项目的经济社会效益分析、项目的规划、可行性研究报告、环境评价报告等是否齐备。

"借了怎么还"是指对项目的未来收益进行分析,测算每个时期可用于偿还贷款的自由现金流和偿债覆盖率,主要方法就是要对项目未来的销售额、成本进行预测。

"还不了怎么办"是指项目的抵押、质押、担保等保障措施。

在整个的评审过程中,销售额的预测是最核心的,主要反映在"量"和"价"这两个字。

(二) 确定"追加变量"

销售额的预测确定后,下一步需要试算企业未来各年的财务报表。财务报表需要确定适当的"追加变量",以保证财务报表之间的钩稽关系和平衡。

什么是追加变量呢?我们来看图 2-1 的例子,这是一家公司第一年年末的资产负债表和损益表,假定这家公司的销售收入和成本都按 20% 的比例增长,其他的变量也同比例增长,那么我们可以算出第二年年末的资产负债表和损益表。无论资产、负债、股东权益还是销售收入、成本、净利润都实现了 20% 的增长。

现金流量表 2021年 单位:万元		资产负债表 2021年末 单位:万元			
销售收入	1 000	资产	500	负债	250
销售成本	800			权益	250
净现金流	200	总计	500	总计	500

现金流量表 2022年 单位:万元		资产负债表 2022年末 单位:万元			
销售收入	1 200	资产	600	负债	300
销售成本	960			权益	300
净现金流	240	总计	600	总计	600

图 2-1　公司财务报表平衡示意图

通过分析上面这几张表,能够发现什么问题呢?为什么第二年的净利润达到了 240 万元而权益增加额仅为 50 万元呢?净利润是否应该全部转化为股东权益呢?

出现上述问题的原因在于公司向股东支付了 190(240－50)万元股利,或者用 190 万元回购了公司股票。这种情况下,股利就是追加变量。

如果公司既不发放股利,又不回购股票,其权益会增加到 490(240＋250)万元,在这种情况下,要使总资产等于 600 万元就必须偿还部分债务。这时,负债权益比是追加变量。这个例子说明了追加变量是财务计划的一部分。

(三) 确定"融资额"

在此通过一个具体的例子来分析如何确定未来的融资额。如图 2-2 所示。

	期初资产负债表	期末资产负债表 单位:万元	
流动资产	600	660	30%的销售额
固定资产	2 400	2 640	120%的销售额
总资产	3 000	3 300	150%的销售额
短期负债	1 000	1 100	50%的销售额
长期负债	600	660	30%的销售额
普通股	400	400	常量
留存收益	100	1 110	净收入
总融资	3 000	3 270	
		30	所需外部融资

图 2-2　公司外部融资的计算示意图

这家公司打算购买一台新机器,这台新机器可以使公司销售额从 2 000 万元增加到 2 200 万元,即增长 10%。公司认为其资产和负债都将随着销售额同步变动,另外,公司的销售利润率为10%,股利支付率为50%。公司当期的资产负债表就是这张表的左边部分。

我们可以测算期末的资产负债表,也就是这张表的右边部分。

其中,留存收益的变动额为:净利润减去股利。

销售额2 200万元乘以销售利润率10%是净利润,净利润乘以股利支付率50%是股利,两者的差就是留存收益的变动额。

所需要的外部融资额就等于资产的变化额减去负债的变动额再减去留存收益的变动,最后计算出来的结果是30万元。也就是说公司必须发行30万元的新股票进行融资。

(四)确定"可持续增长率"

下面介绍企业可持续增长率的计算。首先做出如下假设:

(1)企业的资产随销售额成比例增长:资产需要率$T=TA/S$;

(2)净利润与销售额之比是一个常数:销售净利润率$p=NI/S$;

(3)股利支付率(d)既定,负债与权益比($L=D/E$)既定;

(4)企业发行在外的股票股数不变。

于是,可持续增长率可以表示为

$$\Delta S/S_0 = [p(1-d)(1+L)]/[T-p(1-d)(1+L)]$$

$T=$总资产/销售额

$p=$净利润/销售额

$d=$股利支付率

$L=D/E=$负债/权益

可持续增长率公式的计算原理是资产的变动额等于负债的变动额加上权益的变动额。

这个公式说明一家企业给定各种内部条件后,它的可持续增长率是确定的,增长率太低不好,太高了也不好,增长率越高,所需要的外部融资就越大,从而给公司带来较大的融资压力。如图2-3所示。

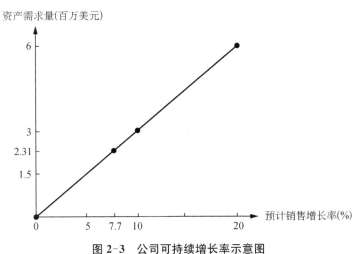

图2-3 公司可持续增长率示意图

上面就是金融运营管理的基础之二,财务计划部分。本节用两个例子说明了财务计划是为了配合公司战略的实现,并提前发现有哪些追加变量,以及未来需要的融资或投资额。另外,公司最适合的增长率应该是可持续增长率,太高太低都不好。

第三节　案例分析:赤壁之战的战略分析

东汉末年,孙权、刘备,联合打击曹操的著名的历史战争史称赤壁之战。

曹操于公元208年南下统一北方政权,首先打败刘表和刘备,随后占领荆州,挺进孙吴。孙权和刘备共同联手抗击曹操,特派周瑜去赤壁与曹操大决战。孙权刘备联军,利用曹操的军队不善长水战的办法,以火攻打败曹操。

此后曹操退回中原,孙权保护江东,刘备趁这个时机迅速占领了荆州和益州。赤壁之战是历史上以少胜多的典型战役,奠定了三足鼎立的格局。

一、战争回顾

曹操基本统一北方后,于建安十三年七月挥师南下,欲打败刘表和孙权,以统一天下。

九月,曹军进占新野,此时刘表已死,其子刘琮不战而降。刘备仓促率军民南撤。曹操收编刘表部众,号称八十万大军向长江推进。

刘备被曹军打败后,于退军途中派诸葛亮赴柴桑会见孙权,说服孙权结盟一起对抗曹操。

孙权命周瑜为主将,程普为副,率三万精锐水军,联合刘备军队,共约五万人溯长江西进,迎击曹军。十一月,孙刘联军与曹军对峙于赤壁。

曹操将战船首尾连成一个整体,以利演练水军,伺机攻战。周瑜采纳部将黄盖所献火攻计,并令其致书曹操诈降,令曹操中计,曹军船阵被烧,孙刘联军乘势出击,曹军大败,孙刘两军分占荆州要地。

赤壁决战,曹操在有利形势下,轻敌自负,指挥失误,终致战败。孙权、刘备结盟抗战,扬水战之长,巧用火攻,终以弱胜强。此战为日后魏、蜀、吴三国鼎立奠定了基础。

二、战略分析

赤壁一战,孙刘两家结成联盟,特别是刘备集团的联吴破曹,是对"隆中对"所提策略的实践。

《孙子兵法·谋攻》云:"知彼知己者,百战不殆。"实践证明,没有对敌我双方各种力量因素的充分了解,就不会有最后的胜利。早在刘备三顾草庐之时,诸葛亮就提出过著名的"隆中对",他看到了曹操既占天时,又有人谋,拥军百万,"挟天子以令诸侯"的强大势力;看到了江东孙氏经父子、兄弟三代苦心经营,"国险而民附,贤能为之用"的综合优势,以及荆州、益州优越的地理环境,建议刘备以人和为本,占有荆、益二州后,冷静观察天下形势,找机会实现复兴汉室、还于旧都的宏伟目标。

就"隆中对"而言,首先是刘备集团明确了谁是敌人、谁是朋友,在赤壁之战中顺利实施了联吴破曹的构想。同时,在己方实力较弱的情况下,制定了韬光养晦、"内修政理"的策略方针。

诸葛亮在"隆中对"中对未来局面进行了准确估计,即具体预测出三分天下的发展趋势。他通过分析天下大势,谈到曹操拥军百万的强悍、孙权国险民附的优势、刘备总揽英雄的贤德,言下之意,天下大事必在曹、孙、刘三家。及至刘备败长坂、走夏口,诸葛亮随鲁肃前往江东游说孙权时,诸葛亮更确切地指出,"曹军破,必北还,如此则荆、吴之势强,鼎足之形成矣",十分肯定、明确地预言了三分天下的政治格局。

总之,赤壁之战中,曹操对形势的错误预见与孔明、周瑜对大局的准确把握;曹军的兵多势大与孙刘联军的擅长水战;曹操的麻痹大意与周瑜的主动迎敌等都体现出战略布局对事态进展的决定性作用。赤壁一战,孙刘方充分发挥了人的主观能动性,使得整场战争曲折多致,在战略上有着不可忽视的价值。①

---

① 资料来源:https://www.sohu.com/a/391108477_717847。

第三章 金融运营管理的环境分析之一：国际环境分析

进入新世纪,"地球村"的概念越来越明显,蝴蝶效应频现,世界各国越来越紧密地联系在一起。各大洲、各国有竞争、有合作,共同推进世界向前发展。2008年,由美国"次贷危机"引发的全球金融危机席卷各国;特朗普就任美国总统之后,中美贸易战越演越烈。我国面临着越来越复杂的国际环境,遇到的困难与挑战前所未有。尽管如此,中国依然成为全球经济复苏的主要拉动力,经济稳定发展。"人类命运共同体""一带一路"倡议的提出与践行彰显了中国的国际责任与大国担当。企业是"地球村"中的基本单元,处于"人类命运共同体"这一宏观背景之中,金融运营管理的出发点就是要进行环境分析,只有深刻认识自己所处的内外部环境,企业才有可能使运营管理不偏离正确的轨道,从而做出正确的战略选择与产品定位。

在具体层面上,企业所处的环境分为内、外部环境,内部环境包括人、财、物、企业文化等方面,外部环境分为国际环境和国内环境;在环境特性层面上,企业所处的环境包括政治、经济、社会、技术、竞争等各方面。

篇幅所限,本书聚焦在国际、国内两个层面,利用两章的篇幅为环境分析提供思路和指引,第三章落脚在国际环境,第四章落脚在国内环境。本章的国际环境分析部分聚焦在对企业产生直接影响的经济环境进行分析,第四章的国内环境部分则主要针对经济发展的重要引擎——新型城镇化进行分析。

第一节 对世界经济的认识

探究国际环境,离不开对世界经济的源起、发展与本质的认识,只有对世界经济的一体性有清晰的把握,才能厘清由次贷危机引发的国际金融危机、"一带一路"倡议、中美贸易战等国际重大事件的深层次逻辑。

一、经济的源起及发展

最初的人类与其他动物类似——群居、茹毛饮血,靠山的以采撷、狩猎为主,靠水的以捕鱼为主。人类进化之后,有了开垦荒地—播种—耕耘—田间劳作—收获的农业周期,并开始圈养动物,社会分工出现,农耕社会开始。食物、生产工具的交换、贸易的出现都加速并强化了分工,而分工和交换又促进了商品经济的萌芽。

商品交换的需求产生了货币,货币的出现促进了商品的生产,加深、加强了人们对财富的认识。

社会分工的基础是交换,没有交换,分工就无法持续。要交换就得有交换场所,市场就是交换的场所。

市场经济中的参与各方既互相维护又互相竞争,争夺资本、土地和矿产资源、能源、人才等,形成了此消彼长、错综复杂的经济生态系统。

为保证市场需求被充分满足,产能过剩往往随之出现,引发经济危机。经济危机一般表现为:商品大量积压、生产锐减、工厂大批倒闭、工人大量失业、信用关系被严重破坏,整个社会经济陷入极端混乱和瘫痪之中。

随着社会分工的广泛发展,每个企业都成为社会化大生产这个复杂体系中的一个环节。它们在客观上是服务于整个社会,满足社会需要、接受社会调节。然而现实情况是,生产的产品及数量,生产规模的扩大或缩小是由企业独立决策的,不取决于生产和社会需要。因此,当生产的扩大程度还远为不足的时候,对生产的限制已经出现了。生产不是在需要被满足后应该停顿时停顿,而是在利润的生产和实现要求停顿时才停顿,表现为单个企业生产的有组织性同整个生产的无政府状态之间的矛盾。也就是说,单个企业的生产是有组织、有计划的,而整个社会的生产却缺乏统筹管理和统一计划。社会再生产过程中比例关系的失调,特别是生产与需求之间的比例关系的失调,使得有效需求落后于整个社会生产的增长,造成生产的相对过剩,最终引发经济危机。

从一次危机爆发到下次危机开始之间的这个期间,构成再生产的一个周期,或称经济周期。在第二次世界大战前,每一个周期都包括危机、萧条、复苏、高涨四个不同的阶段。战后的周期虽然发生了某些形态变化,但四个阶段的交替仍然是周期的基础。

经济危机加剧了发达国家同发展中国家之间,甚至发达国家之间转嫁危机与反转嫁危机的矛盾,加剧了国家之间争夺商品市场和输出危机的矛盾。经济危机实质上是对无组织、无秩序市场经济的一种修正和调节,我们要做的是防止经济危机对经济发展的深度伤害。

二、世界经济一直是统一的整体

世界经济始终是一个整体,国际贸易牵引着整个人类经济的世界性发展,离之,则人类的每一个单一的经济单元都不可能发展到今天。

考古发现,水稻、小麦、玉米、马铃薯等主要粮食作物、牛马猪等牲畜都是从少数地区培育,之后传播到世界各地的;青铜器、铁器也有一个世界范围的传播,机器大工业在世界范围的传播是一样的。

中国文化是一个典型的农业文化,农业文化讲求丰衣足食、自给自足。但是,任何一个民族如果不对外交往基本上也是不可能的。这种交往在时间上可能有间歇,在形式上有可能是主动的，也可能是被动的。不可否认，人类经济的发展，在一定时期内的若干经济单元之间的发展是隔离的，在一个大的单元之间的小单元也是隔离的，比如西藏、大高加索地区等，曾在很长时期内对外隔离。但是，该隔离一旦打破，就可以作为信息的输入体和输出体同时存在，并连同其在隔离期间未输入或者未输出的信息作为结果同时交流。因而，虽然在世界上有某些地区在某段时间是对外隔绝的，但这只是暂时和相对的，对外的交往才更具有持久性和影响力。也就是说，世界经济始终是一个整体。一国尤其是大国的经济出现危机，不可避免会传播到世界其他国家，这一点从2008年美国次贷危机引发的国际金融危机中可以得到很好的印证。

第二节　次贷危机及其引发的国际金融危机

在2001年经济衰退之后，美国经历了无就业复苏，美联储在格林斯潘的领导下将联邦利率降到了前所未有的低位，长时间维持在1%附近。相应地，房价开始出现了1980年以来没有过的大幅上涨。次级贷款，顾名思义就是低等级的贷款。不断上涨的房价让金融机构找到了赚钱的方式，他们给偿还能力低的人放贷，并通过名目繁多的金融衍生品把风险转移出去。抛开细节不谈，大致可以说，这个过程中，只要房价上涨，游戏就可以继续。当然，如果房价下跌，同时买房人贷款出现违约，次级贷款就会出现亏损。并且由于金融衍生品，单个风险敞口较大金融机构的亏损额可能是巨大的，次贷危机随后爆发，并传播到了全世界，引发了国际金融危机。

一、危机形成时期的经济金融形势

（一）混乱局面

整个2008年，国际、国内的经济形势，如果用一个字来表示，就是"乱"。世界经济千疮百孔、乱象横生。

美国最大的两家非银行住房抵押贷款公司——房利美和房地美，被政府接管。

2008年3月，美国第五大投行贝尔斯登因濒临破产而被摩根大通收购。9月15日，美国第四大投行雷曼兄弟公司宣布破产，而第三大投行美林公司则被美国银行收购。9月21日，高盛和摩根士丹利被美联储批准从投资银行转型为银行控股公司。至此，华尔街五大投行全军覆没，无一幸免，宣告了主导世界金融业数十年之久的华尔街独立投行模式的终结。

美国最大的保险集团，也是当时世界最大的保险公司美国国际集团（AIG）是遭受次贷危机重创的企业之一，它迫使美国政府从2008年9月起拨款三次，动用超过1700亿美元的金额进行救援。

银行方面，2008年4月18日，花旗集团宣布，在冲减逾130亿美元损失后，一季度净亏损51.1亿美元，合每股损失1.02美元。由于花旗银行"too big to fail"，太大而至于不能倒,2008年10月,布什政府通过"不良资产救助计划"向花旗银行注资250亿美元,但并未缓解日益恶化的花旗银行危机。11月24日,又继续注资200亿美元,才暂时度过了危机。

2007年8月9日,法国第一大银行巴黎银行宣布冻结旗下三支基金,同样是因为投资了美国次贷债券而蒙受巨大损失。此举导致欧洲股市遭遇重挫。

2007年8月13日,日本第二大银行瑞穗银行的母公司瑞穗集团宣布与美国次贷相关损失为6亿日元。

同样地,在遥远的北欧,2008年美国次贷风暴点燃之后,只过了不到半个月,冰岛就由辉煌的最顶点跌落谷底,整个国家面临破产。

冰岛只有约33万人口,属于偏远岛国,环境优美,风景如画,人均国内生产总值排名世界第四,生活质量和指标位居世界前列,其福利待遇也令人羡慕。比如冰岛的人民义务教育直到读完大学;国民的医疗费用政府几乎全包;每个未成年人都能领到国家发放的"零花钱",成人失业后也能领到不低的失业补贴金。

冰岛本来是靠渔业为生的国家,可是从2002年开始,为了快速发展,也投入了高速发展的金融业,以高利率与低管制的开放金融环境,吸引海外投机资金进入。同时,社会资源也向金融业大力倾斜,以银行为中心,通过高负债急剧扩张资产业务,向海外发放了大量的贷款,成为国内最有钱的机构。到2008年危机前夜,冰岛3个大银行的资产已经膨胀到全国GDP的8倍。

为了追求利润的增长,冰岛三大银行还涉足跨国投机的套利交易:从低利率的外国或者国际投资客手上借出资金,再投入收益丰厚的债市,这让冰岛在获取高收益的同时,也欠下了一大笔外债。到2008年,冰岛欠下的外债已经超过了1 000亿美元,但是冰岛央行所能动用的流动资产却仅有40亿美元,GDP也仅仅只有193.7亿美元!这意味着,一旦银行破产,国家也无能为力。银行业如此,普通百姓亦如此。金融危机前夕,冰岛家庭平均承担债务达到可支配收入的213%,而爆发次贷危机的美国,也仅仅是140%。

2008年,高负债、高杠杆的冰岛首先遭受重创,因为汇率下跌、货币贬值,冰岛人必须在短时间内归还大幅升值的美元或者欧元贷款。靠着举债度日、又欠下巨额外债的冰岛在内外债的双重压力下资金链断裂,整个国家的金融和经济体系陷入全面崩溃。

时隔多年,我们再次回顾这个事件依然觉触目惊心。由此,也不难理解,为什么各国管理层会将控制金融风险放在首位。[1]

2008年起,起源于美国的金融危机已席卷全球,并波及实体经济,对宏观经济基本面、企业和消费者信心造成重创。全球实体经济下行趋势已经明朗化,大量企业盈利能力大幅度下滑,财务状况堪忧,包括美国在内的各主要经济体GDP呈逐渐下滑趋势。

而我国同样也是从2008年开始,GDP由两位数增长降到了一位数增长,原因是各方面的,基数不断增大是一方面,但次贷危机的影响也同样不可忽视。

---

[1] 资料来源:https://www.sohu.com/a/236171079_383592。

(二) 多变的政策

经济危机时期的经济金融形势,如果用两个字表示,就是"多变"。2008年上半年和下半年的经济局势可以用冰火两重天来形容,资产价格上半年暴涨,下半年暴跌,各国政策也是上下半年相互矛盾或者说财政货币政策的调控方向正好相反。

国际方面,上半年美元持续贬值、石油价格高企、大宗商品价格暴涨、通货膨胀严重;下半年金融危机继续深化、从虚拟经济向实体经济蔓延,并进一步向全球扩散,世界经济陷入衰退。

再看我国的情况,年初,经济过热的苗头显现,物价上涨压力加大,"双防"成为首要调控任务;年中,GDP增幅回落,物价压力稍缓,"一保一控"成为关注焦点;年末,投资、出口增速下滑,部分企业经营困难,经济下行压力凸显。

由于次贷危机引发的全球性金融危机导致各国的外需下降、信贷紧缩和投资下降、货币汇率波动加剧,在经济下滑的压力下,各国普遍采取了扩张性的宏观调控政策来应对危机,扩内需、保增长成为当务之急。为应对不断变化的国际国内经济形势,保持国民经济平稳快速发展,国家密集出台了一系列宏观调控政策,力度之大、节奏之快,前所未有。全年国家宏观调控政策基本可以分为"双防""一保一控""全面保增长"三个阶段。

2008年国家出台了多项针对性的财政货币政策项目,仅以存款准备金率这一项来进行分析。

年初阶段,"双防"成为首要调控任务,防通货膨胀、防经济过热。

1月25日,上调存款类金融机构人民币存款准备金率0.5个百分点,由之前的14.5%上调至15%。

3月25日,再次上调存款类金融机构人民币存款准备金率0.5个百分点,由15%上调至15.5%。

4月25日,上调存款准备金率0.5个百分点,此次上调后,普通存款类金融机构将执行16%的存款准备金率标准。

5月20日,上调存款准备金率0.5个百分点。这是央行自2007年起第14次、也是2008年起第4次宣布上调准备金率。上调后,存款类金融机构人民币存款准备金率达到16.5%。

6月7日,上调存款类金融机构人民币存款准备金率1个百分点,于2008年6月15日和25日分别按0.5个百分点上调。上调后,存款类金融机构人民币存款准备金率达到17.5%的历史高位。

为防止经济过热,半年时间上调了五次存款准备金率,总共上调了3个百分点。

年中,"一保一控"成为关注。7月25日。中共中央政治局召开会议,强调要深入贯彻落实科学发展观,把保持经济平稳较快发展、控制物价过快上涨作为宏观调控的首要任务,把抑制通货膨胀放在突出位置。"一保一控"成为宏观调控首要任务。

下半年,扩内需保增长成为当务之急。

9月25日,下调存款准备金率1个百分点;

10月15日,下调存款准备金率0.5个百分点;

12月5日起,下调工商银行、农业银行、中国银行、建设银行、交通银行、邮政储蓄银行等大型存款类金融机构人民币存款准备金率1个百分点,下调中小型存款类金融机构人民币存款准备金率2个百分点。

从9月底到12月初,不到三个月的时间里经过了三次下调,总共下调了2.5到3.5个百分点,正好把上半年上调的幅度又调了回去。

如果把一个国家的经济比作一列高速列车,它正高速往前开,想突然让它止住,是非常困难的。甚至如果在极短的时间不但要让它止住,还要以同样的速度往回倒退,那则更加困难,弄不好就会翻车。

因此,如果不是遇到极端困难、急迫的局面,任何国家都不会在短短一年内出台这些截然相反的政策,这个极端的情况就是由美国的次贷危机引发的国际性金融危机。所以这一年以上下半年"冰火两重天"的多变为主基调。

二、由次贷危机引发的国际金融形成过程

(一) 四个概念

要明白这轮由次贷危机引发的金融危机到底是怎么形成的?首先要理解四个概念:ABS、MBS、CDO、CDS。

ABS(asset-backed security)就是资产证券化,是指将缺乏流动性的资产,转换为在金融市场上可以自由买卖的证券的行为,使其具有流动性,是通过在资本市场和货币市场发行证券筹资的一种直接融资方式。可以说,ABS即发行机构以未来有稳定收益的资产为依托所发行的证券,等于把未来多年的现金流提前回笼资金。

MBS(mortgage-backed security)是抵押支持债券或者抵押贷款证券化。MBS是最早的资产证券化品种,最早产生于60年代的美国。它主要由美国住房专业银行及储蓄机构利用其贷出的住房抵押贷款,发行的一种资产证券化商品。其基本结构是,把贷出的住房抵押贷款中符合一定条件的贷款集中起来,形成一个抵押贷款的集合体(pool),利用贷款集合体定期发生的本金及利息的现金流入发行证券。简而言之,MBS就是房地产抵押贷款的资产证券化,就是把房地放抵押贷款做成ABS,以未来还款现金流为依托发行的证券。

债务担保证券(collateralized debt obligation)简称CDO,是以抵押债务信用为基础,基于各种资产证券化技术,对债券、贷款等资产进行结构重组,重新分割投资回报和风险,以满足不同投资者需要的创新性衍生证券产品。CDO是担保债务凭证,是将MBS打包在一起,并且进行重新包装、分层,再以债券产品的形式投放到市场的凭证。即以MBS为抵押发行的债券。

CDS是信用违约互换(credit default swap),又称信用违约掉期,也称贷款违约保险,其实质就是给CDO投保,提高CDO的信用等级。信用违约互换是信用保护买方和信用保护卖方之间签订的双边金融合约,是一种场外交易衍生金融工具,交易过程中信用保护

买方在违约事件发生时间或到期日之前定期向信用保护卖方支付固定的保险费,又称违约互换费用或违约互换价差,若违约事件发生,买方停止保险费支付,卖方弥补买方因违约事件而遭受的损失。此外,已经生效的 CDS 合同可以买卖,价格随信用等级改善而下降。信用违约互换具有交易成本低、合约灵活性强的特点,其绝对价格相比传统衍生品低并且合约双方可自己协商合约内容。信用违约互换的出现解决了信用风险的流动性问题,使得信用风险可以像其他风险一样流通,从而转移担保方风险,同时也降低了企业发行债券的难度和成本。

(二) 危机源起

2001 年美国发生了两件大事,一个是 9·11 事件,这是美国自建国以来遭受的第一次也是仅有的一次本土攻击。另一个就是网络股的破灭。这两个事件造成美国经济的衰退。为了振兴经济,刺激消费,布什政府推出了降息政策,最终降到了 1.25% 的低利率水平。

市场利率降低是房地产市场的一大利好,美国老百姓开始购房。但是,美国老百姓很少储蓄,以前利率高,贷款还不起,现在利率降低了,贷款负担低多了,那么就贷款买房。

就这样,买不起房的开始贷款买房,仅能买得起小房子的开始贷款买大房子,住大房子的开始贷款买别墅。住房消费需求就这样起来了。

根据商品价格的供求规律,需求提高后就是价格的上涨,而且不是一般的上涨,花了 100 万美元买的房子过了一年突然发现市价已经到接近 200 万美元,远高于踏实工作的收益。但上涨归上涨,自身的居住需求导致再怎么涨也不能卖了房子变现。于是,许多人就开始再次贷款购买,这样等再上涨就可以卖掉变现。

当绝大多数人都这么想的时候,造成的结果就是房子价格继续暴涨,于是这些买房人都赚钱了。赚得最多的是给美国人贷款买房的公司,当时美国最大的两家住房贷款公司就是房地美和房利美。

尽管这两家公司赚了很多钱,但它们还要赚更多的钱,要让更多的人贷款买房。美国还有很大部分人连房款首期都交不起,买了房没有足够收入连前两年的利息都还不上,这些人的潜能能不能开发出来呢?解决方法就是开发一种产品,不用交首期,甚至前几年都不用还本息,以后还款额逐年提高。

这样,买房子的人越多,公司赚的钱就越多。但问题是如果哪一天房价下跌,这些人还不起贷款了怎么办?

解决的方法就是发行 MBS,这样只要把 MBS 卖出去,住房贷款公司就等于提前收回了贷款本息。至于将来购房人能不能还上贷款,跟自己无关,公司把 MBS 卖出去就已经把贷款的钱提前收回了。这样,规模做的越大收入就越高。

在这个过程中,投资银行作为中介机构,协助房地产贷款公司把 MBS 发行出去,也赚取了很高收益。但这个过程中,投资银行承担了最大的风险,房地美和房利美能预料到的未来房价下跌的风险,作为业界精英的投资银行自然也需要找到应对策略。

一个很好的解决办法就是以 MBS 为依托发行 CDO,即结构化的金融产品。

投资银行把次级贷款按照风险等级分层,最好的、风险最低的放一块,差一些的放一块,风险最高、最垃圾的放一块,分别卖。这样,低风险的、较低风险的,自然被机构买走了。

那么,谁来买这些垃圾债券呢？就是对冲基金。

对冲基金为什么要买这些垃圾产品呢？对冲基金的本意是对冲操作,规避风险,即在购买一项金融资产的同时进行一次同规模的反向操作,这样做对了能赚钱,做错了也能赚钱,只不过赚得少一些,就像给金融操作买了一个保险。

但实际上,要看对冲基金的股东或持有人结构是怎样的,他们很多都是顶级富豪。顶级富豪的特征就是,由于持有巨额财富因此对追求稳定的低收益不敏感,反而对高风险下的高收益感兴趣。这些富豪很大一部分对低收益的稳定现金流不感兴趣,而是认为,要么不赚钱,要么就赚取超高收益。对冲基金也因为比共同基金高得多的收益而销售到全世界。

因此,CDO中风险最高的部分首先被对冲基金抢购了。就这样,CDO顺利地销售完毕。投资银行在赚取利润的同时也成功地把自身风险化解掉了。

随着买房人越来越多,市场需求越来越大,房价一路上涨,购房人、房地产贷款公司、投资银行、对冲基金大家都赚钱了,皆大欢喜,于是大家继续把规模做大。

这时候,保险公司开始参与到这场资本盛宴里分一杯羹。于是,保险公司找到投资银行,表示CDO产品还是存在一定风险,一旦市场利率上行房价下跌,风险就会暴露,给CDO进行投保则完美回避了将来房价下行的风险。

投资银行通过再给CDO产品进行保险,做到即使很小的风险都不用承担。于是,CDS应运而生。

随着市场一路向好,大家都获取了巨额利润,又由于各参与方都认为即使将来出了问题,自身早就化解了风险,于是进一步推动更多的人买房、发行越来越多的MBS、CDO、CDS产品,并销售到了全世界。

在层层"衍生"中,原本就存在的风险被无限放大,最后扩展到什么规模呢？根据中国社科院金融研究所提供的数据显示,当时次级债券衍生合约的市场规模被放大至近400万亿美元,相当于全球GDP的7倍之高。这些投资银行家将金融衍生品的"衍生"功能发挥得淋漓尽致,次级债衍生品犹如一个倒立的金字塔,一旦次级抵押贷款违约率上升,风险就会成倍放大,并带来灾难性后果。

风暴最终来临。从2004年6月30日开始,为了防止经济过热,美联储开始提高利率,到2006年5月一共提高了17次基础利率,终于把房价压垮了。

当利率提到5.25%的高位,开始有人还不起贷款,于是抵押的房子被贷款公司收回并放到市场上拍卖,大量的买房客也开始急着出售手里的住房,这样市场上的住房供给大量增加。与此同时,需求却断崖式下跌。并且即使有购房刚需的,也是买涨不买跌,就这样引发了房价的持续崩盘。以房价为基础的金融产品价格自然也发生崩溃,随后造成放贷公司、投资银行、对冲基金等全部出现巨额亏损,银行、保险公司相继陷入困境。由此,次贷危机全面爆发。

图 3-1 为次贷危机的演变、爆发示意图。上半部表明市场繁荣时的情况,下半部表明市场萧条时的情况,最终引发了美国的次贷危机。按照次贷危机爆发的时间轴,整个过程分为萌芽阶段、预警阶段和爆发阶段这三个过程。虽然次贷危机在 2008 年全面爆发,但在 2005 年就已经出现了危机的萌芽。

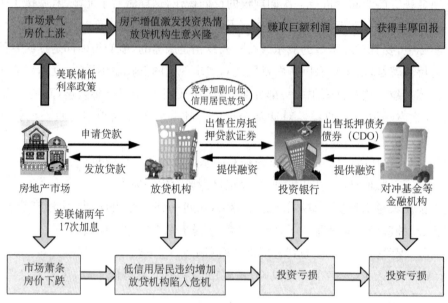

图 3-1 美国次贷危机演变、爆发示意图

(三) 次贷危机的成因

上述是次贷危机形成的基本机理,它的具体形成原因可以分为以下几点。

1. 借款人信用等级差,还贷能力弱

一般而言,申请次级贷款的购房者属于低收入阶层,他们往往不能承受较高的首付,在贷款初期也难以承受较高的本息支付。针对这一点,房地产金融机构开发了形形色色的新兴抵押贷款产品,其中最为常见的包括无本金贷款(interest only loan)、2/28 可调整利率贷款(adjustable rate mortgage,ARM)、选择性可调整利率贷款(option ARM)等。

如果购房者借入了 30 年的 2/28 可调整利率贷款,在前两年内,只需偿还较低的利息,从第三年开始,利率将重新设定(reset),采用一种指数加上一个风险溢价(margin)的形式,例如 12 个月的 LIBOR+5%。这样,易出现"月供惊魂"(payment shock),即借款人将发现他们的月供金额大幅度增加而超出其可承受范围,拖欠月供(delinquency)也随之产生。

2. 2006 年房价进入拐点,持续走低

前几年,房价不断上涨,楼市大热,虽然次级按揭贷款违约率是比较高的,但放贷的机构即使收不回贷款,也可以把抵押的房子收回来,再卖出去赚钱。但好景不长,从 2006 年开始,房价开始下跌,购房者难以将房屋出售或通过抵押获得融资。购房者因贷款违约而丧失抵押品赎回权(foreclosure),放贷机构没收抵押的房产,即便再卖出去也无法弥补贷

款损失。同样,由抵押贷款而发行的债券也跟着贬值,买了这些债券的机构也遭受巨大损失。

3. 美联储连续多次加息

自2004年6月末开始,美联储连续17次加息(见图3-2),但次级抵押贷款市场并未因此而停住脚步,由于购房者和贷款机构对房价过于乐观,再加上监管部门监管不力,在房价下跌和利率上调的双重打击下,次贷危机终于爆发,并因"蝴蝶效应"而殃及诸多国家。

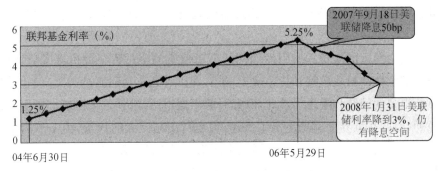

图 3-2 美联储利率调整图

4. 信贷金融创新产品加大了房价的波动性

房价上涨时,房产按揭类的金融创新产品呈现高收益低风险的特征,因此受到投资者青睐。而这就助长了次级按揭贷款发行商(subprime loan originator, lender, servicer)和承销商(subprime mortgage underwriter, broker)发行和承销更多这样的次级按揭贷款和债券产品来获取中间服务费,因而使越来越多本无力购房居住的消费者集中购房,人为造成了部分非理性房产需求。

5. 评级机构对金融产品信用评估体制上的缺陷

次贷危机的根源不在于这些金融手段,而在于如何正确地对其中的风险和收益加以客观准确的评估,并增加评估过程和使用评估模型的透明度。

从爆出的越来越大数额的损失和计提中看,评级机构对这些衍生信贷产品的评级模型和标准存在着重大偏差,对于同一个产品,不但这些机构彼此之间存在重大的评级差异,甚至这些机构内部不同部门给出的评级结果也是各不相同。"公正和公开"的缺失使得市场的定价体系出现了严重的混乱,使得各金融机构出现了不但比最先预估的数据,甚至可能是比实际损失更为巨大的账面损失。

6. 数据模型投资缺乏风险控制

定量投资研究和数据模型是对这些纯粹以未来现金流为基础的结构性金融产品进行研究和估价的唯一方法。

由于这种研究和产品相对出现较晚,缺乏足够的数据特别是熊市的数据支持,在本轮房产牛市中,模型中所取的变量很有可能都偏于乐观(有意或无意)而缺乏足够的风险控制。因而在房产价格出现下滑的情况下,一些原本在模型中显示为非常有利可图的投资品却产生了巨额损失。

7. 道德风险与监管缺失

次级抵押债券的出现,曾受到美国当局的赞赏,认为它能分散风险,提升市场效率,因而能维护市场稳定。实际上,次级抵押债券的运作本身隐含着极大风险:次级抵押被分拆出售,使风险更加隐蔽,难以被识别和监督;银行和债券发行商从开始至最后均不须承担信贷风险,因此也不会去了解和关心风险,容易产生道德风险;投资者主要通过评级公司判别风险,而评级公司只根据经包装后的债券发行时的资料进行分析,事后不再进行跟踪。因此,次级抵押从办理到发行,再到最后的售出,每一个环节都缺乏必要的监管和风险跟踪。

上述就是由美国的次贷危机引发的国际金融危机的全过程。危机爆发后,世界各国普遍采取了扩张性的财政政策和货币政策,虽然在以后几年勉强渡过难关,但也给以后的发展留下了很多的问题和隐患。从此,欧元一蹶不振,日元遭到重大挫折。中国推出了四万亿的救助计划,在世界上率先走出了低迷,但也付出了巨大的代价,由于当时的巨量投资,造成透支,从而在之后几年的经济增长中面临着不小的困难和瓶颈。中国经济未来将如何增长呢?这一点我们将在第四章国际金融环境之后的新型城镇化中找到新的思路。

第三节 "一带一路"的倡议抉择

一、"一带一路"倡议的提出

"一带一路"是 2013 年 9 月,习近平主席在哈萨克斯坦首次提出来,他提出了加强政策沟通、设施联通、贸易畅通、资金融通、民心相通这五通,共同建设"丝绸之路经济带"的倡议。

2013 年 9 月和 10 月,习近平主席分别提出建设"新丝绸之路经济带"和"21 世纪海上丝绸之路"的合作倡议。至此,"一带一路"倡议框架基本成型。

"一带",指的是丝绸之路经济带,以新疆为核心,以北、中、南三个方向向西面辐射,北线主要为中国经中亚、俄罗斯至欧洲(波罗的海);中线主要为中国经中亚、西亚至波斯湾、地中海;南线为中国至东南亚、南亚、印度洋。丝绸之路经济带是在"古丝绸之路"概念基础上形成的一个新的经济发展区域,在地理路线的规划上也有很多的重合,东边牵着亚太经济圈,西边系着欧洲经济圈,被认为是"世界上最长、最具有发展潜力的经济大走廊",是一个以沿线中心城市为发展节点的经济带。

"一路",即 21 世纪海上丝绸之路,以中国福建省为始点向北及南辐射,向南辐射的路线由福建省港口过南海到印度洋,延伸至欧洲;第二条由福建省港口过南海到南太平洋。"一路"主要以港口为节点,共同建设通畅安全高效的海上运输大通道,包括中巴、孟中缅甸两个经济走廊。

最后,"一带一路"汇合到欧洲的著名城市——威尼斯。

"一带一路"有五大合作要点,即政策沟通、设施联通、贸易畅通、资金融通、民心相通这五通。沿线国家合作的出发点是:互敬互信,在贸易合作中实现互利共赢,在各国文明间实现相互学习。

"一带一路"倡议的五大原则,即倡议符合《联合国宪章》的宗旨和原则;属于开放型合作性质,它包括但不限于古丝绸之路的区域;倡导文明宽容,尊重各国选择的发展道路和发展方式;坚持市场运作并遵循国际通行规则;兼顾各方利益和关切,寻求互利共赢。

二、"一带一路"倡议的意义

(一)"一带一路"是我国经济全球化的重要举措

"一带一路"倡议的形成要结合中国对外开放的历程来分析。从1978年提出改革开放到2000年间中国主要是以利用外资为主,引进国外资金、资本和先进技术,扩大对外贸易,属于出口导向型和利用外资阶段,外汇储备很少,不具备走出去投资的条件。

2000年,中国第一次提出"走出去"战略,外汇储备也达1 656亿美元,开始真正意义上的对外投资。

2013年,"一带一路"倡议提出,当年中国外汇储备已达38 213亿美元,世界经济复苏缓慢,国内经济进入新常态,急需寻找经济发展新引擎。所以,"一带一路"的主要作用是作为中国经济的新引擎,把积压的大量外汇储备用起来。

改革开放以来,我国GDP的增长速度非常快,创造了人类经济增长的奇迹。中国GDP占美国的比重从不到20%上升到了65%以上。中国取得了快速的经济发展,积累了大量的外汇储备,在世界经济进入瓶颈期以后,中国需要加大对外投资作为经济增长的新引擎。

我们把"一带一路"提出之前的全球化称为1.0版的全球化,提出之后的全球化称之为2.0版的全球化。1.0版的全球化促进了生产要素自由流动和生产的全球分工,带动了世界经济增长。中国的改革开放得益于经济全球化。

但是,1.0版的全球化包容性不够强。它的经济理论基础是自由主义,是以贸易自由化、金融自由化、直接解除汇兑和利率管制、企业民营化和减少国有企业的比重等为特征的全球化,显然有很多内容不适合当时中国的实际情况,如直接解除汇兑和利率管制、减少国有企业比重等。而且,1.0版的全球化是以发达国家为重心的,更多考虑了发达国家的利益或跨国公司和一些世界大企业的利益,不够重视发展中国家基础设施落后、工业化、城市化低等现实情况。同时,1.0版的全球化更强调所谓现代化,实际上体现了西方化的价值观,甚至以按照西方要求改革政治制度、抛弃文化传统等作为经济合作的条件,对不同国家的政治制度、文化传统、宗教信仰,不能一视同仁、平等对待。

一个显而易见的后果就是1.0版的全球化加大了南北贫困差距,使得财富向少数人或大的跨国公司集中,造成了极度的不公平。

"一带一路"的提出带来了2.0版的全球化。首先是促进世界经济和中国经济增长,更是代表新兴市场国家和发展中国家提出的一种诉求,要求实现更加公平、更加包容、更加和谐的发展。这些正是针对1.0版全球化的不足而提出的。因此,"一带一路"引领2.0版的全球化,使得全球化的进程更加完备。

改革开放是中国融入世界的过程,受益于全球化,也将力推全球化。因此,中国经济再发展需要世界,这是提出"一带一路"倡议的宏观背景。

同时,"一带一路"倡议是人民币国际化的重要抓手,提出"一带一路"倡议的一个最直接的效应就是推动人民币国际化。"一带一路"沿线的许多基础设施建设是由中国主导的,那么必定会扩大人民币在沿线国家的使用,提高中国在沿线国家的话语权。

此外,"一带一路"倡议是处理我国产能过剩的有效手段。"产能过剩"的实质是产业升级和国际竞争力不足。中国经济发展进入了新的阶段,需要产业升级,但是,由于各种原因,如就业问题、科技创新不足等,产业转型存在较大困难。于是,产能过剩局面继续维持而得不到解决。

"一带一路"倡议的提出,可以向沿线国家输出我们的过剩产能,进行产业转移,最终实现产业升级,促进经济的再一次腾飞。

(二)"一带一路"具有鲜明的时代特征

当今世界正在发生复杂深刻的变化,国际金融危机的深层次影响继续显现,世界经济缓慢复苏、发展分化,国际投资贸易格局和多边投资贸易规则酝酿深刻调整,各国面临的发展问题依然严峻。共建"一带一路"是顺应世界多极化、经济全球化、文化多样化、社会信息化的潮流,秉持开放的区域合作精神,致力于维护全球自由贸易体系和开放型世界经济。共建"一带一路"旨在促进经济要素有序自由流动、资源高效配置和市场深度融合,推动沿线各国实现经济政策协调,开展更大范围、更高水平、更深层次的区域合作,共同打造开放、包容、均衡、普惠的区域经济合作架构。共建"一带一路"符合国际社会的根本利益,彰显人类社会共同理想和美好追求,是国际合作以及全球治理新模式的积极探索,将为世界和平发展增添新的正能量。

共建"一带一路"致力于亚欧非大陆及附近海洋的互联互通,建立和加强沿线各国互联互通伙伴关系,构建全方位、多层次、复合型的互联互通网络,实现沿线各国多元、自主、平衡、可持续的发展。"一带一路"的互联互通项目将推动沿线各国发展战略的对接与耦合,发掘区域内市场的潜力,促进投资和消费,创造需求和就业,增进沿线各国人民的人文交流与文明互鉴,让各国人民相逢相知、互信互敬,共享和谐、安宁、富裕的生活。

"一带一路"倡议不但是项目的合作,最终还落实到中国优秀传统文化的输出。将来的国际竞争的最高形式将是文化的竞争,"一带一路"的建设过程中,文化的理解与包容、合作将不断加强。

"一带一路"倡议为全球治理提供了新的路径与方向。当今世界,挑战频发、风险日益增多。经济增长乏力,动能不足,金融危机的影响仍在发酵,发展鸿沟日益突出,"黑天鹅"事件频出,贸易保护主义倾向抬头,"逆全球化"思潮涌动,地区动荡持续。和平赤字、发展赤字、治理赤字的严峻挑战正摆在全人类面前。这充分说明现有的全球治理体系出现了结构性问题,亟须找到新的破题之策与应对方略。面对新挑战新问题新情况,中国给出的全球治理方案是：构建人类命运共同体，实现共赢共享，而"一带一路"正是朝着这个目标努力的具体实践。"一带一路"倡议强调各国的平等参与、包容普惠，主张携手应对世界经济面临的挑战，开创发展新机遇，谋求发展新动力，拓展发展新空间，共同朝着人类命运共同体方向迈进。正是本着这样的原则与理念，"一带一路"倡议针对各国发展的现实问题和治理体系的短板，创立了亚投行、新开发银行、丝路基金等新型国际机制，构建了多形式、多渠道的交流合作平台，这既能缓解当今全球治理机制代表性、有效性、及时性难以适应现实需求的困境，并在一定程度上扭转公共产品供应不足的局面，提振国际社会参与全球治理的士气与信心，同时又能满足发展中国家尤其是新兴市场国家变革全球治理机制的现实要求，大大增强了新兴国家和发展中国家的话语权，是推进全球治理体系朝着更加公正合理方向发展的重大突破。

建设"一带一路"是中国统揽政治、外交、经济、社会发展全局作出的重大决策，也是实施新一轮扩大开放的重要举措。中国高举和平发展的旗帜，积极主动地发展与沿线国家的经济合作伙伴关系，共同打造政治互信、经济融合、文化包容的利益共同体、命运共同体和责任共同体。所以，它对于营造有利的周边环境，构建开放型经济新体制，形成全方位开放格局具有重要意义。

三、"一带一路"建设成果

"一带一路"倡议提出后，取得了举世瞩目的成就。

2014年11月8日，中国宣布出资400亿美元成立丝路基金，支持"一带一路"建设。

2015年3月28日，国家发展改革委、外交部、商务部联合发布了《推动共建丝绸之路经济带和21世纪海上丝绸之路的愿景与行动》。

2015年12月25日，中国倡议成立的多边金融机构亚洲基础设施投资银行正式成立。

2017年10月24日，建设"一带一路"被写入中国共产党章程。

中国在"一带一路"建设推动过程中积极加强与沿线国家发展战略对接和规划编制，如推动与俄罗斯主导的欧亚经济联盟、欧盟"容克计划"、蒙古"草原之路"、印度尼西亚"海洋强国"、哈萨克斯坦"光明之路"、巴基斯坦"愿景2025"等相对接。

中国在"一带一路"建设中主导了一系列国际重大项目，如中巴经济走廊启动一揽子重大项目建设，签约涉及金额约400亿美元。一批有影响力的标志性项目如雅万高铁、缅甸皎漂特别经济区项目、亚吉铁路、中老铁路、匈塞铁路、中俄和中亚油气管线、希腊比雷埃夫斯港、瓜达尔自由区等。在沿线国家建设了具有代表性的境外合作区，如中白工业园项目、中印度尼西亚综合产业园区、中哈霍尔果斯国际边境合作中心等。

"一带一路"经济区开放后，承包工程项目突破3 000个。2015年，中国企业共对"一带一路"相关的49个国家进行了直接投资，投资额同比增长18.2%。2015年，中国承接"一带一路"相关国家服务外包合同金额178.3亿美元，执行金额121.5亿美元，同比分别增长42.6%和23.45%。10年来，中欧班列累计开行7.7列，运送货物731万标箱，通过欧洲 25 个国家的 217 个城市。

中国积极开展亚洲公路网、泛亚铁路网规划和建设，与东北亚、中亚、南亚及东南亚国家开通公路通路 13 条，铁路 8 条。此外，油气管道、跨界桥梁、输电线路、光缆传输系统等基础设施建设取得成果。这些设施的建设，为"一带一路"打下牢固的物质基础。其中最重要也是最现实可行的通道路线是：日本—韩国—日本海—扎鲁比诺港—珲春—吉林—长春—白城—蒙古国—俄罗斯—欧盟的高铁和高速公路规划。

2021 年 1—7 月，中国对外非金融类直接投资 628.1 亿美元，同比增长 4.2%。对外承包工程完成营业额 785.1 亿美元，同比增长 12.3%；新签合同额 1 232.5 亿美元，同比增长 1.2%。对外劳务合作派出各类劳务人员 18.4 万人，7 月末在外各类劳务人员 60.2 万人。

截至 2021 年年底，中国已和 84 个共建国家建立科技合作关系，支持联合研究项目 1 118 项，在农业、新能源、卫生健康等领域启动建设 53 家联合实验室。

截至 2022 年 5 月 27 日，中国已与 150 个国家、32 个国际组织签署 200 多份共建"一带一路"合作文件。

四、"一带一路"前景展望

"一带一路"倡议提出以来的推进历程呈现出以下明显的特色。

一是高铁成为中国推动"一带一路"建设的名片。中国已建高铁规模超过 1.2 万公里，超过世界其他国家高铁规模总和。中国的高铁技术世界领先，而且成本较低，性价比高，在市场上极具竞争力。中国高铁随着"一带一路"建设正走向全球。中国正与俄罗斯、美国、巴西、泰国等 28 个国家洽谈高铁项目，已与 30 多个国家和地区建立合作。中国政府计划建立连接中国和东南亚国家的高铁网络。

二是国际重大产能合作项目效果明显。如重大的核电项目包括英国欣克利角核电项目，中广核与法电合作，开辟英国核电市场，3 个项目其中 1 个核电站将使用"华龙一号"技术，以我国为主建设。还有巴基斯坦核电项目、南非科贝赫核电项目等，南非核电项目首次实现国内核电主设备批量进入国际市场。

其他的国际重大产能合作项目还包括船舶出口、轨道交通装备出口、海洋工程装备出口、航空器和航天器出口等，在这些领域，中国均具有世界领先的竞争优势。

"一带一路"倡议是欧亚非国家之间全方位、深层次、多领域的合作和发展，必然要经历由能源基础设施的互通、加快自由贸易进程、国际产业间互通互补、政策上合作互通、文化上互通和繁荣这五个不断递进和提高的阶段。

"一带一路"倡议的目标是要建立一个政治互信、经济融合、文化包容的利益共同体、命运共同体和责任共同体，是包括欧亚大陆在内的世界各国，构建一个互惠互利的利益、命运和责任共同体。这将是一个长期的、艰难的过程，需要分阶段、夯基础、抓关键进行，需要长久的合作。

第四节 贸易战的动因剖析及我国对策

一、美国为何对中国发动贸易战

(一) 时代背景

中美贸易关系自从两国建立贸易关系以来就在摩擦和曲折中发展。一年一度的最惠国待遇审议，与贸易有关或者无关的人权问题，正是中国"入世"前中美贸易关系特点的真实写照。随着中国"入世"，两国经贸关系的发展中贸易摩擦出现的频率反倒有所增加，美国成为与中国发生贸易摩擦最多、最激烈的国家。美国公司对海外竞争对手提出的倾销指控中，有20%以上涉及中国。尽管庞大的美国市场和迅速崛起的中国市场，以及日益密切的经贸往来，使得这两个国家相互之间存在巨大的经济利益，但是如此激烈的贸易摩擦，不禁让人担心中美经贸关系的前景。美国贸易不是单纯的经济决策，而是经济利益和政治现实的平衡。

2017年去世的布热津斯基是美国最著名战略理论家、美国政府重量级智囊、著名的国际关系学者。对于欧亚大陆的美国战略，布热津斯基这样说道，美国必须制定一项全面的、完整的和长期的欧亚大陆地缘战略，旨在促进欧亚大陆地缘政治的多元化，以防止出现一个最终可能向美国的首要地位提出挑战，并谋求将美国赶出欧亚大陆的敌对联盟。这种敌对联盟最危险的是中、俄与伊朗的同盟；其次是中日轴心。他认为，欧亚大陆的力量加在一起远远超过美国。但对美国来说，幸运的是欧亚大陆太大，无法在政治上成为一个整体。

因此，通过发动对华贸易战，重组西方同盟，打破中、俄与伊朗的同盟及中日轴心的可能，具有明显的政治考量和战略意图。

(二) 具体成因

中美贸易战就是在上述战略背景下发生的，具体原因主要包括以下四点。

1. 以"美国优先"重整世界秩序

美国政客认为全世界都在占美国便宜，WTO规则不公平，全世界都受益却唯独美国吃亏，故必须打造以"美国优先"的新政治经济体系。为达目标，美国发起对全球主要经济体的贸易战。

2. 中美贸易争端的直接原因是两国之间的贸易不平衡

贸易不平衡主要由以下原因造成：①美元的"特里芬难题"是美国贸易逆差的内因。如果美国不放弃美元的国际货币功能，仅仅依靠减少从其他国家的进口规模和自身的再工业化战略，仍然难以从根本上解决美国的贸易平衡问题。②美国的贸易逆差与其自身的"制造业空心化"密切相关。目前，中美巨额贸易顺差的根本原因之一是中国仍处于工业化时期，而美国已经进入后工业化时期。全球价值链和产业链的纵向分工和横向转移增加了中美之间的贸易顺差。③美国的贸易逆差是长期积累的低储蓄文化和高消费习惯的必然结果。④全球价值链和产业链的纵向分工和横向转移增加了中美之间的贸易顺差。

3. 贸易战的根本原因是试图打断中国复兴之路

中国成为世界第二大经济体后,对华贸易战成为美国遏制中国的新战略。改革开放后,我国的贸易总额由1980年的381亿美元增长到2017年的41 045亿美元,占美国贸易总额的比重由原来的不到7%增加到近80%。美国发起的贸易摩擦,从获取经济利益目的出发,主要诉求是知识产权保护、减少国家干预、消除贸易不公平,主要目的是使资本回流美国,提振美国经济、提高美国居民收入,在政治上最根本的原因就是打断中国的复兴之路。在美国的这一战略目标下,中国继续韬光养晦、躲开贸易战已不可能实现。

二、中国如何应对贸易战

(一)确立必胜信心

贸易战一旦开打,就要有必胜的信心。那么,中国凭什么才能打赢这场贸易战呢?第一,我们是被动迎战,是守方,美方发动的贸易保护主义是逆势而动不得人心。我们先占据了道义上的优势。第二,虽然美国有科技优势,但中国有全产业链工业优势。第三,中国有市场优势。中国是世界上最大的新兴市场,仅仅依靠经济内循环,依然可以平稳发展和过渡。第四,中国有团结心和决心,美国却因其体制原因,难获国民长期支持。

根据联合国公共数据库的国民生产总值GNI数据,从1970年开始,苏联GNI占美国比重高峰发生在70年代初,为40%左右,之后一直下降,直至1991年解体。日本则在1995年达到峰值72.3%,之后因广场协定,日元迅猛升值,国内泡沫急剧扩大,最终由于房地产泡沫的破灭造成了长达20年的经济大衰退。我国GNI占美国的比重从21世纪开始快速上升,从2000年的11.52%升到2017年的最高点62.25%,虽没有达到日本当年的峰值,但我国一直在保持上升势头。日本的比重虽然高,但它和美国是不平等的谈判地位,在美国面前相当于不具有独立的市场主体,而中国并没有这些劣势。

所以说,无论是从制度优势、市场优势、必胜信念以及财力对比上,中国都有自己独特的竞争力,我们如果众志成城,共渡难关,就一定能打赢这场贸易战。

(二)合理计算输赢

应对贸易战必然会付出一些不可避免的代价,比如经济会发生局部阵痛;宏观经济增长面临阶段性压力;金融证券市场稳定性代价和资产价格在国际形势动荡中会急剧下跌;会面临居民收入增长放缓和消费增长放缓的现实压力;由于美欧对中国的技术封锁,中国获取新技术的难度和成本会增加。

但同时,通过贸易战中国也将有如下收获,比如:警醒国人,国际社会并不太平,要有忧患意识,提高警惕,加快发展;彰显全球经济强国的政治地位;刺激中国加大投入,提升我国自主创新能力;加快理顺我国市场、政策机制与研发之间的正循环关系;加速我国对外贸易结构的调整,提升我国对非西方国家的影响力,也就是说主战场要适度转移。

贸易战计算输赢的最关键要从国际政治上进行考量,可以按照下面这三个标准:若美国不能让中国"伤筋动骨",形成明显的经济衰退就是输;若美国最终无法实现全面整合西方政治经济军事体系,相当于美国输;数年后,美国全球政治、经济、军事影响力不能上新台阶,中国在国际舞台上的作用进一步发挥就是美国输。做不到这三个标准,美国就达不到发动贸易战的目的,也就相当于输掉了这场战争。

(三) 理智冷静应对

为了打赢这场贸易战,我们应该怎么做呢?

第一,对贸易战要有清醒的认识。从根本动因而言,美国并没有在意识形态方面与中国抗衡的意愿,其行为背后更多的还是以美国利益为考量。与欧元区谈判的过程是这样,与中国的谈判也是如此。从中兴事件最后的解决方案来看,以及美国没有针对中国单独出台投资与出口禁令中,我们也能看出,美国想要的并不是完全与中国转入全面对抗。他追求的更多还是让美国企业未来从中国更好地获取利益,遏制中国的产业升级对美国利益的威胁。关键仍然是要看中国自身如何应对。我们需要从国家长远利益的角度出发来看待贸易摩擦的影响。

美国发起的此次贸易战旨在遏制中国新兴产业的发展,但从贸易战历史可以看到,贸易顺逆差由产业基本面所决定。美国历史上为了发展制造业也曾经利用高关税措施阻碍进口。对于中国而言,由于国内市场足够庞大,足以支撑起培育新产业发展所需的规模经济。贸易战会持续比较长的时间,最终将使中国更加注重培育自己的核心产业技术,促进产业升级。

第二,要准备打持久战。打铁还须自身硬,要保持战略定力,辩证看待中美贸易冲突对我国经济的负面效应,努力争取化危为机,实现产业转型升级,加快推进改革开放。美国对我国部分出口商品增加关税确实会对我国钢铁、化工等行业出口有负面影响,但客观上也将倒逼我国产能过剩的行业进一步去产能、去库存。因此,要以十分的定力继续推进供给侧结构性改革,通过去产能、去库存、去杠杆,降低无风险利率,减轻政府负担,为后续改革腾出资源和空间;同时,通过提振内需并有针对性地发展新兴产业来推进产业结构升级,实现我国经济增长从要素驱动向创新驱动转变。

第三,主动化解摩擦风险,主动承担国际责任,加快推进"一带一路"倡议,共建人类命运共同体,提升对外经贸与投资合作水平。

第四,继续推进与不同经济体和国家的贸易自由化建设。以推进区域全面经济伙伴关系(RCEP)为抓手,强化与周边国家之间的自贸区建设。要与美国之外的西方发达国家建立更加紧密合作的关系,打破西方国家联盟。发展与欧盟、加拿大、墨西哥等国的多边贸易关系。加快推进国内自由贸易区与自由港的建设。

第五节 案例分析:雷曼兄弟公司的倒下

2008年,美国第四大投资银行雷曼兄弟公司由于投资失利,在谈判收购失败后宣布申请破产保护,引发了全球金融海啸。美国财政部和联储局协助挽救濒临破产的贝尔斯登,却拒绝出手拯救雷曼兄弟的做法引起重大争议,市场信心崩溃一发不可收拾,股市也狂泻难止。事件引发的金融危机的一个重要教训就是贷款商之间的竞争既培育了创新,但也带来了高度的不稳定性。

一、雷曼事件经过

2008年9月15日,对闻名遐迩的华尔街而言,是一个具有历史意义的日子。这一天清晨,上班时间还没有到,人们便迫不及待地涌入大厦。他们当中,有些一如既往西装笔挺,有些却一反常态,身着休闲服来到公司。不过,有一点是一样的,他们手中都多了两样东西——空背包和行李箱。人们面色凝重,不多言语,纷纷进入各自的办公室,将个人物品整理打包。看上去,这一幕就像是在集体搬家。

当人们提着箱子走出公司大门时,钉在黑色墙面上的金属招牌依然闪闪发光——"LEHMAN BROTHERS"(雷曼兄弟)。有些人临走前还在雷曼董事长 Dick Fuld(迪克·福尔德)的肖像上签字"留念"。公司外面的人行道上,早已挤满了记者,一看到从雷曼打包出来的人,他们就蜂拥而上。有些员工再也无法抑制内心的失望和愤怒,开始怒斥记者。的确,每个人都很难接受现实。一名员工说:"这是我一生当中最难过的事情。"

然而,面对6 130亿美元的负债和一夜之间轰然倒塌的公司,两万多名员工除了离去,别无选择。在严重的次贷危机面前,在苦苦寻找买家却始终没有结果的情况下,公司董事会不得不做出申请破产保护的决定。有着158年悠久历史、在美国抵押贷款债券业连续40年独占鳌头的第四大投资银行——雷曼兄弟正式宣布申请破产保护。随即,两万多名职员开始了撤退。很多人面临失业、再择业。

市值曾经位列美国投行第四的雷曼兄弟公司因投资次级抵押住房贷款产品不当蒙受巨大损失,由于所有潜在投资方均拒绝介入,更由于美国财长保尔森公开表示"见死不救",终于向纽约南区美国破产法庭申请破产保护。2008年9月10日公布的财务报道显示,"雷曼兄弟"第二季度损失39亿美元,是它成立158年来单季度蒙受的最惨重损失,"雷曼兄弟"股价较2007年年初最高价已经跌去95%。2008年9月12日,美国财长保尔森宣称美联储不会援助雷曼兄弟公司,雷曼兄弟股价也因此下跌13.5%,收于3.65美元,下跌至14年来的新低。9月13日,最后的救命稻草,代表美联储意志的美国银行(Bank of America)拒绝了雷曼的并购意向。2008年9月15日凌晨1点,雷曼兄弟公司只得宣布申请11号破产保护法案。

有着158年历史的雷曼兄弟公司轰然倒塌,其引发的连锁反应致使信贷市场陷入混乱。这让保险巨头美国国际集团(AIG)加速跌入深渊,也让几乎所有人都因此蒙受了损失,不论是远在挪威的退休人员,还是 Reserve Primary 基金的投资者都未能幸免,而后者是美国一家货币市场共同基金,曾被认为同现金一样安全。几天之内,由此引发的混乱甚至让华尔街的中流砥柱高盛集团和摩根士丹利也深陷其中。深受震慑的美国官员急忙推出了更为系统的危机解决方案,并在周日同国会领导人就7 000亿美元的金融市场救助计划达成了一致。

二、案例分析

对金融衍生品的深度参与是公司破产的第一个,也是直接原因。对合成CDO(担保债务凭证)和CDS(信用违约掉期合约)市场的深度参与,很可能是雷曼倒塌的直接原因之一。雷曼兄弟、美国最大保险公司美国国际集团(AIG)以及美国很多金融机构之所以大幅亏损,并不在于自己的传统业务(AIG的传统保险业务甚至无可挑剔地强大),而在于它们过多参与了新鲜刺激的金融衍生品CDS。

CDS的市场是次级按揭市场的48倍大,相当于美国GDP的4倍。CDS是一种合同,意思是信用违约掉期合约。CDS合约是美国一种相当普遍的金融衍生工具,于1995年首创。这一产品的出现,让贷款人觉得可以拼命放贷而无需知道贷款是不是能收回来,这是雷曼危机背后的推动力量。不幸的是,在次贷危机爆发一年以后,社会的信用履约率大幅度、大面积下降,那些往日为全社会提供信用保险的商家,在CDS市场上所承受的风险,已经大到足以将自己百年老店的全盘业务都拖垮的地步。

该公司大量投资于过热的房地产市场,用大量借款增加回报率,而且比其他公司更晚认识到所出现的损失,也未在投资出现失误时抓紧时间融资。该公司在危机中陷入太深,以至于寻找有意的买家都成为艰巨任务,这也让政府基本上无计可施。

雷曼兄弟破产的第二个原因是政府的不救助政策。雷曼兄弟的倒闭,其直接触媒是美国财长保尔森"见死不救"的表态,而这一表态的实质,是美国政府放出一个明确信号,即他们不愿再如前面贝尔斯登或"两房"那样,直接干预市场实施援助,美国政府不希望一家又一家濒临困境的华尔街投行把自己的经营风险转嫁到美国政府头上。

《美联储的历史》一书的作者,卡内基·梅隆大学的政治经济学教授阿兰·梅尔策认为,让雷曼倒闭是"一个重大的错误,它导致了目前衰退的加深和拖长"。对于美联储在雷曼倒闭事件上的不作为,时任美联储主席伯南克提出了一个技术性的理由,即法律对美联储在对方没有足够抵押品的情况下放贷有制约,以此为美联储进行了辩护。不过,伯南克事后也在公共电视台上承认,"雷曼事件表明,我们不能在金融危机期间让一家大型的、在国际上都很活跃的企业倒闭"。

雷曼兄弟破产的起源和后果均凸显出决策者在应对不断加深的金融危机时所处的艰难境地。他们不愿被视为迫不及待地要介入其中,救助那些因太过追逐风险而身陷困境的金融机构。但在当前这个时代,市场、银行和投资者都被一张复杂而无形的金融关系网联系到了一起,任由大型机构自行倒下的痛苦大得令人难以承受。

如果政府救助,那么雷曼兄弟破产之后出现的系统性风险本是可以避免的。在雷曼兄弟倒台之前,联邦官员曾在局部范围内化解了一系列金融风波,所采取的方式是让房利美、房地美和贝尔斯登等陷入困境的机构生存下来。官员们认定这些机构规模太大,不能让它们倒闭,因此动用了纳税人数十亿美元的资金救助他们。但对雷曼兄弟却没有这样做。

雷曼兄弟破产的第三个原因是一味地追求股东财富最大化，忽视了对经营风险进行有效控制的结果。为了使本公司的股票在一个比较高的价位上运行，雷曼兄弟自 2000 年始连续 7 年将公司税后利润的 92%用于购买自家的股票。此举虽然对抬高公司的股价有所帮助，但同时也减少了公司的现金持有量，降低了其应对风险的能力。此外，公司因过多关注股东利益，而忽视了一些本该承担的社会责任，加剧了其与社会之间的矛盾，也是雷曼兄弟破产的原因之一。

第四章 金融运营管理的环境分析之二：国内环境分析

改革开放40多年来,我国经济发展取得了前所未有的成就,成为世界第二大经济体,世界的制造大国、贸易大国、外汇储备大国,也正在成为对外投资大国。但过度依赖投资、出口拉动的传统发展方式,会面临严重的土地承载、能源资源消耗、生态环境以及国际市场等方面的制约。不平衡、不协调、不可持续的问题日益增多,急需加快发展方式转变和经济转型。本章的国内环境分析将聚焦在我国下一步经济增长的重要引擎——新型城镇化进行探讨。

第一节 我国经济增长的重要引擎——新型城镇化

一、国内经济增长面临的瓶颈

当前,我国经济增长在国际、国内两个层面都面临着严峻的挑战。国际上,世界经济复苏前景仍不明朗,形势依然错综复杂、充满变数。美国复苏动力依然不足,欧洲经济持续恶化,失业率不断创下新高。日本经济基本停滞,经济持续低迷,通货紧缩长期存在,经济进一步恶化。新兴市场经济体明显减速。外部需求放缓,出口增速不断下降,内生增长动力不足,资产泡沫日益膨胀。总体来看,世界经济已由国际金融危机之前的快速稳定发展进入深度转型调整期。

从国内看,经济发展不平衡、不协调、不可持续的问题依然突出,经济增长下行压力和产能相对过剩的矛盾有所加剧,企业生产经营成本上升和创新能力不足的问题并存,经济发展和资源环境的矛盾仍然突出。当前已不再是简单纳入全球分工体系、扩大出口、加快投资的传统增长模式,而是倒逼我们扩大内需、提高创新能力、促进经济发展方式的转变。

具体而言,中国经济面临以下挑战。

(1) 第一个挑战是长期以来推动中国经济快速增长的"三驾马车"均遇到了不同程度的问题。

进出口方面,一是受金融危机、欧债危机和世界经济疲软的影响,欧美经济复苏缓慢,尚未出现真正复苏的拐点,国外市场需求的长期稳定增长存在很大的不确定性。二是非洲、拉丁美洲以及东南亚市场处于培育期,尚不具备对世界经济的强有力拉动能力。因此,今年以来,我国进出口呈现明显下滑趋势。这就要求我们一方面需要进一步开发、稳定欧美市场,另一方面要大规模培育非洲、拉丁美洲等第三世界市场。但美欧发展方式、消费模式已发生了改变,新兴市场也要有一个培育期,因此,中国的进出口在今后的一段时间仍需要度过一个艰难的时期。

投资方面,中国在经济发展初期,各种约束边界相对宽松,依靠高投入、高消耗的外延式扩大再生产的工业化,依靠大城市、少数城市群的城市化就可以拉动中国的经济增长。在经济体量相对较小的情况下,中国依靠依次投资某一产业板块,以板块轮换拉动整个经济的模式,保持了三十年的快速增长。当前,中国经济总量发展到一定规模,已没有明显的产业短板,各行业、各产业都出现了不同程度的相对过剩。随着中国经济体量的不断增大,土地、能源、劳动力供给等构成了经济发展的新的瓶颈约束,传统经济发展模式已经不可持续,投资任何单一产业,均难以获得足够空间拉动中国经济的长期可持续增长。

消费方面,一直以来,我国的"三驾马车"是不平衡的,经济主要靠投资、出口这两驾马车拉动,消费一直起不来的主要原因是社会保障的不健全。考虑到子女教育、住房、医疗、养老等各种需求,人们有钱就会首先考虑存银行,不敢消费,所以中国是世界上储蓄率最高的国家。当前,消费不足问题更加严重。由于以中心城市为主的城市化受到限购、户籍以及大规模人口集聚造成城市资源严重不足的制约,社会总体消费需求的释放受阻。

(2) 第二个挑战是"三大红利"的逐渐消减。过去的四十年快速发展主要得益于三大红利:改革红利、开放红利、人口红利。

通过改革,大大释放了我国的经济活力,提高了经济效率。但现在改革处于新时期,改革的成本也在加大,改革的红利正在消失。

就开放红利而言,正如新加坡《联合早报》刊登的《世界改变中国,中国改变世界》一文指出:"中国经济发展经历了三个阶段。第一个阶段是对外开放,让世界进入中国;第二个阶段还是对外开放,但中国开始走向世界;第三个阶段依然是对外开放,中国已经开始改变世界了。在这三个阶段中,开放政策始终不变,但开放的结果却变而又变,使中国变得更加发达、更加强大了。"加入WTO之后中国成为"世界工厂",成为全球最大的出口国,但现在国际市场需求在萎缩,加上我们劳动力成本的提高,所以依靠出口拉动经济增长效能的开放红利也在消失。

同时,人口红利也在逐渐消失。目前,中国正逐步步入老龄化社会,劳动力的供给在某些地方、某些区域已经明显出现不足,劳动力成本不断提高。因此,这三个方面的红利消失实际上对我们中国经济的发展都提出了新的挑战。

(3) 第三个挑战是资源环境的挑战。我国作为世界工厂,生产规模快速扩大,与能源、矿产、水资源和生态承载之间的矛盾突出,发展质量亟待提升。这些年来经研发展的一个重要特点就是过度依赖要素的投入,依赖资源的大量消耗。2021年我国GDP达17.7万亿美元,占世界比重达到18.5%,比2012年提高了7.2个百分点。但作为发展中国家,经济的可持续发展,能源资源瓶颈制约是摆在我们面前最亟需解决的一个难题。除了能源公平、能源安全、能源绿色化这三大世界共同的能源挑战外,我国还需要协调好经济发展与能源挑战的关系。我国能源可持续发展面临五大能源挑战：巨大且持续增长的能源需求、快速增加的油气进口依存度、严重的常规环境污染、农村和小城镇缺乏清洁能源服务、巨大且迅速增长的温室气体排放。

针对中国经济发展面临的这些问题，需要突破发展的瓶颈，寻求新的改革红利，寻找下一步经济增长的引擎，新型城镇化给这一问题提供了解决方案。

二、新型城镇化成为经济发展的引擎

城镇化既是经济发展的结果，又是经济发展的动力，是实现中国式现代化的必经之路。党的十八大以来，中国以人为核心的新型城镇化建设深入推进，城镇建设和发展步入新的阶段，取得了巨大成就。

党的十八大提出了新型工业化、信息化、城镇化和农业现代化"四化并举"的发展战略，中央经济工作会议又进一步提出"积极稳妥推进城镇化，着力提高城镇化质量"。

2013年，党中央、国务院首次召开中央城镇化工作会议，讨论《国家新型城镇化规划》，随后《国家新型城镇化规划（2014—2020年）》于2014年发布，这也是第一个新型城镇化规划。这一轮新型城镇化以发展集聚效率高、辐射作用大、城镇体系优、功能互补强的城市群为重点。2014年12月29日，国家新型城镇化综合试点名单正式公布。

2019年4月8日，国家发改委发布了《2019年新型城镇化建设重点任务》，提出了深化户籍制度改革、促进大中小城市协调发展等任务。这对于优化我国城镇化布局和形态，进而推动新型城镇化高质量发展具有重大的积极意义。

2022年10月，党的二十大报告再次强调"促进区域协调发展，深入实施区域协调发展战略、区域重大战略、主体功能区战略、新型城镇化战略，优化重大生产力布局，构建优势互补、高质量发展的区域经济布局和国土空间体系。"国家推进新型城镇化战略，这是加快构建新发展格局，推动高质量发展的战略举措。

诺贝尔经济学奖获得者、前世行副行长斯蒂格利茨曾指出，中国的城镇化和美国的高科技，将是影响21世纪人类发展进程的两大关键因素。

无论是从中国的高层布局，还是从国际经济学界来看，各方对中国新型城镇化的认识是一致的，而且都是放在非常重要的位置上来理解，新型城镇化成为中国经济持续发展的新引擎。

第二节 新型城镇化的内涵及意义

一、新型城镇化的概念

新型城镇化是以城乡统筹、城乡一体、产城互动、节约集约、生态宜居、和谐发展为基本特征的城镇化，是大中小城市、小城镇、新型农村社区协调发展、互促共进的城镇化。

"新"是指观念更新、体制革新、技术创新和文化复新，是新型工业化、区域城镇化、社会信息化和农业现代化的生态发育过程。

"型"是指转型,包括产业经济、城市交通、建设用地等方面的转型,环境保护从末端治理向"污染防治—清洁生产—生态产业—生态基础设施—生态政区"同步的生态文明建设转型。

"新型"是指新型城镇化包含四个协调:新型工业化、农业现代化相协调;人口、经济、资源和环境相协调;大、中、小城市与小城镇相协调;人口积聚、"市民化"和公共服务相协调。

二、新型城镇化的内涵

新型城镇化的"新"是相对原来的"城市化"和"新农村建设"而言,有着明显的区别,新型城镇化就是改变特大城市和基层农村的发展方式,真正将工作重心转移到进城人口权益的市民化上来。2021年年末的统计数据显示:全国人户分离的人口为5.04亿人,其中流动人口为3.85亿人。"城镇化"固然是指农村人口转化为城镇人口的一个过程,但这种"转化"不仅要有"广度",更要有"深度",即中央经济工作会议提出的"提高城镇化质量,使之健康发展"。

与城镇化原有方式不同,新型城镇化一定要有产业支撑,农民转换成市民的形式也将不再是征地、拆迁、买断,从而与农村、农业失去联系的"城市化"模式,而是主要依靠土地流转、资产置换达到适当集中,农民就地安置、本土创业的发展模式。

新型城镇化通过农村城镇化、农民市民化、农业现代化、城乡一体化四位一体,依靠产业支撑,使农民适当集中,从而改变生产方式和生活方式,不仅收入渠道更加丰富,享受到的公共服务也更为完善,在解决"三农"问题的同时,拉动投资和消费。

新型城镇化的核心在于不以牺牲农业和粮食、生态和环境为代价,着眼农民,涵盖农村,实现城乡基础设施一体化和公共服务均等化,促进经济社会发展,实现共同富裕。

三、新型城镇化的重要作用

(一)"三农"问题的根本出路在于推进新型城镇化进程

农业、农村和农民问题始终是我国改革开放和现代化建设的根本问题。要使农民富裕,必须减少农民数量,要繁荣农村必须推进新型城镇化,这是世界各国走向现代化的必由之路。加快推进城镇化,能够为推动农业专业化、规模化生产创造有利条件;带动资金、技术、人才等现代生产要素向农业农村延伸。农业现代化有利于解放农业生产力,提高农业的规模化水平和抗风险能力,确保国家粮食安全和重要农产品有效供给。农业现代化还使更多的人享受城市文明,为城镇化可持续发展创造条件。作为城乡一体化发展的核心,新型城镇化成为解决我国"三农"问题的关键所在。

三农的问题是不能仅依靠三农自身来解决的,只能通过经济发展,依靠工业化和城镇化来解决。新型城镇化的意义在于它不是一种破坏农业经济的城镇化,不是要造成农业的空洞化或是对农业的生产体系造成一种破坏,而是要通过城镇化给农业现代化留出空间,反哺农业,带动农业现代化发展。在城镇化过程中,一定要避免过度城镇化,避免为了城镇化而城镇化。

国际经验表明,没有哪个国家能够拖着扭曲的"城乡二元结构"跨进现代化的门槛。中国要全面建成小康社会,必须统筹城乡发展,打破和消除城乡二元结构,转移农村富余劳动力,而新型城镇化加速发展则是必然选择。

(二)推进新型城镇化进程是工业化的必然要求

城镇化与工业化互为依附、相得益彰。如果城镇化水平明显落后于工业化,农村人口流动和剩余劳动力转移被严重阻碍,城市的集聚效益和规模效益就得不到很好的发挥。南亚、东南亚一些国家的城镇化基本属于这种模式。如果城镇化水平明显超过工业化,城市就不能为居民提供足够的、合适的就业机会和必要的生活条件。这种城镇化极易造成严重的两极分化,城市中逐渐形成大规模的贫困群体,造成环境恶化、交通拥挤、城市无序、贫民窟等低水平的"城市病"。这是一种畸形的城镇化。印度、拉美一些国家的城镇化就属于这种模式。

美国在应对国际金融危机中,提出了再工业化、制造业回归,"第三次工业革命"的基本特征是新一代互联网和可再生能源结合,以数字化制造、新型材料应用等为方向。过去我国的工业化重点强调批量生产,这种生产模式对中国这种人口众多的国家特别适合,在掌握了一定的工业技术后,通过低廉的劳动力,可以大规模地生产廉价产品,提高国际竞争力,这实际上就是"人口红利"。但第三次工业革命则是把信息化、数字化和制造业串联起来,讲究个性的服务和个性的制造,这与大批量的生产制造是一个完全相反的概念,所以对中国这样的人口大国,可能会产生比较大的冲击。我国在推进新型城镇化过程中,应该顺应世界科技产业变革的新趋势,加快发展战略性新兴产业,否则就会偏离现代工业化发展的主流和总体趋势。

(三)发展第三产业,必须依托新型城镇化

第三产业对人类活动集聚的要求要高于第二产业,只有新型城镇化才能促进第三产业的繁荣和发展,创造更多的就业岗位,缓解就业压力,城镇化是扩大内需最现实的潜力。到 2021 年年末,虽然我国城镇化率提高至 64.7%,但仍仅相当于韩国 20 世纪 80 年代、日本 20 世纪 60 年代、美国 20 世纪 60 年代以前的水平,仍远低于发达国家 80% 左右的平均水平。2021 年我国户籍人口城镇化率仅为 46.7%,更是远低于这些国家。从现代化发展规律看,中国城镇化正处于深入发展阶段,今后一二十年我国城镇化率将不断提高,按照韩国、日本、美国城镇化的进程来看,中国城镇化率仍然有 15 个百分点的增长空间,意味着每年将有千万农村富余劳动力及人口转移到城市,这将带来投资的大幅增长和消费的快速增加,也会给城市发展提供多层次的人力资源。

首先是投资拉动。据测算,城市每增加一个人口,平均增加 10 万元的公共设施投资,包括城市基础设施建设、房地产建设,以及医疗、教育、就业、养老等基本公共服务。其次是消费拉动。城镇化率每提高 1 个百分点,就有 1 300 万人口从农村进入城镇。农民转为市民后,对衣食住行的需求将急剧上升,带来城镇消费群体的迅速扩大。同时,随着其收入水平的上升,消费能力也会得到提高。目前,发达国家服务业产值和就业比重都在70%~80%甚至更高,已经形成了以服务业为主体的产业体系,我国服务业增加值比重只有43%,就业比重只有36%,发展潜力很大。还要看到,我国目前老龄人口已突破2亿,社会呈老龄化趋势,发展老龄服务能够形成一个容量很大的产业。

(四)推进新型城镇化是保护资源和生态环境的客观需要

新型城镇化使大部分农村人口向城镇集中,减少农村人口,减轻对生态环境的压力,真正有效地做到退耕还林、退耕还草、退耕还河,保护好生态环境,促进经济社会的可持续发展。

因此,应把推进新型城镇化作为中国可持续发展的长期国策。城镇化发展有利于实现我国产业结构及经济发展模式的转型,是推动和支撑我国经济持续增长的最重要的内生动力。城镇化不仅仅是中国的问题,也是关乎世界的问题。14亿人的现代化和近10亿人的城镇化之路,在人类历史上都是没有的,中国这条路走好了,不仅造福中国人民,对世界也有贡献。

第三节 我国新型城镇化的发展历程

一、发展历程

2012年,党的十八大报告就提出,"加快改革户籍制度,有序推进农业转移人口市民化,努力实现城镇基本公共服务常住人口全覆盖。"此后,以人为核心的新型城镇化不断推进,"促进常住人口有序实现市民化作为城镇化的首要任务"也被不断强调。

2014年印发的《国家新型城镇化规划(2014—2020年)》,进一步明确相关发展目标:常住人口城镇化率达到60%左右,户籍人口城镇化率达到45%左右,户籍人口城镇化率与常住人口城镇化率差距缩小2个百分点左右,努力实现1亿左右农业转移人口和其他常住人口在城镇落户。

应该说,推进效果是显著的,超1亿农业转移人口和其他常住人口在城镇落户的目标顺利实现,城市落户门槛也一降再降。对比2012年和2022年的数据,我国常住人口城镇化率从53.1%提升至64.7%,达到此前预设目标[1]。

新型城镇化建设过程中始终坚持以人为本,党中央、国务院不断加快完善农业转移人口市民化的顶层设计,积极推动户籍制度改革,首先取消了城区常住人口100万以下的中小城市和小城镇的落户限制,随后在2019年进一步全面取消了100万到300万城市的落户限制。2022年,国家发展改革委印发《"十四五"新型城镇化实施方案》,除了城区常住人口300万以下城市全面取消落户限制的要求之外,新增鼓励取消积分落户年度名额限制。

---

[1] 杨弃非,淡忠奎.2亿多人常住城镇,却没有城镇户口,国家提出目标了[N].每日经济新闻,2022-07-13.

据统计,2012—2021年,我国年均新增城镇就业超过1 300万人,城乡居民人均可支配收入比从2.88∶1下降到2.5∶1,城乡居民在公共服务和生活水平上的差距日益缩小,不断向共同富裕目标迈进。10年间,我国逐步健全以居住证为载体、与居住年限等挂钩的城镇基本公共服务提供机制,向所有城镇居民公平提供城镇基本公共服务和发展机会。各级政府深入实施就业优先战略,统一城乡居民基本养老保险制度,整合城乡居民基本医疗保险制度。

党的十八大以来,新型城镇化取得重大进展,城镇化水平和质量大幅提升,全国常住人口城镇化率由2013年的54.49%提高到2022年的65%,1亿农业转移人口和其他常住人口在城镇落户目标顺利实现。

二、存在问题

(一) 人口城镇化率和户籍人口城镇化率之间仍存在较大差距

随着城镇化不断推进,我国常住人口城镇化率和户籍人口城镇化率之间的差距总体呈不断扩大趋势。"十三五"期间,全国常住人口城镇化率从2016年的58.84%提升至2020年的63.89%,五年之间上升约5.1个百分点;与之相比,户籍人口城镇化率从41.2%提升至45.4%,上升4.2个百分点。两者差距从17.64个百分点扩大至18.49个百分点。以2021年数据估算,全国约有2.5亿人常住在城镇,却没有城镇户口。可见,我国城镇化进程还未完全实现——其面临的一个显著"悖论"在于常住人口城镇化率和户籍人口城镇化率之间,存在着一道"鸿沟"。这意味着,大量流动人口"漂泊"于城乡之间,造成其日常居住和生活空间与户籍所在地分离,也无法享受与城镇居民相同的福利待遇。如何持续缩小常住人口城镇化率和户籍人口城镇化率之间的差距,仍然是紧要问题。

(二) 城市群数量不足与质量不高并存

中小城市潜力还没有得到充分发挥,小城镇数量多、规模偏小。1.9万多个建制镇建成区平均人口仅7 000多人,有相当多的镇人口不足5 000,集聚产业和人口能力有限,规模经济效应远未实现;城镇空间分布和规模结构不合理,导致人口长距离、大规模流动,资源大跨度调运,既增加了社会运行的成本,也加剧了人口资源环境之间的矛盾。

(三) 我国东中西部地区城镇化率差异较大

中国人多地广,由于我国东、中、西部自然条件、地理环境、资源禀赋、人口构成禀赋各异,环境承载力和城市综合承载力千差万别。东部一些地区城镇化速度快、水平高,人口资源矛盾加剧,中西部许多地区相对滞后、水平较低,潜力还没有得到充分发挥。在我国东部地区集中分布了56.3%的特大城市、47.7%的大城市、49.5%的中等城市以及37.6%的建制镇;沿海三大城市群就接纳了约60%的城镇化人口。从经济综合实力上看,全国排位在前1 000名之内的小城镇,主要分布在东部地区,占78.8%。大中小城市的差距也越拉越大。北京和上海已经成为国际性大都市,城市化率分别达到84.3%和88.7%。而在中西部的贵州和西藏,城市化率只有27.5%和28.2%;一些小乡镇、小县城和周边农村并无二致。

（四）城市治理能力的挑战

城市配套设施建设与管理服务水平未能随人口集中同步提升。城市功能布局缺乏预见性规划，老旧城区未能进行合理改造和功能提升，基础设施承载力不足，城市秩序紊乱、运营低效，带来了诸如交通拥堵、住房紧张、环境污染、卫生恶化、城中村、事故灾害、犯罪等"城市病"问题。这就迫切要求从规划、建设和运营等环节创新城市基础设施管理模式，提升政府的社会管理能力。

城镇化不仅仅是一个投资的问题、工业化的问题，更重要的是社会管理问题；不仅是经济问题，更是社会问题、政治问题。一定要通过发展来解决发展中的问题。当前就是要通过城镇化发展经济，进而解决中国目前存在的二元结构问题，通过财政收入的增长、总体经济实力的增长来逐步实现城镇化、工业化，解决"三农"问题和长期积累的社会问题。

第四节 新型城镇化的国际经验

从国际上看，城镇化走了两类不同的路子。一类属于自然的、长期的发展过程，欧洲的大部分城市即是如此。另一类有一定的人为推动，城镇化有一个加速发展的过程，比如美国就是通过发债来解决城镇化面临的融资难题，进而对这个过程进行推动。

一、国际城镇化进程中的可借鉴经验

（一）美国城镇化进程中的特征

1. 多层次城镇体系

打破区域界限，统筹整体区域资源，依托大中城市，充分发挥其辐射带动作用，形成开放式、多层次的城镇体系，形成国际性大都市、全国性中心城市、区域性中心城市、地方小城市和中心城镇等不同层次的城镇体系。

2. 城镇建设均衡发展

注重整合各种要素。培育龙头城镇和城镇群的时候注意提升聚集效能，以点带面、渐次连片，消除城镇群向都市圈和城市带发展过程中引发的城乡差别，推进区域城乡一体化、公共服务均等化，达到均衡发展目的。

3. 多元化、内涵式发展

注重工业化、产业化、信息化与城镇化的并行发展，以多元化、内涵式并重发展探索城镇化的新模式。

4. 交通运输建设为先导

美国城镇化建设中，交通运输是基础性和先导性产业，对促进经济要素跨域流动、支持城镇化经济协调发展、保障城镇社会有序运行、引导城镇产业合理布局、完善城镇空间格局形态等方面具有重要作用。

5. 市场与政府双轮驱动

推行双轮驱动政策,强调市场化和重视政府调控相结合,为产业发展和各种生产要素的流动营造一个社会化的市场环境和法律环境,并起到有效的宏观协调作用。

6. 完善农业政策体系

注重农业科技引入,完善农业政策体系。坚持以农民为本的理念,以工业反哺农业;重视农业基础设施建设和农业技术进步;平衡城郊发展。

(二) 德国城镇化进程中的经验

1. 宏观把握——确立小城镇可持续发展规划设计管理理念

德国区域发展和城市规划建设体系科学严密,有以下几个特点:一是规划体制的严密性;二是规划内容的科学性;三是规划过程的公开性;四是规划执行的严肃性。

2. 中观控制——建设小城镇全周期生态规划管理运营机制

德国城镇化进程在这一层面的特色包括:规划设计前瞻,民众广泛参与;基础设施保障,生态理念先行;政府行政主导、法律政策规范;市场机制运作,优化投资环境;教育人才支撑,特色产业主导;历史文脉传承,公共服务完善。

3. 微观指导——弥补小城镇建设中观层面的生态评价缺失

努力构建可持续发展的评估机制,建立并推行了一系列的整体人居环境评价指标和方法,从概念层面逐步转化到量化层面。

4. 细节推敲——强调以人为本的人性关爱细节设计

"以人为本"的理念处处体现在城镇规划、建设和管理上,无论是大城市、中小城市或几万人口的小城镇,各项市政设施的水平基本一样,几乎无差异,加之方便的购物餐饮等生活配套条件,接近大自然的生活环境,使小城镇拥有大中城市无法比拟的优越性。

(三) 日本城镇化进程中的特征

1. 日本城市化进程以工业化为主要驱动

不管是1920年以前的起步阶段——通过发展农业现代化来间接促进工业化生产,还是二战后的产业升级,可以说,是工业的蓬勃发展使得农村剩余劳动力转移到城市,进而推动了日本城市化的发展。

2. 日本的城市化属于典型的集中型模式

20世纪60年代,日本形成了以东京、大阪、名古屋三大都市圈为主导的太平洋沿岸都市带,其他城市地区发展相对缓慢。1970年以后,日本居民开始渐渐选择转向中心城市的郊区居住。在城市化发展后期,企业和人口开始撤出城市中心地带,向周边的郊区或卫星城市转移。即在城市化到达饱和程度之后,日本的城市化模式开始从集中型转向分散型,这也意味着大城市的郊区及其周围城市将会逐渐发展。

3. 第三产业成为日本城市发展的新动力

20世纪90年代后,随着信息通信有关的服务增长、国民对个人服务的需求加强以及政府相关产业政策的支持,日本第三产业得到了长足的发展,尤其是所占比重较大的通信运输以及服务业。日本第三产业就业人数从50年代开始不断增加,信息技术、金融以及服务业等第三产业在90年代已经取代了传统工业成为城市发展的重要动力,城市也随之由产品制造中心向信息中心、金融中心和服务中心转变。

(四)国际城镇化建设经验的启示

1. 坚持以前瞻性规划为指导,推进小城镇建设可持续发展

我国经济发展水平不平衡,各地要从实际出发,因地制宜,科学规划。根据当地的经济发展水平、区位特点和资源条件,搞好小城镇的规划和布局。

2. 坚持政府依法行政主导权,保证法律政策规范科学有效

积极探索适合小城镇特点的新型城镇管理体制,集中精力管理公共行政和公益性事业,创造良好的投资环境与社会环境,完善小城镇的财政管理体制。

3. 加强小城镇基础配套建设,优化投资环境吸引社会资本

为促进小城镇健康发展,国家要在电网改造、公路、广播电视、通信等基础设施建设方面给予支持。地方各级政府要根据自身财力状况,重点支持小城镇镇区道路、环境整治、信息网络等公用设施和公益事业建设。要通过完善基础设施建设,加强服务,吸引外资。

4. 加强小城镇智力资源支持,发挥特色产业资源主导优势

在新型产业发展的背景下,要高度重视人才培养。同时要根据城镇化的特点,以市场为导向,以产业为依托,大力发展特色经济,着力培育各类农业产业化经营的龙头企业,发挥小城镇功能和连接大中城市的区位优势。

5. 尊重小城镇历史文脉传承,推进后续量化运行评估机制

建立一套适应本国国情的切实可行的后续量化运行评估机制,适时对发展方向进行跟踪报告、监控、调整,实现高效的建设运作模式。

二、国际城镇化进程中的失败教训

(一)巴西城镇化过程中存在的问题

1. 巴西绝大部分土地一直为少数大地主所控制

国家重视出口农业,忽视面向国内市场的小农,对农业的优惠政策补贴大都落在大中型农业企业手中。农村中小农户和无地农民处境艰难,形成大量无地农民向城市的流动。这种流动虽然推动了工业的发展,但因超过城市工业发展所能提供的就业机会,一些人就由农村的无地农民转而成为城市的公开失业或隐蔽失业的贫困群体。现在巴西农村仍有1 000多万无地农民,他们持续不断地向城市流动。

2. 城市化过程中就业机会严重不足

非正规部门充当了剩余劳动力的"蓄水池"。这与20世纪60~70年代巴西工业化的战略选择有很大关系。这一阶段,巴西把工业重点转向资本、技术密集的部门,服装、制鞋等传统产业又在国际上失去竞争力,难以拓展就业,劳动力大量进入第三产业中的传统服务业和非正规部门。

3. 城市化未能体现以人为本

在城市规划、建房用地、基础设施、社区发展等方面都没有考虑低收入人群的要求。

(二)印度城镇化进程中存在的问题

1. 城市化过程并未有效解决农民问题

印度城市人口的自然增长是城市化率提高的主要因素,农村向城镇的人口迁移数量较少,并未实质解决农村、农民问题。

2. 印度城市化过程中城乡关系有待改善

印度城市人口机械性增长的动力机制主要是农村贫困的推动,而不是城市繁荣的拉动。印度的农村无地人口向城镇的转移,造成了大量的城市贫民窟。城市化过程中,印度的城乡差距不但没有缩小,反而呈现急剧扩大趋势。

3. 城市化的质量、城市的管理运行状况并不理想

首先,基本公共服务设施短缺,大量贫民窟没有厕所;其次,城市管理水平较低,城市运行效率低,交通设施差,车辆严重超载;最后,社会保障、医疗服务、义务教育等水平较低。

4. 城镇化过程缺乏产业支撑

城市化和经济增长过程中,服务业增长相对较快,第二产业增长乏力,使印度的城镇化缺乏产业支撑和持续发展的基础。

(三)国际城镇化失败教训的启示

1. 城市化健康有序推进必须以人为本

作为现代化的重要组成部分,城镇化核心是人的城镇化。一方面需要民主和法治,另一方面必须辅之以适合的经济社会政策,两者相辅相成,才能够形成"求大同、存小异、促发展"的良好结局。

2. 城镇化的基础是人的技能素质的提高

拆除阻碍要素流动的制度、文化、语言障碍,大力提高人力资本水平,对于健康的城镇化和经济社会发展至为重要。在人力资本不能满足制造业和服务业对大量熟练劳动力要求的情况下,从农村流入的城市人口甚至包括城市原有人口,许多只能在非正规部门从事简单的劳动。

3. 城镇化的发展需要产业支撑

大国城市化过程的健康推进,离不开制造业的发展,离不开大量中小型劳动密集型企业的发展。城镇化过程中没有产业支撑及其带来的就业需求,服务业就失去了最重要的服务对象,也在很大程度上丧失了技术进步和生产率提高的源动力。

4. 在城镇化的早期宜加快完善基础设施

从印度城镇化的教训来看,在城市化快速增长时期,土地价格会快速上涨,畸高的房价和大量的贫民窟占地,形成了恶性循环。高房价导致贫民窟的拆迁困难重重,而不能对大量贫民窟进行改造,则使得整个城市的有效土地供应愈发短缺,只能继续提高房价。这

样,城市发展所需的基础设施建设成本会很高,不利于城市化的继续推进。

5. 新型城镇化应着重加强城市管理

城镇化过程中疏于管理会严重降低城市运行效率,并导致大量的资源浪费。如果在现有硬件的条件下,通过改善城市和整个社会的运行管理,则可以提高效率、减少浪费,在有效改进市民生活质量的同时也吸引更多的农村人口迁移到城市,从而促进城镇化率的进一步提高。

第五节 新型城镇化的路径选择

我国每年从农村转移到城镇的人口有1 500多万,相当于欧洲一个中等国家的人口总量,未来较长一段时期内我国城镇人口还将增加3亿左右,相当于美国的人口总量。这在世界发展史上是空前的。积极稳妥推进城镇化是一个事关长远的大战略,要放在实现现代化和经济社会发展的大趋势中来思考。

从世界范围看,城镇化是各国必经的过程。从我国看,城镇化规模之大在世界上前所未有,城镇化所面临的一些问题也是其他国家未曾遇见过的。伴随着我国城镇化发展,城镇化积累风险越来越多,原有城镇化模式不可持续。必须重新审视我国城镇化发展模式,探究具有中国特色的新型城镇化道路。

一、新型城镇化的原则和基本要求

(一)原则

在中国特色新型城镇化发展中,必须追求公平和正义,保障人们基本权益。主要应把握如下原则:第一,保障民生是城镇化根本出发点和落脚点;第二,保证粮食安全;第三,保证生态安全;第四,促进资源节约;第五,在政府和市场的关系中,由市场起决定作用。

(二)基本要求

中国特色新型城镇化的基本要求如下。

1. 推进城镇化需要"规划先行、统筹谋划、系统推动"

要通过规划先行、顶层设计,解决城镇化进程的加快与有限的资源供给之间的矛盾,实现环境和资源可持续发展。这就要求必须从各地实际出发,准确把握城镇化发展规律,做好科学发展规划,强化规划的调控引导和监管,充分发挥规划的战略性、前瞻性和导向性,对城市的功能给予恰当的定位,坚持走大中小城市和小城镇协调发展的中国特色新型城镇化道路,着力提升城镇化质量,防止资源浪费和低水平重复建设,保护好自然环境和文化遗产。

2. 新型城镇化要处理好速度与质量的关系

党的十八大以后,城镇化率迅速成为各个地方政府追求的新政绩目标,一些地方迫不及待地推出了发展措施,凸显"大干快上"之势。新型城镇化是一个经济社会发展的综合过程,关乎老百姓生产、生活方式的转变。农民进城后,住房、生活、消费需求都会有跨越式提升,但首先需要解决经济来源问题。如果单纯依靠行政手段驱农进城,通过基础设施建设、房地产拉动内需,而忽视脱农人口长期的发展、生活和社会保障诉求,是相当短视和危险的,是对中央政策的误读。西方国家经历了上百年才完成城市化进程,这是经济和社会共同演进的结果,其中既有经验,也有教训。经济发展是城市发展的内生动力,城市发展反作用于经济发展。我国的新型城镇化应尽量避免违背经济和社会发展规律的拔苗助长,否则走回头路的代价将是非常沉重的。

3. 新型城镇化必须"以人为本"

一方面,新型城镇化首先是人的城镇化,要避免重"物"而轻"人"的城镇化,消灭村庄,迫使农民"被上楼"的土地城镇化方式并不能做到人口的城镇化。农村土地既是农民的生产资料,也具有社会保障功能。现有的农村土地征用制度及土地收益分配格局不利于保障失地农民的权益,容易引发农民不满,导致群体性事件。如果农民失去土地后相应的社会保障没有及时跟进,会导致失地农民既丧失了原来拥有土地所带来的社会保障,又无法享受与城市居民同等的社会保障权利,使失地农民在"农转非"后很难顺利地从过去农民的生活、生产方式和行为转化为市民的生活、生产方式和行为。这对促进城乡要素流动、引导农业人口转移和激发经济活力都会产生较大制约,最终会阻碍城镇化进程。

另一方面,城镇化的基础是人的技能素质的提高。在人力资本不能满足制造业和服务业对大量熟练劳动力要求的情况下,从农村流入的城市人口甚至包括城市原有人口,许多只能在非正规部门从事简单的劳动。提高人力资本水平,对于健康的城镇化和经济社会发展至为重要。

4. 新型城镇化一定要有产业支撑

城市是城和市的组合,图4-1显示了新型城镇化的作用机理,城市化一定要包含经济城市化、社会城市化、人口城市化和环境的城市化,同时,"城"经济和"市"经济构成了城市的内部系统,"城"经济包含基础设施、土地、住房、交通这些要素,"市"经济包含产业、商贸、社会福利和人文环境这些要素。地方政府、二元结构、要素资源、社会、市场环境、制度因素构成了城市化的外部系统。通过这张图可以看出,新型城镇化一定要防范"有城无市"的城镇化,如果缺乏产业支撑,就会使新市民变游民、新城变空城,陷入"拉美化陷阱"。城市化过程的健康推进,离不开制造业的发展,离不开大量中小型劳动密集型企业的发展。城镇化过程中若没有产业的支撑及其带来的就业需求,服务业将失去最重要的服务对象。通过农村城镇化、农民市民化、农业现代化、城乡一体化"四位一体",依靠产业支撑,使农民适当集中,从而改变生产方式和生活方式,在解决"三农"问题的同时,拉动投资和消费。农民转换成市民的形式也将不再是通过征地、拆迁、买断,与农村、农业失去联系的"城市化"模式,而是转为依靠土地流转、资产置换达到适当集中,农民就地安置、本土创业的发展模式。

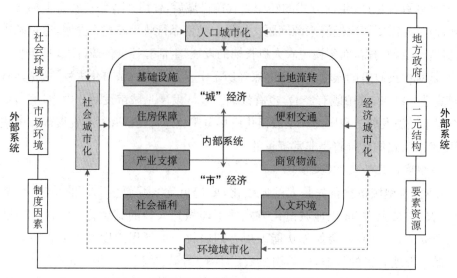

图 4-1 新型城镇化道路包容性发展作用机理图

5. 集约化发展城市群

从国际经验看,城市群是城市化发展的一条重要途径,城市群可以通过交通网络,把大中小城市和小城镇连接起来,促进大中小城市和小城镇的协调发展。从一定意义上说,建设城市群是解决"城市病"的有效手段。在城市群发展中,应优化提升东部地区城市群,培育发展中西部地区城市群。着力发展以特大城市为依托、大中小城市和小城镇协调发展的新型城市体系。关键要强调城市群主体之间的"协调"。城市群中各城市主体的功能定位问题,并要摒弃狭隘的政绩观。

6. 东中西部要实行差异化的城镇化发展方式

城镇化具有发展不均衡的特征,要防止东、中、西部"一刀切"的城镇化,在空间上试图平均分配经济活动的意图只会阻碍经济增长,"一刀切"的城镇化政策只会带来更大的不均衡。各地应根据不同区位资源条件、人口规模和经济发展水平,因地制宜推进城镇化建设,走多元化的城镇化发展道路。在经济欠发达、人口相对较少的中、西部地区,城市化要集中突破,重点建设和发展县城镇,发挥其规模效应和集聚效应,形成新的增长极。对于区域经济比较发达、城镇化水平较高、城镇比较集中的东部地区,可以采取以"都市圈"和"城市群"的方式,提高大都市的辐射能力,加快卫星城建设,推进区域整体城镇化的发展。

7. 要避免忽视、放弃农业的城镇化

如果认为新型城镇化就是以城市为主,注重城市和市民的发展,那这种观点是极其错误的,往往容易忽视农业在新型城镇化中的重要作用。新型城镇化和农业现代化是密不可分的,没有农业和农村的稳定和发展,就不可能有城镇的发展和繁荣,也难以支撑实现新型工业化、信息化和城镇化。推进城镇化,必须尊重农民意愿;必须严格保护耕地,严守18亿亩耕地红线,切实保障粮食安全。要城乡统筹,促进城镇化和新农村建设双轮驱动,同步解决"三农"问题,缩小城乡差别,消除"二元结构",避免城乡脱节的"片面城镇化"。实质上,新型城镇化解决的不是城市问题,而是农村问题,最终要落脚到农业现代化。

8. 推进城镇化需要土地、户籍的制度创新

土地制度方面,一方面要通过适度的土地流转来提高土地的生产能力和价值,最大限度地保护农民利益,另一方面要改革征地制度,改变过去低价占用农民土地的状况,提高农民在土地增值收益中的分配比例。在户籍制度方面,现有的户籍制度导致了中国的二元结构,如果没有户籍制度的改革,不能实现农业转移人口的市民化,即便农民进了城,没有同等的医疗、教育、社保、养老等基本公共服务,没有与其他市民一样的身份认同,这样的城镇化也是不可持续的。

9. 新型城镇化过程中一定要处理好政府和市场的边界

首先,要充分尊重市场规律,坚持需求和市场导向推动城镇化。城镇化的一个本质特征是资源要素的集聚和优化配置,有其发展的规律,充分发挥市场在资源配置中的作用,无疑将提高城镇化的效率。经济理论和国际经验也表明,在解决城镇化的土地供给、融资供给和环境保护等方面,市场及价格机制可以有效发挥作用,形成良好的激励约束机制。

其次,要规范和约束政府行为,防止政府过度介入城镇化。固然要充分发挥地方政府在统筹协调、公共服务和体制创新等方面的积极作用,但更要注意防止政府过度主导甚至作为市场主体直接参与竞争性领域,与民争利。从以往的经验教训看,政府大规模投资对民间投资有挤出效应,融资约束和投资效率也存在一定问题。地方政府应逐步淡出投资领域,结合开放私人部门投资。这样可以使地方政府从经济生活的掣肘中解脱出来,也有利于提高投资的效率和减少公共投资过程中出现的寻租现象。

最后,要进一步扩大对内对外开放,更多发挥民间资本在城镇化中的积极作用,减少或取消对民营资本进入部分行业特别是服务业的限制。同时,政府部门要增强社会服务功能,包括基础设施、经济领域、社会服务和公共安全各个方面的公共服务。从目前看,地方政府在社会公共服务领域的作用,如生态环境、科技教育、就业和公共卫生,仍然有滞后于经济发展的情况。要改变这一现象,需要地方政府在观念上的角色转变。另外,中央应尽快建立一套完善的地方政府公共服务绩效评估体系。

二、新型城镇化的顶层设计和改革创新

中国特色新型城镇化顶层设计包括人口分布、产业布局、农村和城市土地利用、建设资金以及资源和环境承载力五个方面,同时还要坚持改革创新。

(一) 人口分布

1. 人口分布现状

中国的人口规模决定了中国的城镇化是空前绝后的。从总量上看,如果城镇化率达到70%,中国城镇人口数量还要再增加3亿人左右,农村中还有4亿~5亿人口,从政府层面看,必须对人口分布进行超前规划和引导,达到结构和效益优化。人口向城市的集聚

是经济发展的必然规律。根据配第-克拉克定律,由于不同产业提供的收入水平不同,劳动力从第一产业流向第二产业,从第二产业流向第三产业。我国第一代农民工进入城市主要是为了赚钱,所以产业发展成为农民工流动的导向标。当东南沿海提供就业机会,就流向东南沿海,当产业,特别是劳动密集型产业发生梯度转移,中西部也能提供就业机会时,农民工就会流向中西部。第二代农民工和第一代农民工有所不同,第二代农民工不仅重视产业的发展,而且注重城市文明。尽管中小城市尽量提供好的工作环境和待遇,但是,第二代农民工还是会流向大城市,追寻大城市的繁华。

在工业文明时代,第二、第三产业的发展促进了城市的发展,城市的发展也为第二、第三产业提供了有利的支撑,产业发展和城镇化相互促进。从城市经济效率看,城市越大,效率越高,但是,当城市大到一定程度时,效率也开始下降。从整个城镇体系看,大中小城市和小城镇构成了城镇体系。在工业文明时代,劳动力流向大中城市,如果政府管理不善,大城市会出现环境公害、贫民窟、贫富两极分化导致的社会动荡等问题。因而,为避免这些问题,一个重要的途径是维持大中小城市的协调发展。

从中国的实践看,以河南省为例,由于人口涌向郑州,郑州市在提供农民工子女教育问题上做了许多努力来克服"大班"现象,但仍难以解决,难以为外来农民工提供所需的基本社会保障。所以,河南省提出了就地城镇化的提法。尽管对就地城镇化的提法是有争议的,但是,在人口涌向大城市后,大城市出现承受能力不足的情况,这是一个不争的现实。再比如在东莞市,新东莞人数量远远地超出了老东莞人数量,政府很难为所有在东莞工作农民工的子女提供公立学校教育。所以,按照经济发展的规律,对中国人口城镇化的分布做出宏观布局是城镇化顶层设计应有之义。

2. 战略措施:城市群为主体,大中小城市协调发展

我国已经提出了以城市群为主要形态,大中小城市和小城镇协调发展的城镇化战略。按照规划,我国未来将形成京津冀、长三角、珠三角等城市群。按照世界银行的提法,在每个城市群中,都是大中小城市、小城镇和农村协调发展的模式。但是,我们也注意到,我国的城市群主要集中在东南部,西北部相对较少,也就是从黑龙江的漠河到云南的腾冲这条连线的西北部城市群少。在城市群少的地方,城镇化战略如何实施?在市场力量导致大城市和城市群发展的同时,为使城市体系协调发展、东中西部协调发展,要在以城市群为主要形态的情况下,注重中西部县级城市的发展。为何要注重县级城市的发展呢?我国自古就有"郡县治,天下安"的提法,从城镇体系和东中西部协调发展看,县级城市发展是十分重要的。而且,从对农民工愿意居住的地点进行问卷调研看,大多数的农民工都选择县城作为最后的居住地。由于东中西部发展水平的差距,东部镇的规模已经等于甚至大于中西部县的规模。当然,在我国东南部,县或者镇已经成为市的重要功能区,比如,东莞形成了中心城区和周边镇组团发展的城镇化格局,浙江也把县改为区,组团发展。

3. 超前规划新农村建设

尽管有的地方提出大中小城市、小城镇和农村新型社区协调发展,但是,从城镇化的

角度看,新型社区是新农村的升级版,小城镇是城镇体系中的内容。所以,为顺应经济发展的规律,要在建设新农村的同时,鼓励人们到小城镇中定居。但总是有人要在农村工作和生活的,所以,还要进行新农村建设。从我国各地发展的实际情况看,农民外出务工,赚钱后就盖房,并且随着收入的增加,还会再盖新的房子。有的地方,农民的房子已经盖了多处,造成资金的浪费,建立新型社区确实解决了这个问题。但是,从长远看,农民是要进入城市的,所以,新型社区建设也可能造成浪费,因此,应鼓励人们在小城镇中落户。对于新型社区,要按照对未来农村人口减少的预测,积极稳妥地发展。例如驻马店市,有重点地建设农村新型社区,在产业集聚区、旅游区、小城镇建设农村新型社区,这个经验是值得学习的。在新农村建设中,要防止新农村建设好了,但是,居住的人越来越少,最后荒芜的问题。由于我国正处于城镇化快速发展中,大量农民进城务工,所以,新农村的建设必须在动态中把握,要超前规划新农村建设。

4. 做好整体规划和规划间的衔接

城镇化需要进行全国整体规划。在城镇化中,规划是龙头,要先行。在调研中我们注意到,许多地方,不论是劳动力的输入地还是输出地,都在想办法吸引农民工留在本地。比如广东佛山市要把外地农民工留在本地,而河南商丘市要把外出农民工吸引回来,这样在人口规划中就会存在重复计算的问题,因而,全国性的城镇化规划就非常必要且急迫。全国城镇化规划要超前设计,再将各地城镇化规划和全国城镇化规划相衔接。土地利用总体规划、城乡建设规划和产业发展布局规划等要统一,要避免规划"打架"的状况。

5. 户籍制度改革

户籍制度是控制人口流动的重要制度。我国城乡分割的户籍制度变革势在必行。如何打破城乡分割的户籍制度,同时,通过户籍制度将人口导向中小城市就业?可以考虑将户籍管理变成准入制度,即没有数量控制,取消配额制,实行积分下的就业导向、空间导向,比如广州100分、佛山80分、惠州60分,以此来引导农民的合理流动和长期居住。

6. 提升人力资本,优化资源配置

以人为核心的新型城镇化鼓励农业转移人口在城镇落户定居,改变了大量劳动力在城乡间钟摆式往复流动的就业模式,既有利于满足企业稳定用工的需求,又能显著优化劳动力和其他生产要素的配置,为实现规模经济和范围经济创造条件。从长期看,新型城镇化还能加快人力资本提升步伐,为经济长期发展提供有效支撑。

(二) 产业布局

1. 产业布局要和我国对外开放大局相适应

各地产业虽是自然发展起来的,但是,政府在产业形成和发展中可以发挥重要作用。中华人民共和国成立初期,我国在产业布局中重视西北部发展。改革开放后,在市场力量和东部优惠政策的作用下,东南沿海发展起来。目前在西部大开发的政策下,特别是随着产业梯度转移,中西部地区快速发展。对比中西部和东南部的发展,两者一个巨大的差别在于地理位置不同,所以出口型产业考虑到运输费用等,会选择在东南沿海发展。那么,中国中西部的发展,特别是西部毗邻内陆国家,该如何进行呢?重振古丝绸之路,再造"陆地海洋",必将使出口企业在西部发展也有运费优势。比如,在重庆生产电脑等产品,如果通过古丝绸之路出口到欧洲,会比将产品运到沿海,再出口到欧洲,节省20天的运输成本。

为促进中西部,特别是西部地区经济的发展,促进沿边开放,必须大力打造西部"陆地海洋"。西部毗邻国家多数是发展中国家,在"一带一路"倡议的宏观视角下,古丝绸之路的开发不仅对我国利好,对沿途所经国家在一定程度上都是利好,加快打造"陆地海洋"对我国发展很重要。产业布局和我国在整个世界中的经济布局紧密相连。从国外的例子看,新加坡将国家定位为地区枢纽和中心,向外形成3小时经济圈甚至7小时经济圈,以枢纽和中心来定位产业发展和布局。中国可开发的4小时经济圈、6小时经济圈甚至更多,还有发展通道等问题都值得深入研究。

2. 产业布局和地方产业发展相适应

为使我国城镇体系合理,就要合理布局产业。产业布局和地方自然资源、人力资源、交通状况、历史传统、经济基础、资本状况等息息相关。为促进中小城市发展,特别是县级城市发展,就要重视这些地方产业发展,并且,依据产业布局给予企业税收等优惠,鼓励企业按照产业布局来选址。但对地方来说,有的产业是内生的,有的产业是从外部引进的。所以,在中小城市为鼓励产业发展不仅要重视符合产业布局的产业发展,也要重视地方自发形成或者引进产业布局外的产业发展,只要不是与规划相冲突的产业,当其发展到一定规模后,也要给予鼓励政策,促进发展。

(三) 农村和城市土地利用

1. 做好用地指标的占补平衡

城镇化对土地的占用是必然的。我国通过控制用地指标,并且在使用用地指标时需要做到占补平衡,来保证耕地面积。有的地方通过土地整理、开垦荒山荒坡地等实现占补平衡,有的地方用农村建设用地减少和城镇建设用地增加挂钩办法,实现城乡土地总量平衡。这些方法虽然会在一定程度上可以达成土地数量上的占补平衡,但在土地质量上没有实现平衡的问题,虽然可以通过培肥地力得到改善,但问题的关键在于这种方式能否持续下去?如果从总量上不能达到平衡,就会出现耕地减少的情况,会危害到我国粮食安全。如何在城镇化中控制用地总量、提高用地结构效率,是必须在顶层设计时考虑的。

2. 城乡统一的建设用地市场

城镇化是人口从农村流向城市的过程,当农村人口在城市里工作生活时,居住地就应该由农村转为城市。但是,我国现有的城乡二元结构导致农民在城里工作生活,但是在农村的宅基地却没有退出的途径,形成了农民在农村有房空置,但在城市却无房居住的现状。如何控制耕地总量,确保国家粮食安全?一个大的思路是将村庄的减少和城市的扩大相联系。人口从农村流向城市,农村居民点就会萎缩。如果居民点缩小20%,就将提供集体建设用地约3.8万平方公里。所以,通过村庄的减少和城市的扩大相结合可以解决土地指标,不会侵占农田。

如何把缩小农村村庄和扩大城市规模衔接起来?通过具体土地结合比较难,但是,变成建设用地指标就好办多了,这就是城乡统一的建设用地市场。关于城乡统一建设用地市场的模式,可以借鉴重庆的地票制度,也就是将地票扩展到农村建设用地,包括农村建设用地中的宅基地,而且,地票制度可以扩大使用范围,比如变成省内可流通。必须购买了农村建设用地指标,才可以有城市建设用地指标,这样,才能形成城乡统一的建设用地市场。要建立交易平台,可以借鉴或者借用有些地方建立的"农村产权交易中心",对农村建设用地进行交易。集体土地所有者是供给主体,也就是说供给者是集体经济组织,而且,对建设用地的土地整理也要依靠集体经济组织。在这个问题上,就如同在成都市实行的土地确权中,基层民主的建立和完善是基础。在城乡统一的建设用地市场中,需求者是政府或企业,如果是政府,则采用赎买政策;如果是企业,那企业必须支付成本才能获得用地指标。

建立城乡统一建设用地市场对农村集体建设用地进行交易,当进行交易的是农村宅基地时,必须要有三个条件:一是农民已经在城市工作和生活,并且有了城市社会保障。二是农民宅基地交换后需要整理成耕地。当然先有鸡还是先有蛋,具体操作还需要深入研究。三是把进行宅基地交易的农民工纳入保障房供给队伍。目前我国城市房价上涨过猛过快,如果说,在北京通过高房价限制人口流入,那么,在县级城市中,房价上涨过快,就使得农民工在城市居住变成空想。因此,需要将农村宅基地的提供者纳入保障房供给中。我国保障房建设力度要加大,保证居者有其屋。人有恒产,则有恒心,当居者有其屋时,社会才会变得稳定和谐。

3. 建立完整的土地指标市场

在城乡要素平等交换中,最主要的要素就是土地。如何实现城乡土地平等交换,一个重要途径就是构建城乡统一的建设用地市场。建立城乡统一建设用地市场后,势必会增加城市的建设用地成本,但会促进城镇化健康发展,提升城镇化质量。在现有土地指标政策中,实行占补平衡政策,如果将现有土地指标也纳入城乡统一建设用地市场中来,将能构建一个完整的土地指标市场,有利于促进土地集约利用。

4. 改革农村产权制度

绝大多数农民不愿意变成城市市民,而愿意保留农民身份在城市工作。当然,在城镇化过程中必须尊重农民的意愿,在政策设计上为农民规划路径。农民不愿意变成城市市民的主要原因是,一旦农民从农业户口变成非农户口时,在农村享受的各种待遇,如宅基地、耕地、林地等都需要放弃。而且,在一些地方由于财力有限,农民将户口变成非农户口后,并没有获得与城镇人口同等的社会保障,所以,农民不愿意变成城市户口。

如何鼓励进入城市工作的农民工变成城镇居民,则需要改革农村产权制度,要给予农民更多财产权利,使农民财产具有资产属性,将农民在农村的耕地、宅基地、林地等资产化,让农民能够带资进城,可以探索承包地和宅基地抵押。同时,当进城务工农民在城市有获得城市社会保障的条件时,允许农民按照国家规定出售承包地和宅基地的使用权。维护进城落户农民土地承包权、宅基地使用权、集体收益分配权,方可增强农业转移人口进城落户的意愿。

5. 构建全国统一社会保障

促进农业转移人口进城落户,需要深入研究他们的实际需求,围绕关键问题提出解决方案。解决农民变成城镇居民的另一个措施是将其纳入城市的社会保障体系中,我国要加快构建全国统一社会保障制度。紧扣住房保障和子女义务教育两大焦点,建立租售并举、以租为主的住房保障体系,适当加大中央财政在义务教育、基本养老、基本医疗等基本公共服务方面的支出责任,促进有能力在城镇稳定就业和生活的农业转移人口举家进城落户。

6. 促进土地流转

土地不仅有总量问题,还有效率问题,一是农村土地使用效率,二是城市土地使用效率。从农村看,农村土地效率低的主要表现是农民外出务工后,有的地方出现了土地撂荒现象。各个地方做了很多努力去阻止农民撂荒土地。农民撂荒土地的主要原因是和打工相比,在土地上劳动带来的效益太低。促进土地流转是一个解决对策,可以从村、乡镇、县都成立土地流转中心,促进土地流转。但土地流转带来的最大问题是土地成本提升,降低了产业竞争力。并且在调研中我们还注意到,流转土地中用于种植小麦、稻谷等大田作物的较少,而种植蔬菜、花卉等经济作物则较多。所以,国家应该鼓励大田作物生产,因为这直接关系国家粮食安全。对于农村农民承包地的流转,可以在农民宅基地交易中,附带承包地低价收回的内容,来解决土地流转产生的产业竞争力降低问题。也就是说,在农村宅基地流转中同时考虑农民承包地流转问题。从城市看,土地利用效率低主要发生在产业园区,特别是在落后地区。为了招商引资,地方政府对土地定价很低,使得企业占用土地成本低,自然影响了土地利用效率。从政府看,一项重要的措施是出台标准,规范用地容积率,解决工业用地占用面积过大、效率过低等问题。

(四) 建设资金

城镇化建设资金一直是地方政府面临的重要问题。

1. 土地财政改革

在城镇化中,土地财政是政府获得城镇建设资金的重要来源。一些主要的对策包括:对中央和地方财税体制进行改革,使得财权和事权匹配;从土地财政向管地财政转变,从土地获得增量收益转变为从土地获得存量收益。尽管这些应对对策可以在一定程度上解决城镇化建设资金问题,但是,如何进行顶层设计使广大人民在城镇化中可以更多地分享改革开放成果,是政府要做的事情。第一,市政债可以是一个思路。居民购买了市政债,政府就有资金进行城市建设和保障房建设,居民可以从市政债中获利,而且由于居民购买价格较低的保障房,就有可能还有储蓄用于购买市政债,这样就可以形成一种良性循环。当然,需要对市政债规模进行合理计算,并研究可行性。第二,政府加大保障房建设规模,增加保障房供给,让居者有其屋是保证社会和谐的重要举措。第三,鼓励农民带资进城。

2. 促进消费和投资需求增长

消费和投资需求增长是城镇化发展拉动经济增长的主要力量来源。由于城乡生产活方式不同,城市的基础设施密度远远高于农村,加之我国城镇与农村的人均消费水平存在较大差距,城镇人口的增加必然带来消费需求的扩大和基础设施、公共服务设施、住房等生活设施投资需求的增加。在传统城镇化模式下,农业转移人口难以在城镇落户定居,这抑制了消费需求,也制约了投资需求的扩大,因而所能激发的增长动力有限。党的十八大以来,我国大力推进以人为核心的新型城镇化,重物轻人的传统城镇化特征明显改变,围绕人的需求开展的棚户区改造、城市轨道交通建设等加快推进,拓展了新的内需空间,激发了新的增长动力,有力支撑了经济平稳健康发展。

(五)资源和环境承载力

在我国未来十几年中,将再有3亿左右的农村人口进入城镇,资源和环境能否承载如此多的城镇人口?在分析了人口、土地等后,必须考虑的另一个问题就是资源和环境,要统筹谋划,促进我国资源节约型、环境友好型社会的建立。

1. 资源的供给与需求要相适应

水是重要资源之一。我国是一个缺水国家,而且我国水资源分布不平衡。城镇平均每人用水量远远高于农村平均每人用水量。如何克服城镇化过程中水资源紧张的问题?我国已经在做的办法就是把水资源分到每个城市。水和碳排放一样,可以通过建立水市场来进行交易,促进地方节约用水。通过研究第三次工业革命可能对能源供给带来的影响,来确保我国能源安全。

2. 经济发展速度、水平和环境承载力相适应

我国环境问题已经越来越凸显,目前显现出的问题是过去多年发展积累下来再集中爆发的。环境问题正在倒逼政府转型、企业转型和居民转型。政府产业政策必须调整,对于环境污染严重的行业必须设置高准入标准,对高排放企业征收高税费,增加企业成本,建立碳排放交易市场,促使企业转型。而居民消费观念也要转型,比如我国的放任式机动化就需要加以限制,可通过对拥车证收费,提高居民用车成本,倡导绿色出行。我们要积极推进低碳、绿色、环保、可持续城镇化。

(六)坚持改革创新

在新型城镇化过程中要使进入城市的农民能够留得下、过得好,留在农村的农民能够稳得住、过得好。产业要发展,基本公共服务要提供,人们要生活得好,解决这些问题需要依靠改革创新,甚至是修改相关法律法规。比如,农村产权制度变革和户籍制度变革等,都需要在法律层面上进行修改工作。还有一个就是提升农民素质。我国正在进行产业转型升级,如何使劳动力素质和产业转型升级相适应,是需要考虑的事情。增加培训,发展职业教育是政府面临的重要问题。创新及技术进步是经济增长的重要动力源泉。城市群、国际大都市等正是基于其多样化、高密度的人口和现代化的基础设施系统,显著提高了社会资源密度,才成为创新的主要发源地和支撑经济发展的关键区域。新型城镇化把人的需求放在首要位置,围绕人的需求配置社会公共资源、基础设施系统、信息和资本等,能够营造更好的创新生态环境,激发创新活力,促进创新行动。

通过创新彻底改变重物轻人的传统城镇化观念和做法,以促进农业转移人口进城落

户为切入点,加快推进以人为核心的新型城镇化。一方面,放松对农业户籍人口进入城镇的限制,大力推进基本公共服务均等化,消除附着在城乡二元户籍之上的差别化待遇,缩小城乡户籍的实质性差异。另一方面,降低农村转移人口进城落户的门槛,全面放开建制镇和小城市落户限制,逐步放宽大中城市落户条件。

第六节 案例分析:成都市新型城镇化之路

成都市是国务院确定的西南地区科技、商贸、金融中心和交通、通信枢纽。现辖12个市辖区、3个县、代管5个县级市,总面积14 335平方公里。2022年末,常住人口为2 126.8万人,常住人口城镇化率由2007年的62.6%提高到79.89%。2022年,全市实现地区生产总值20 817.5亿元。

成都市城镇化的特点是以统筹城乡的办法来推进新型城镇化。2007年获批全国统筹城乡综合配套改革试验区后,成都市坚持以统筹城乡的理念和思路,破除城乡"二元"体制、解决"三农"问题,进一步完善统筹城乡规划、基础设施、产业发展、公共服务、社会管理等方面的体制机制,着力提高城镇化水平和质量,促进农民有序顺畅向城镇转移,积极探索一条以人为本、城乡一体、协调发展的新型城镇化道路。

一、成都市新型城镇化主要措施

成都市深化统筹城乡改革发展推进新型城镇化的具体做法如下。

(一)统筹城乡规划,引导农民有序向城镇转移

按照"全域成都"的规划理念,将城乡作为一个整体进行科学设计和统筹规划。遵循城镇发展的客观规律,考虑不同规模和类型城镇的综合承载能力,合理引导人口流向和产业转移,促进大中小城市和小城镇科学布局、合理分工、功能互补、集约发展。

第一,优化提升全域城镇体系规划。充分发挥规划在新型城镇化进程中的引领作用,着力构建双核中心城(中心城区和天府新区直管区)、卫星城、区域中心城、区域中心镇构成的梯次分明、结构合理、功能互补的城镇体系。支持一批基础条件好、发展潜力大、区位优势明显的区域中心城市和区域中心镇优先发展、全面梳理和优化调整市域各级城镇的产业定位、用地规模和空间布局,实现"三规合一",同步实施。

第二,建立"全域成都"规划体系。编制和不断完善市域城镇体系规划、新农村规划以及与之配套的城乡产业发展、基础设施建设、社会事业发展、生态环境建设等规划,形成相互衔接、覆盖城乡的规划体系,在全市域范围内构建"一轴双核六走廊"的空间发展格局。按照建设"世界生态田园城市"的要求,制定《"世界生态田园城市"规划建设导则》,结合成都的资源禀赋、生态容量、历史文化和现实条件,规划提升型发展区和生态旅游发展区,形成城市与产业有机融合、城市与生态和谐共生的总体功能布局。遵循"宜聚则聚、宜散则散"的思路,突出"小规模、组团式、生态化"特色,科学编制新村建设规划。

第三,建立城乡一体的规划管理体制。出台《成都市城乡规划条例》,打破城乡规划分治及条块分割的现状,将原市建设行政管理部门负责的村镇规划管理职能划转市规划局;在区域中心镇设置规划管理所,在乡镇配置乡村规划师;设置成都市规划执法监督局以及市政府派驻区(市)县城乡规划督察专员。

(二)统筹城乡产业发展,为农民转移提供就业机会

推进城镇化,必须强化产业支撑,既要把壮大第二、第三产业规模作为新型城镇化的重要支撑,提升城镇转移农民、吸纳就业的能力,又要把农业现代化作为工业化和城镇化的根本基础,不断加强农业基础地位。

第一,统筹推进工业集中集群集约发展。突出先进制造业的先导地位,坚持走集中集群集约的现代工业发展之路,提升21个工业集中发展区和10个工业集中发展点的发展水平,通过产业集聚带动人口集聚,促进新型城镇化发展。健全三大圈层联动发展机制,进一步优化全市"一区一主业"产业布局,重点对第三圈层市县主导产业和重点发展领域进行调整完善。出台《关于加快远郊县(市)工业经济发展的意见》,要求中心城区和近郊区县与远郊县市结对发展,通过产业联动、共建园区、融资互助、并联考核等形式,促进圈层联动发展。到2012年,工业集中度就已达到81.3%,实现规模以上工业增加值2 589亿元,增幅在副省级城市中排名第一。

第二,加快提升服务业发展水平。西部金融中心建设取得重大进展,金融总部商务区初具规模,金融外包及后台服务中心等金融机构加速集聚,成为中西部金融机构种类最全、数量最多、市场规模最大城市,2012年全市金融机构存贷款余额分别达20 354亿元和15 630亿元,在副省级城市中分别排名第3位、第4位。商贸物流实现较快发展,电子大通关信息系统、中西部规模最大铁路集装箱中心站建成投用,国际客货直飞航线增至27条,成都至欧洲国际铁路货运直达班列开通运行,成都中药材价格指数成为中西部第一个全国大宗商品交易价格指数,加快农村商贸流通体系建设,进一步推进"农超"对接,成功创建国家电子商务示范城市。旅游综合实力显著增强,成功获批全国首批旅游综合改革试点城市。2012年实现旅游总收入1 050.8亿元。会展经济蓬勃发展,成为西博会、糖酒会、国际"非遗"节等知名展会定点举办地,荣获"中国会展名城"称号。2012年实现服务业增加值4 000.3亿元,占地区生产总值的49.1%。

第三,积极推进都市现代农业发展。着力加快产业结构调整,狠抓农业标准化生产基地和农业产业园区建设,强力推进农产品精深加工,大力推进乡村酒店、旅游特色示范村建设。2012年建成高标准农田330万亩,建成有机农产品生产基地、设施农业基地和粮经高端种业基地共80万亩。全市耕地流转面积累计305万亩,占耕地总面积的47.9%。支持农业产业化龙头企业发展,农产品由粗放加工向精深加工转变,2012年全市农产品精深加工产值达到700亿元,精深加工率,达到39%。加快都市现代农业"一县一品"打造。2012年实现农业增加值348.1亿元。

(三)统筹城乡基础设施建设,为农民向城镇转移奠定基础

完善的城乡基础设施是城镇化质量的重要衡量指标。在加强城镇基础设施建设的同

时,积极推进城镇基础设施向农村延伸,让城乡居民共享改革发展成果。

第一,大力推进城镇体系建设。发挥中心城区核心引领作用,先后实施了"旧城改造""东调战略""北改工程",大力推进中心城区功能提升和城市更新,进一步做大中心城区体量;启动天府新区建设,改变成都千年以来的单中心城市结构,避免传统特大中心城市摊大饼的空间发展模式,规划建设以现代制造业为主、高端服务业集聚、宜业宜商宜居的国际化现代新城区,形成"双核共兴"的发展格局。增强县城承载能力,以城市综合体的建设理念,加快推进第二、第三圈层区(市)县的县城建设,加大旧城改造、新区建设和环境治理的力度,着力提升综合承载能力,有效发挥对中心城区人口和功能的疏解作用。强力推进小城镇建设,推进重点镇向小城市方向发展,2012年,34个重点镇城镇建设总投资达到196亿元,建成区面积达147.3平方公里;采用城镇形象性改造(小改)、城镇功能性改造(中改)以及城镇开发性改造(大改)三类方式,完成全市174个一般场镇改造。

第二,推进城乡基础设施一体化。坚持"交通先行"的理念,全力推进市域内轨道交通、高速公路、市域快速路和农村公路建设,大力实施乡镇、村客运站建设和客运公交化,改造2004年底率先在西部中心城市实现的"县县通高速""村村通水泥(沥青)路"。目前,已建成乡镇客运站923个(含招呼站),乡镇公交覆盖率达100%。实施信息服务工作站百千工程和信息化进社区示范工程,进一步扩大信息服务在农村的覆盖面。建立"户集、村收、乡运、县处理"的农村垃圾收集处理体系,实现全市农村生活垃圾集中收运和无害化处理全覆盖。在14个郊区(市)县建成186座乡镇污水处理厂及配套管网,实现中心城区、郊区(市)县城、乡镇污水处理设施全覆盖。推进市政公用设施向农村延伸和覆盖,深入开展城乡环境综合治理,大力推进环境治理向基层、农村和盲点死角延伸。

第三,大力推进新农村建设。按照"宜聚则聚,宜散则散"和"产村一体"的理念,鼓励引导农民向城镇和新型社区集中,实现农民就地城镇化。加快农民集中居住区交通路网、集中供水、能源电力、广播电视等基础设施建设,加快散居农户改厨、改厕、改圈、改水、改路,切实改善农民生活条件和人居环境。全市已累计建成城乡新型社区1 500余个,150余万农民生活居住条件得到改善。

(四)统筹城乡公共服务,城乡居民享受平等的公共服务体制

第一,建立城乡一体的基本养老保险制度。全市基本养老保险体系实现由城镇职工基本养老保险制度和城乡居民基本养老保险制度构成,用人单位和职工参加城镇职工基本养老保险,无用人单位的城乡居民可自主选择参加任何一种基本养老保险,两种制度全面衔接、自由转移接续。截至2012年底,全市城镇职工、城乡居民基本养老保险参保人数分别达到485.39万人、315.17万人。

第二,建立城乡一体的基本医疗保险制度。全市基本医疗保险体系实现由城镇职工基本医疗保险制度和城乡居民基本医疗保险制度构成,城乡居民基本医疗保险筹资标准城乡一致、参保补助城乡统一、待遇水平城乡均等。同时,在全国率先统一城乡分割的医疗保险经办机构。截至2012年底,全市城镇职工、城乡居民基本医疗保险参保人数分别达到522.57万人、709.36万人。

第三,建立城乡一体的住房保障制度。在完善城镇住房保障体系的同时,在农村以实物配租和租金补贴的形式建立住房保障制度,实现城乡住房保障一体化,城乡居民无论职业、身份,只要符合准入条件,均可以平等享受公共租赁住房,购买经济适用住房和限价商品住房。

第四,构建城乡一体的社会救助体系。形成以最低生活保障为核心,以帮困助学、帮困助医、帮困建房三大救助为配套,其他专项救助、临时性救助和社会帮扶为补充的综合型社会救助体系。城乡一体的社会救助水平不断提高,城市低保标准达到家庭月人均收入 310~380 元,农村低保标准为月人均收入不低于 237~380 元。

第五,推进村级公共服务和社会管理改革。从 2009 年起,将村级公共服务和社会管理经费纳入财政预算,市县两级财政每年安排专项资金,并建立逐年增长机制,按照人口多少、面积大小、区位条件,2009 年、2010 年为每个村(涉农社区)安排不低于 20 万元的专项资金,2011 年提高到不低于 25 万元,2012 年又提高到不低于 30 万元,2013 年达到每个村 40 万元。实现村级公共服务"有钱办事"。建立农民广泛参与的民主管理机制,实行村民"民主议事",民主议决村级公共事务项目和专项资金使用。

(五)统筹城乡社会管理,促进农民真正融入城镇

消除城乡"二元"体制,建立城乡一体化管理体制是推进新型城镇化的保障。以户籍制度改革为抓手,剥离附着在户籍上的城乡居民不平等的待遇,建立城乡统一的社会管理制度。

第一,完善城乡统一的户籍管理制度。出台全域成都城乡统一户籍实现居民自由迁徙的建议,消除附着在户籍上的城乡居民就业、社保、住房保障、社会救助、计划生育、义务教育、职业教育、政治民主权利、义务兵家庭优待 9 个主要方面权利、待遇的不平等,充分保障城乡居民平等享受各项基本公共服务和参与社会管理的权利,实现城乡居民在全域成都范围内依法自由迁徙。建立户籍、居住一元化管理的体制机制,公民信息管理系统已在 2012 年年底实现运行。

第二,加快政府职能转变。推进规范化服务型政府建设,建立了市、区(市)县、乡镇(街道)和村(社区)"一站式"政务大厅,形成四级政务服务体系,推进政务服务向基层延伸。在全国率先启动行政审批制度改革,削减 90% 以上的行政审批事项,成为同类城市中保留行政审批最少的城市之一;市县两级行政审批实现"两集中、两到位";推行"一窗式"并联审批模式。打破城乡分治的行政管理格局,对规划、农业、交通、水务等 30 多个部门进行归并调整,实施"大部制",推进政府部门管理职能向农村延伸和覆盖,政府工作部门由 51 个减少到 41 个。调整财政支出结构,加大财政对农村基础设施和基本公共服务的支出,建立稳定增长机制,扩大公共财政覆盖农村的范围。

第三,大力实施新型农民和新型城镇居民素质提升工程。针对进城农民和集中居住区居民,办好市民学校和社区道德讲堂,组织形式多样的群众性文化活动,增强农民的融入感和适应能力,广泛开展面向农民的职业技能培训,培育现代市民意识和文明生活习惯,让农民群众在心理上进城、技能上进城、文明习惯上进城。2022 年,城镇新增就业

25.3万人,农村富余劳动力新增转移就业8.5万人。

第四,完善村(社区)基层治理机制。按照"三分离、两完善、一加强"的思路,构建"村(社区)党组织领导,村民(代表)会议或村民议事会决策,村民委员会执行,村务监督委员会监督,其他经济社会组织广泛参与"的充满生机活力的新型村级治理机制。

(六)统筹城乡要素资源,增强农民向城镇转移的动力

农民向城镇转移的过程,需要社会成本(公共设施和社会保障等)和个人成本(住房、教育、医疗等)投入。社会成本需要各级政府加大投入予以解决;而个人成本靠政府解决既不可能,也不公平,必须发挥农民主体作用。通过市场化手段,激活农村生产要素资源是解决农民向城镇转移成本的有效途径。成都市通过推进农村产权制度改革,促进城乡要素自由流动,引导农民向城镇和新型社区转移。

第一,推进农村产权制度改革。现行农村产权制度在一定程度上制约了我国的城镇化进程,如何保障进城农民在农村的财产权益,是城镇化进程中必须研究解决的问题。2008年开展了农村产权制度改革,对农村集体土地所有权、房屋所有权、集体建设用地使用权、农村土地承包经营权和林权进行确权登记颁证,历时三年,全面完成了确权颁证工作,累计颁发各类权属证书877万本。在此基础上,建立健全农村产权登记管理的平台,推进农村产权登记的常态化管理。深入探索农村产权"长久不变",引导农民群众通过集体经济组织成员会议自主、自愿、规范签订"长久不变"决议。截至2017年年底,全市共有32 001个村民小组达成农村各类产权"长久不变"决议,占农村产权制度改革涉及村民小组的89%。为解决进城农民的后顾之忧起到了积极作用。

第二,建立耕地保护补偿机制。市县两级每年从新增建设用地土地有偿使用费、耕地占用税和土地出让收入中提取一定比例的资金,用于设立耕地保护基金。把耕地保护与健全农村社会保障体系结合起来,将耕保基金的90%发给承担耕地保护责任的农户,用于农民养老保险和医疗保险的个人缴费支出;同时把耕地保护与发展现代农业结合起来,将耕保基金的5%用于农业保险补贴,每年为全市投保农户提供228亿元的风险保障,另外5%用于设立担保资金,为全市范围内的农村产权流转提供担保。

第三,推动集体建设用地流转和开发利用。鼓励和支持集体建设用地使用权持有人在符合土地利用总体规划、城乡建设规划和产业发展布局规划的前提下,通过自主开发、公开转让、参股合作等方式开发利用集体建设用地。出台《成都市集体建设用地使用权初次流转操作指南》,完善交易信息系统,促进各区(市)县农村产权交易平台的沟通互联。2022年5月底,全市新增集体建设用地流转10宗,流转总面积92.21万亩,交易金额113.84亿元。

第四,推进农村投融资体制改革。改革财政对农业的投入方式,组建市县两级现代农业发展、小城镇建设和城乡商贸物流投资公司,建立"政府引导、市场运作"的投融资平台,2007年以来,3家涉农投融资平台撬动资金366.3亿元投向农业农村,初步形成了以市场手段引导和促进社会资金投向农业农村的机制。全面拓展农村金融服务,截至2012年年底,全市共成立村镇银行12家,小额贷款公司104家,融资性担保公司158家。制定农村

产权抵押融资办法,建立农村产权融资风险补偿专项资金,成立市县两级政策性农村产权融资担保公司,探索扩大农村有效担保物范围。截至2022年年底,农村产权直接抵押融资余额86亿元。

第五,依托农村土地综合整治。坚持"业态、生态、文态、形态"四态合一,积极推广农民集体成立资产管理公司(土地股份合作社)的方式自主实施土地综合整治,建设适度集中的农民集中居住区,推动传统村落向"小规模、组团式、生态化"的新农村综合体转变,构建民富村美、文明和谐的新型农村形态。

二、新型城镇化建设成效

从成都市在新型城镇化的建设过程可以看出,成都市在建设中不仅注重城镇规模的扩大,更注重城镇化的发展质量,注重城市中人的需求,突出"以人为本"的思想。在这个过程中,人的需求被放在了首位,就业需求,交通等基础设施的需求,社会基本服务的需求,环境的需求都成为关注的内容。

成都市通过多年的探索实践,基本形成了统筹推进新型城镇化的一整套办法和机制,初步探索了一条符合科学发展观要求、适合成都实际、具有成都特色的"城乡一体、协调发展"的新型城镇化道路,加快促进了经济发展方式转变。

第五章 金融机构运营：开发性金融发展与运营模式

国家开发银行是中国唯一的开发性金融机构，因此，开发性金融特指国家开发银行的金融运营模式。

开发性金融脱胎于政策性金融。作为金融体系的重要组成部分，政策性金融由于主要依靠国家补贴和行政干预，在市场主导模式下容易对金融产品价格和资源的有效配置产生影响。开发性金融是政策性金融的发展和延伸，作为一种新的金融形态和金融方法，以服务国家战略为宗旨，以中长期融资为手段，依托国家信用，通过市场化运作，维护国家金融稳定，增强经济竞争力。开发性金融克服了政策性金融难以处理政府与市场关系的本质缺陷，其核心是通过"银证合作"，主动建设市场，把空白、缺失的市场逐渐培育成熟，缓解经济社会发展瓶颈的制约。

我国最大的开发性金融机构——国家开发银行自1994年组建以来，在市场经济条件下，在政府和市场之间架起桥梁、充分发挥两者优势，促进经济社会发展，对整个金融体制改革作出了重大贡献。国开行从政策性金融向开发性金融转变的过程，也是不断探索、发展的过程，而且仍在不断发展。

作为开发性金融在中国的探索者、实践者，国家开发银行创造性地把这种金融形态和方法运用到国家基础设施、基础产业、支柱产业等"两基一支"重大项目，以及中小企业、棚户区改造等民生领域，乃至开发性金融战略方向之一——国际业务的开拓，为完善我国金融生态、促进投融资体制改革发挥了独特作用。

第一节 国家开发银行发展历程[①]

在本书导论的研究背景部分，我们把国家开发银行的发展历程概括为完全政策性银行、开发性金融、商业化三个发展阶段，这种划分标准主要是基于外部对国家开发银行的认识和总体的发展层次。

在本章中，要深入研究国家开发银行的发展历程，则需要针对其标志性发展特征的不

---

① 牛淑珍，齐安甜，黄兴.规划先行在金融机构的应用[M].复旦大学出版社,2018.

同而进一步细化,以对其有一个更为深刻和全面的认识和把握。

本章的主题是金融机构运营,国家开发银行的发展模式在2013年之前经历了不同风格的金融运营模式,到2013年以后基本成熟、稳定下来,并在成功的运营模式下不断取得新的发展成就。为此,本章将国家开发银行的发展历程分析界定在成立之初的1994年到2013年这一时期,将其细分为四个阶段。本章将结合各个阶段的时代背景,分析不同阶段金融机构的运营特征。

一、初步实现与商业性金融分离的政策性银行

该阶段处于1994—1997年年末。1994年,国家决定成立国家开发银行、中国进出口银行、中国农业发展银行三家政策性银行。1994年3月,国家开发银行(下文也称"国开行")挂牌成立。国务院赋予国开行的主要任务:①建立长期稳定的资金来源,筹集和引导社会资金用于重点建设;②办理政策性重点建设贷款和贴息业务,投资项目不留资金缺口;③从资金来源上对固定资产投资总量及结构进行控制和调节;④逐步建立投资约束和风险责任机制,提高投资效益。作为国家投融资体制改革的产物,政策性银行的成立,初步实现了政策性和商业性金融的分离。

成立初期,按照传统政策性银行模式运作和管理,在境内外设有1家总行营业部,1家分行和3家代表处。国开行承担着保证国家重点项目资金需要和防止基建盲目膨胀引发通货膨胀两方面职责,支持了一大批国家重点项目建设,为缓解经济发展中的瓶颈制约做出了贡献。

受当时经济体制和发展阶段的影响,国开行基本上是一个"出纳式"银行,管理体制和运行机制逐渐不适应不断变化的市场环境,风险不断沉淀和聚积。截至1997年底,国开行不良贷款额高达1 700亿元,不良贷款率42.7%。

二、努力建设符合国际标准的现代化政策性金融机构

该阶段处于1998—2002年年末。1998年起,国开行开始逐渐摆脱传统政策性银行办行模式,主动推进市场化改革,开始了开发性金融理论与实践的探索。这一时期的办行思路为:以国家信用为基础,在市场环境下和银行框架内运作,以批发业务为特征,符合国际标准的现代化政策性金融机构。2011年11月,国开行提出了成为一流银行的"八项标准"。如图5-1所示。

根据"八项标准",国开行逐步建立健全民主科学的运行管理机制,实现与国际接轨。

1998年,针对巨额不良贷款,国开行在市场机制框架下和风险防控机制下,进行了第一次信贷改革。1998—2002年,配合投资拉动的国家宏观政策,加大对"两基一支"重大项目建设支持力度,又先后进行了以防范和化解风险为核心的信贷改革。如图5-2所示。

经过连续三次信贷改革,国开行的不良贷款率实现了逐年大幅下降,初步建立起应对集中大额长期风险的机制。如图5-3所示。

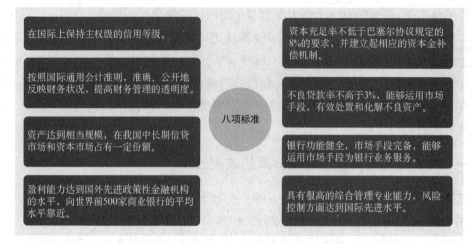

图 5-1　国开行成为一流银行的"八项标准"

资料来源：国家开发银行网站。

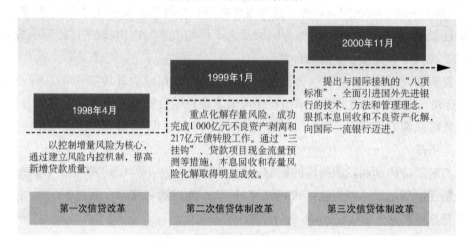

图 5-2　国开行的三次信贷改革

资料来源：国家开发银行网站。

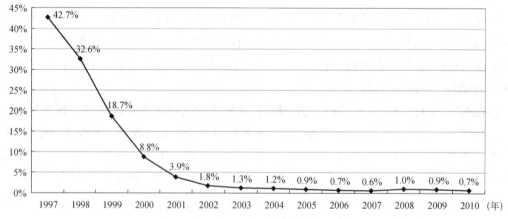

图 5-3　1997—2010 年国开行不良贷款率变化图

资料来源：国家开发银行网站。

这一时期，国开行明确了银政合作的办行思路，创新金融合作方式，建立新型的银政合作关系。1998年，国开行与芜湖市政府在国内首创了城市基础设施贷款领域的"芜湖模式"。1998年，国开行对芜湖城市基础设施建设提供贷款10.8亿元；2002年11月，国开行再次向芜湖市新城区道路新扩建工程项目承诺贷款11亿元。"芜湖模式"直接推动了城市基础设施建设以及与之相关的建筑、建材、房地产、旅游等行业的发展，促进了产业结构的调整和支柱产业的培育、形成，拉动了区域经济的增长。

在资金来源方面，国开行完善市场化发债的融资机制，推动中国债券市场创新发展。1998年9月，国开行成功试行市场化发债50亿元。1999年市场化发债程度达到96.8%，2000年全部实现了市场化发债。国开行的市场业绩增强了国家信用，使国家信用在市场化中得到体现和提升。国开行筹资从行政派购走向市场化，充分发挥资本市场的高效与竞争机制，从初期单一资金来源逐步过渡到以国内外债券市场筹资为主、存款业务为辅，实现国家信用与市场业绩的有机结合。

截至2002年年底，国开行资产余额10 417亿元，其中人民币贷款余额8 962亿元，外币贷款余额177亿美元；金融债券余额8 605亿元；实现净利润119亿元，同比增长7.2%；资本充足率11.58%；按五级资产分类的不良贷款率和不良资产率大幅下降为1.78%、2.54%。在境内外，共设有1家总行营业部、29家分行、6家代表处，员工人数2 926人。

三、建设国际一流的开发性金融机构

该阶段处于2002—2007年年末。2003年7月，在海南博鳌会议上，国开行提出"进一步巩固和发展先进的市场业绩，全面向国际一流的开发性金融机构的目标迈进"，即以市场业绩为基础，依托国家信用，将政府的组织协调优势和国开行的融资优势相结合，以信用建设、制度建设和市场建设的方法，努力破解经济社会发展瓶颈，服务国家发展战略，促进经济社会全面协调可持续发展。

这一时期，国开行以组织增信的方法，积极推进我国城市化进程。在中国经济体制改革和城市化不断深入的大背景下，不断探索和完善开发性金融合作框架，使银政合作产生了以下三次大的飞跃：一是金融合作阶段；二是信用合作阶段；三是开发性金融合作阶段。

在银证合作过程中，国开行以规划先行促进经济社会科学发展。作为超越竞争的有效手段，随着规划先行业务不断发展，国开行科学发展规划体系也日臻完善。如图5-4所示，规划先行的具体内容我们将在第六章中深入探讨。

这一时期，也是国开行坚持业务创新，以创新引领业务发展的重要阶段。

打造和发展资金平台。2004年，国开行认为，东部地区有充沛的资金，但是缺乏好项目；而西部不乏好项目，但缺乏资金。需要建立一个全行的资金平台，作为联结东部地区资金和西部地区项目的纽带。2005年，国开行在上海建立全国首个信贷资产交易平台，以此实现银行间贷款的转让。之后深圳、广州、成都也陆续建立了信贷资产交易平台，积极推动信贷资产二级市场建设。

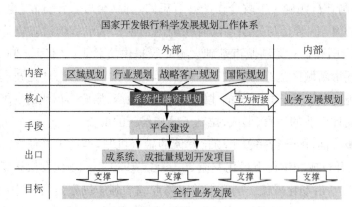

图 5-4　国家开发银行科学发展规划工作体系

资料来源:国家开发银行网站。

首开信贷资产证券化先河。2005 年 12 月,国开行以公开招标的方式成功发行国内首笔总额为 41.8 亿元的开元信贷资产支持证券,标志着信贷资产证券化业务在中国正式开展。

金融债券发行方面,国开行进行了一系列创新,配合管理机构推动债券市场的建设和发展,被市场成员誉为"债券市场的开拓者与先行者"。2007 年 6 月,国开行作为境内首家金融机构赴香港地区发行 50 亿元人民币债券,开创了内地金融机构在香港地区发行人民币债券之先河。2005 年 9 月,国开行在纽约成功发行 10 亿美元全球债券。这是国开行继 2004 年成功发行全球债券后再次进入国际资本市场筹资。国开行的国家信用和具有国际先进水平的市场业绩,得到了市场各界的公认。如图 5-5 所示。

图 5-5　开发性金融债券创新历程

资料来源:国家开发银行网站。

这个阶段的另一个典型特征是国开行将基础设施领域的经验拓展到社会瓶颈和民生领域,坚持市场建设,支持民生基层薄弱环节发展。一是探索出"政府主导、市场运作、金融支持"模式,以廉租住房和棚户区改造为重点,推动建设公平高效的中低收入家庭住房保障体系;二是大力支持农村道路、电网、中小学危旧房改造、乡村卫生院建设和农业基础设施等领域建设,2003—2010年,国开行累计发放新农村建设基础设施和龙头企业贷款7 041亿元;三是关注就业问题,就业关乎民生,创业带动就业。2006年4月,国开行与共青团中央联合启动中国青年创业小额贷款项目;四是全面推进助学贷款,圆贫困学生大学梦。2004年以来,国开行与地方政府、教育和财政等部门联手推进助学贷款,累计发放贷款199亿元,覆盖全国25个省(市、区)和2 452所高校,支持家庭困难学生380万人次圆大学梦想。

截至2007年年底,国开行全行资产总额达到28 900亿元,其中人民币贷款余额22 000亿元,外币贷款余额305亿美元;金融债券余额2.3万亿元;当年实现净利润302亿元;资本充足率12.77%,不良资产率和不良贷款率分别为0.54%、0.59%,连续16个季度实现"双降";在境内外设有1家总行营业部,33家分行和3家代表处,员工总人数达5 311人。

四、商业银行框架下的开发性金融机构

该阶段指2008—2013年年末。2008年12月16日,按照国务院部署,国家开发银行股份有限公司正式成立,推进商业化转型,注册资本3 000亿元,财政部和中央汇金公司分别持股51.3%和48.7%。

国家开发银行商业化转型后面临四大挑战:一是制度滞后,即相关财政和金融制度安排滞后于城市化、工业化进程;二是规模不足,有限的经营规模难以满足投资市场发展的需要;三是监管约束,对商业银行的监管政策难以适用于政策性、开发性金融业务,监管约束制约着国开行业务的发展;四是竞争激烈,金融市场竞争白热化加剧了金融资源分布的不均衡。

这一时期的办行思路为:坚持开发性金融理念和"四变四不变"原则("四变"是指管理运作商业化、股权结构多元化、治理结构现代化、服务功能多样化;"四不变"是指国有性质不变、基本职能不变、市场定位不变、合作方式不变),扎实推进商业化转型,以服务国家战略为先导,明确商业银行框架下开发性金融机构的定位和发展方向,以开发性方法、市场化方法、商业化运作的探索实践构建开发性金融的独特优势和机构价值。立足债券银行和批发银行的市场定位,以市场建设、信用建设、规划先行和综合经营为核心竞争力,坚持两基一支、基层金融和国际合作"三位一体"发展战略,以融资推动市场建设,加快经济发展方式转变,更好服务经济社会可持续发展。

同时,商业化改革也给国开行带来了发展的机遇。通过改革,国开行进一步完善组织架构,形成综合金融服务战略布局。2009年8月31日,国开金融有限责任公司成立,注册资本350亿元人民币;2010年8月25日,国开证券有限责任公司成立,注册资本23.7亿元,标志着国开行以银行业务为主体,兼具投资和投行功能的"一拖二"组织架构最终确立。在此架构下,国家开发银行与国开金融、国开证券、国银租赁、中非基金等子公司开展业务协同,以"投、贷、债、租、证"为综合服务平台,完善并推出多产品、一站式金融服务。

通过上述金融服务，国家开发银行将更好地发挥开发性金融的优势和作用，更好地贯彻可持续发展的理念，以此推动"服务国家战略、致力金融普惠、履行全球责任、应对气候变化、加强责任治理、共建社会和谐"等六大领域的责任实践，努力完成"增强国力，改善民生"的使命。

国开行在这一时期的典型业务特征之一是贯彻国家战略，大力支持企业"走出去"。国开行 2005 年起在全球范围"投棋布子"，从加快经济发展方式转变的要求出发，支持企业"走出去"开拓国际市场，促进产能、技术、劳动力的有序转移，为产业升级腾出空间。

国家开发银行作为政府的开发性金融机构，2005 年以来，把开发性金融方法和经验运用到国际合作业务中，努力配合政府经济外交政策，支持国内企业"走出去"和国外企业"引进来"，积极探索开展国际合作业务方法和途径。根据国家需要，国开行对企业"走出去"的支持领域主要集中在关系到与周边及重要国家外交关系的一些重大基础设施项目，也包括印尼、菲律宾、巴西、委内瑞拉、俄罗斯等自然条件优越国家的农林、矿产、能源等开发项目。

以互利共赢为原则，推动能源资源的国际合作。作为我国最早开展国际合作业务的银行之一，国开行以互利共赢为原则，运作了中委基金、中委大额融资、中俄石油、中巴石油等一批重大国际合作项目，支持中石油、中石化、中铝、五矿、宝钢等龙头骨干企业"走出去"，贷款项目遍及全球 90 多个国家和地区，成为我国最大的对外投融资合作银行。

国开行 2022 年度报告显示，截至 2022 年末，开发银行集团总资产 18.2 万亿元，全年发放本外币贷款和小微企业转贷款超过 3 万亿元，人民币贷款余额新增 1.06 万亿元，为经济社会发展作出了积极贡献。2022 年，国开行积极发挥中长期信贷和国开基础设施投资基金作用，以市场化方式为基础设施建设提供长期、稳定的资金支持。全年发放基础设施贷款 1.4 万亿元，投放基础设施基金 4 256 亿元，制造业贷款余额首次突破 1 万亿元，全年涉农贷款余额新增 2 621 亿元，发放煤炭煤电保供贷款 1 643 亿元，全年发放助学贷款 496 亿元，惠及 515 万学生。

回顾国家开发银行的发展历程，可以称之为厚积薄发，开发性金融任重道远。当前我国经济发展正处于加快小康建设、实现小康目标、加强民生建设阶段，国开行将继续坚持服务国家战略，发挥中长期投融资主力银行的作用，助推经济发展方式转变和实体经济发展，更好地服务"五位一体"建设，推进四化同步发展，为全面建成小康社会作出新的更大贡献。

国开行在批发业务、规模效益、人均效益、规划、创新、综合金融服务、风险管理、干部队伍等方面具有优势，这是国开行实现可持续发展的重要资源。党的十八大描绘了全面建成小康社会、夺取中国特色社会主义新胜利的宏伟蓝图，国开行应准确把握自身定位，继续坚持以市场化方式服务国家战略，以雪中送炭支持实体经济，以互利共赢拓展国际合作，以改革创新破解融资难题，坚定不移走中国特色开发性金融的发展道路，努力建设国际一流的开发性金融机构，助力国家的持续稳定发展。

第二节 开发性金融运营原理

一方面,开发性金融是关于发展的理论,立足于运用金融手段搭建政府与市场之间的桥梁,弥补市场缺损,实现国家发展目标;另一方面,开发性金融理论本身也处在不断地探索、发展和完善之中,从政策性金融发展到开发性金融,再到商业化改革,这一切标志性事件都是开发性金融理论不断深化的发展环节。

一、开发性金融的内涵

(一) 开发性金融的定义

开发性金融是指国家或国家联合体通过建立具有国家信用的金融机构,为特定需求者提供中长期融资,同时以建设市场和健全制度的方式,推动市场主体的发展和自身业务的发展,从而实现政府和市场目标的一种金融形式。

开发性金融是弥补市场缺损和制度落后,维护国家金融稳定、增强国际竞争力的一种金融形式。

(二) 开发性金融的任务和特征

开发性金融从产生之日起就肩负着两项特殊任务,即一方面要从事政策性非盈利业务来弥补"市场失灵",促进社会公平;另一方面也要通过开展商业性盈利业务,保证机构自身的可持续发展,促进经济社会的效率提高。

开发性金融不直接进入已经高度成熟的商业化领域,而是从不成熟的市场做起。在没有市场的地方建设市场,在有市场的地方充分利用和完善市场,有效填补薄弱环节和落后领域的市场空白。

无论是发展中国家还是发达国家,只要存在瓶颈领域,市场机制配置资源存在缺陷,就需要开发性金融发挥作用。国家开发银行是开发性金融在中国的实践载体。

(三) 开发性金融与政策性金融、商业性金融的界定

我国开发性金融是中国社会主义初级阶段基本国情下形成的一种独特的金融形态。它以服务国家发展战略为宗旨,以中长期投融资为手段,依托国家信用,通过市场化运作,并把国家信用与市场化运作紧密结合,弥补市场、信用、制度的空白和缺失,缓解经济社会发展的瓶颈制约,维护国家金融稳定,增强经济竞争力。其核心是通过银政合作,即银行与政府的合作,主动建设市场,把空白、缺失的市场逐步培育成熟,为经济社会可持续发展筑牢根基。

"政策性金融"与"开发性金融"密切相关,两者都为政府目标服务。但开发性金融不同于政策性金融。政策性金融是把信贷资金财政化,开发性金融是把财政资金信贷化,即把财政资金用市场化的方法运作。政策性金融是财政融资方式的产物,开发性金融是市场建设方式的产物。开发性金融是在政策性金融的基础上产生的,是对政策性金融的深化、发展乃至超越,其能力和潜力要远远大于政策性金融。开发性金融目的在于实现政府

发展目标、弥补体制落后和市场失灵。开发性金融一般为政府拥有、赋权经营,具有国家信用,体现政府意志,把国家信用与市场原理特别是与资本市场原理有机结合起来。

"商业性金融"与"开发性金融"相对应,两者同为现代金融体系的重要组成部分,但开发性金融也不同于商业性金融。商业性金融在现有市场条件下运营,以追求利润为首要目标,不承担主动建设市场的职能。开发性金融把国家战略和社会效益放在第一位。如果说商业性金融主要是运用制度和市场,那么开发性金融就是主动地运用和依托国家信用,在没有市场的地方建设市场,在有市场的地方充分利用和完善市场。开发性金融不直接进入已经高度成熟的商业化领域,而是从不成熟的市场做起。在市场缺损的领域,开发性金融从实现国家战略目标出发,坚持用建设市场的方式,以融资为杠杆,利用政府组织优势,引导资金投向国家政策鼓励的产业和领域。开发性金融的长期性决定其具有建设市场的能力,以市场化发行债券进行融资的方式也客观做到了资产、负债的久期匹配,实现以中长期负债支持中长期资产业务;但商业性金融的资金大部分来源于具有短期性特点的居民、企业存款,用于支持中长期业务则不可避免存在期限错配问题,融资导致信贷风险的发生。从这一意义上讲,开发性金融从定位、资金来源与运用等方面与商业性金融存在明显的不同。

二、开发性金融的战略作用及竞争优势

(一)开发性金融的战略作用

首先,我国的工业化、城镇化需要开发性金融。城镇化是过去30年,也是未来50年甚至100年中国经济发展的基本动力和核心特征。工业化产生供给,城镇化产生需求。中国的城镇化、工业化要统筹考虑城乡建设、产业和消费的协调发展,面临诸多方面的瓶颈制约,如基础设施、基础产业以及"三农"、中小企业、文教卫生等民生富民领域。对于这些领域的巨额建设资金需求,传统财政融资力量和作用有限,一般商业金融也不愿涉足,迫切需要开发性金融发挥重要作用。

其次,开发性金融是连接政府和市场的桥梁。开发性金融能够通过融资推动,把政府和金融力量结合起来,共同推进市场建设,完善微观制度和金融基础设施,用市场化方式实现政府的发展目标。更重要的是,开发性金融通过市场建设构造经济平稳增长的内在机制,发挥平抑经济周期波动的作用,做到"顺境隐于市,逆境托举市"。即在经济快速增长期,开发性金融隐于市场,通过为项目构造市场出口,让出更多的空间,防止经济过热;在经济下行期,开发性金融则加大对基础设施、民生就业等瓶颈领域的支持力度,帮助政府增加公共投入,抵御经济下行。

(二)开发性金融竞争优势

开发性金融竞争优势主要表现在以下四个方面。

1. 服务国家战略

国开行是唯一定位为服务于国家战略的中长期信用银行,在国家战略实施中具有独特地位,在服务国家战略过程中实现自身发展。

2. 平台建设

国开行遵循"政府热点、雪中送炭、规划先行、信用建设、融资推动"的指导思想，与地方政府共建合作平台，整合政府、市场、金融和企业等要素，推动规划先行，解决政府关心的热点问题，推动地方经济发展。

3. 市场和信用建设

很多领域、项目在开工建设时都很不成熟，无法完全按市场的机制来建设运行。在这样的情况下，国开行坚持融资推动市场建设和信用建设。开发性金融在弥补制度缺损、建设市场信用方面具有独特优势。

4. 超越竞争

通过"政府入口、开发性金融孵化、市场出口"，将国开行的融资优势与政府的组织协调优势结合，特别强调发挥地方政府的协调作用，通过组织增信，把政府的力量化为市场的力量，从政府高端和战略高端切入市场，超越竞争。

三、开发性金融的发展基础

（一）战略判断

回顾国开行 1998 年以来整个开发性金融发展的历程，推动国开行不断自主创新的动力，可以说是基于国开行对中国经济社会发展的两个战略性判断。

第一个战略判断是中国的城镇化。中国经济处于建设阶段，城镇化是未来 50 年甚至 100 年中国经济发展的基本动力和核心特征，而城镇化带来的经济发展、土地等资产升值可以锁定支持两基一支的风险。正是基于对于中国城镇化进程的深刻认识，国开行领先其他银行用开发性金融方法支持基础设施、基础产业以及"三农"、中小企业、文教卫生等民生富民领域。

第二个战略判断是中国的国际化。由于当前我国经济具有"两头在外"的特征，同时中国作为 14 亿人口大国的城市化和工业化进程，所需资源将超过以往所有城镇化和工业化需求总和的一倍，因此必须开展国际业务，走出去利用资源；另一方面，应通过全球产业链布局和中国经济融入全球这样一个过程，推动发展中国家的发展。必须用互利共赢的方法先帮助亚非拉等国家建设发展，而不是用殖民战争的方法去掠夺资源，这样中国才能获得能源矿产原材料等初级上游产品。正是对于国际化过程中获得的原材料价值可以锁定未来风险的判断，国开行再次领先同业，国际业务快速发展。

（二）发展策略

基于以上两个战略判断，一方面，国开行认为地方政府进行基础设施建设的资金需求是巨大的，中国经济的长期向好也会保证这一领域贷款的质量和安全性，而且未来发展过程中走向国际化也将是一个空间巨大的发展方向，国开行可以把与各地方政府合作的经验移植、复制到与外国政府的合作中去。所以，选择这个蓝海领域，国家开发银行从战略上就占领了高端。

另一方面，国开行选择政府合作也是由它的业务性质和资金性质所决定的。因为地方政府的项目绝大部分都是中长期建设项目，短期看不到收益，因此它的贷款也都是中长期贷款。商业银行的主要资金来源是老百姓的存款，以中短期存款为主，这样商业银行以中短期的存款去做中长期的贷款，两者的期限是不匹配的，在理论上会存在问题。

而国开行就不会存在这个问题，因为其信贷资金来源是发行金融债券，而国开债的发行规模、期限、利率等要素又是与国开行的信贷计划相匹配的，例如，国开行有 10 个亿的八年期贷款计划，那么就发行 10 个亿的八年期金融债；有 12 个亿的 15 年期贷款计划，那么就发行 12 个亿的 15 年期金融债。通过发债构建资金池，形成一定的资金储备。由于发债与贷款的要素相匹配，这样就不会出现商业银行进入中长期信贷领域出现的资金期限错配问题。

确立了政府合作这个蓝海领域，战略方向有了，接下来就是如何实施的问题。

因为政府合作存在着许多问题，比如地方政府财力不足还不上贷款怎么办？预算法规定地方政府不能贷款怎么办？地方政府基础设施建设项目的资本金不足，抵押担保不足怎么办？地方建设项目分散，很多项目没有收益怎么办？等等。这些问题不解决，那这个蓝海战略就只是一张蓝图，政府合作只能是一项空谈。

面对这些现实的问题，国家开发银行主要采取了以下措施。

(1) 从发展的角度和系统的角度来看问题。

所谓发展的观点，就是针对地方政府财力不足还不上贷款这个问题来思考的。简单地讲就是虽然在贷款发放初期，按照当时的地方政府财力测算还不上国开行的贷款，但由于贷款是中长期的，等到真正偿还贷款的时候，地方政府的财力已经有了很大的发展，所以财力已经可以达到偿还贷款的能力。另外，地方要发展，需要更大规模的城市化建设，后续需要更多的贷款，那么必须先把前面的贷款还上，才能申请后续贷款。所以，这个发展的观点，就从理论上保证了开发银行贷款的还款来源，解决了地方政府的财力问题。

所谓系统的角度，这是针对地方建设项目分散，很多项目没有收益这一点而言。国开行通过把很多项目系统地整合在一起通盘考虑，不再是单一的、孤立地看贷款项目，而是从一个项目篮子的角度来看，这样一些没有收益的项目就可以被有收益的项目所覆盖。例如苏州金鸡湖改造、云南滇池的水治理等，这些项目本身没有收益，但湖水改造好后，周边地价大幅升值，就可以有足够的收益来偿还开发银行的贷款本息。

(2) 加强创新。

针对预算法规定地方政府不能贷款的问题，国家开发银行建议各地政府成立了城市投资公司，由这家公司来代表地方政府向国开行贷款，这样就规避了预算法的限制；针对地方政府基础设施建设项目的资本金不足，开发银行开发了软贷款这一创新品种，可以作为资本金贷款；针对地方政府抵押担保不足的情况，开发银行又创造出了政府承诺函、担保函等一系列的措施，从而保证了与政府合作的顺利进行。

在上述的战略判断和创新思维、创新方法基础上，实践中国家开发银行与政府合作取得了巨大的成功，也取得了非常显著的经济与社会效益。

在发展的第三个阶段，即 2003 年以后，认识到国开行与政府合作取得的巨大成功，商业银行也进入到了这个领域,蓝海已经发展成了红海,银行与政府合作领域呈现出了恶性竞争的局面。这又对国开行提出了新的挑战。

针对激烈竞争的市场环境,国开行创造性地提出了规划先行的战略措施,并通过发放技术援助贷款来帮助地方政府制定发展规划。具体做法是,国开行参与地方发展规划的编制,提前介入、成批量地构造项目,同时给地方政府做好融资规划。通过规划先行的方式,能够远比金融同业提前并一揽子开发项目。这样,国开行就不再同银行同业在某一具体的项目上、同一个层面上进行同质的、恶性的竞争,而是做到了超越竞争。

在第二个战略判断是中国的国际化的基础上,2008年以后,国开行就转型为开发性金融机构,利用积累的巨大利润,以内保外,全力进入国际化领域。利用在国内与地方政府合作的丰富经验,在中国国际地位快速提升的背景下,国际业务实现了快速发展。

四、开发性金融的运营模式

(一) 运营特征

总体来看,开发性金融具有以下运作特征。

一是以国家信用为基础。国家信用是最大的信用,对于锚定市场信心至关重要。开发性金融高度重视对国家信用的使用,但同时强调国家信用与市场业绩的统一。这种统一着力体现为以融资推动市场建设,贯彻国家政策,实现政府目标。其动态的财力和风险承受能力更高,超过了政策性金融所能承受的程度,可以在更广泛的市场失灵领域发挥作用。

二是以市场业绩为支柱。强调市场业绩,出发点并不是为了自身利益,而是为了集中财力用于实现国家战略目标,实现新的经济社会发展目标。政策性金融通过让利于企业的做法,不仅容易导致形成不良贷款,而且会引发道德风险。开发性金融强调以市场业绩为支撑,通过建设制度、建设市场实现政府发展目标,有助于解决政策性金融想解决但没解决好的问题。

三是以信用建设为主线。信用是融资的生命,将融资优势与政府组织协调相结合,是开发性金融信用建设的主线。它与各级政府形成共同的目标,通过政府组织优势和开发性金融融资优势的结合,弥补信用建设空白。通过主动构筑信用结构和风险分担机制,有效控制信用风险,并优化信用资源配置,促进经济社会发展。

四是科学有效的全面风险管理体系。国开行风险管理遵循"全面风险管理、保持独立性、专业化,确保协调与效率"的原则,提出了"覆盖所有业务的风险体系,覆盖所有风险的管理范围,覆盖业务全程的风险流程,覆盖全体员工的风险文化,创新的风险管理方法与工具"的全面风险管理战略,努力建设现代化的全面风险管理体系。如图5-6所示。

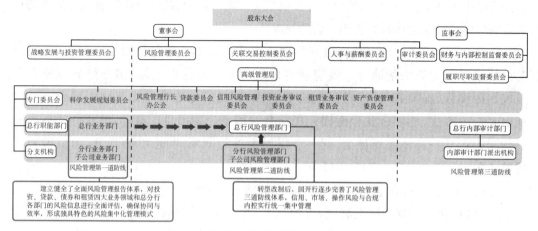

图 5-6　国家开发银行全面风险管理体系

资料来源：国家开发银行网站。

(二) 运营机制

开发性金融的运营模式如图 5-7 所示，从中可以看出，开发性金融的运营模式有以下关键环节。

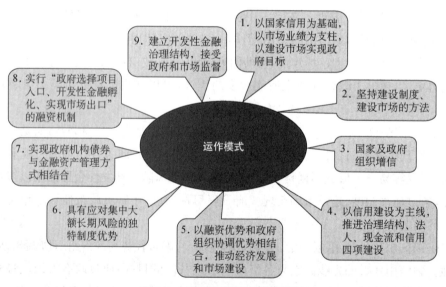

图 5-7　开发性金融的运作模式

资料来源：国家开发银行网站。

第一，国家及政府组织增信是开发性金融的基础支撑。开发性金融借助国家及政府组织增信，以开发性金融融资优势和政府组织协调优势相结合，实现开发性金融机构与政府共建信用体系和制度体系，不断地运用和放大国家信用在市场建设和制度建设中的功能和作用，促进政府和金融有效融合，以此服务国家发展战略，缓解经济社会发展的瓶颈制约。这个原理既适用于大型基础设施项目，也适用于社区金融等中小企业融资。各方通过组织增信的原理形成合力,能够大力推进制度建设和信用建设,也能有效地进行宏观调控和控制风险。

第二,建设制度、建设市场是开发性金融的基本手段。在运行中,开发性金融往往不直接进入已经高度成熟的商业化领域,而是从不成熟的市场做起。只要是市场有缺损、法人等制度有缺损,却又有市场前景的投融资领域,能够进行制度建设的、以整合体制资源取得盈利的,都是开发性金融发挥作用的领域,特别是政府关注同时也是市场和社会急需的热点和难点。开发性金融沿着政府路径,以融资为杠杆,通过政府协调,对项目法人进行孵化、培育、完善、考核,推动治理结构、法人、现金流和信用的建设,使国家信用、金融信用、地方政府信用转化出企业信用,培育具有自生能力的市场主体。

第三,"政府选择项目入口、开发性金融孵化、实现市场出口"是开发性金融高效的融资机制。政府选择项目入口,就是由各级政府按照国家产业政策和各地的战略规划需要,整合资源,确定项目,推荐申请开发性金融借款。开发性金融机构依据地区经济发展水平、财政收支水平、履约情况以及信用复核情况确定借款总量。开发性金融孵化,就是通过组织增信,在政府协调下以融资推动项目建设和融资体制建设,完善治理结构、法人、现金流及信用等四大建设,使项目逐步由收支流量平衡的法人向资产负债表式的法人形式转化。实现市场出口,就是依据现金流建设的发展趋势,针对借款性质、用途和使用情况设计不同的偿还机制,包括正常信贷还款、母公司回购、资本市场发股票、债券还贷、资产证券化等市场化出口的偿还机制,以及对于部分公益性项目所采取的政府回购等财政性偿还机制。

第四,"融资民主、财务民主、管理民主和经营民主"是开发性金融科学的治理结构。融资民主,就是通过建立独立委员、电子路演和贷委会制度,加强贷款决策的科学化、民主化、社会化,打破行政审批贷款和少数人决策大额贷款的格局。财务民主,就是建立财务经费分配和支出透明的管理机制,优化集中采购制度,聘请国内、国际知名会计公司对经营业绩、财务状况进行审计,并向社会披露。管理民主和经营民主,就是对重大目标的确立、措施的制定、经营问题的解决,让不同层次的员工参与决策。

第五,政府与市场的有效结合是开发性金融应对风险独特的制度安排。金融风险包括体制缺损风险、经济周期波动风险和项目失败风险,以及非经济的政治风险等,开发性金融的体制优势有助于有效应对这些风险。首先,运用组织增信,使政府承诺、政府信用和政府协调弥补体制性缺损。其次,开发性金融把政府协调、资本市场和宏观调控结合起来,形成应对经济周期风险的有效机制。再次,开发性金融把国家信用证券化,使其通过市场化发行的金融债券,在期限、品种、成本、效率等方面覆盖风险的能力都优于商业银行的零售储蓄。最后,开发性金融利用风险投资的大数法则,在资产方通过组织增信建设市场和完善体制,提高单个项目的成功率,降低企业经营失败风险。

总体来看,开发性金融运营的核心在于它是政府与市场之间的"桥梁"。它没有照搬西方的金融发展经验,而是基于对中国国情的理解,在围绕主权信用的基础上,推行"政策性定位、市场化运行、企业化管理"的发展模式,通过"政府热点、雪中送炭、规划先行、信用建设、融资推动"的二十字方针,把政府、市场和金融等力量结合起来形成合力,共同推进市场建设,完善微观制度和金融基础设施,用市场化方式实现政府的发展目标,不仅有力地支持瓶颈领域发展,还能够平抑经济周期的波动,做到"顺境隐于市,逆境托举市"。

五、开发性金融的理论基础

结合发展中经济、发展中市场、发展中体制的国情状况,开发性金融实践不断创新深化,将先进的金融原理与中国经济、金融发展的具体实际相结合,有效解决经济社会发展中的瓶颈制约。开发性金融经过不断地总结提炼,已经形成一套比较完整的理论,既有自身的基本原理、基本手段,也包括高效的融资机制、科学的治理结构、独特的制度安排等,拓展了现代经济金融的基本理论。

开发性金融的理论基础如图 5-8 所示。

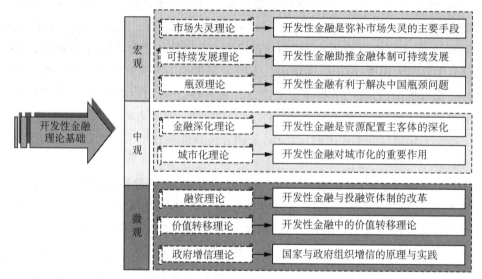

图 5-8 开发性金融的理论基础

资料来源:国家开发银行网站。

从发展经济学看,开发性金融强调经济社会发展不同阶段需要不同的金融形态,与产业阶段相适应的是以企业为中心的资本市场,与消费阶段相适应的是消费金融,在建设阶段开发性金融的作用更有效。如果经济社会发展演进到新的发展阶段,金融形态没有随之相应调整,就会带来不利影响,轻则难以满足经济发展需要,重则带来动荡甚至倒退。开发性金融助推了中国大国经济的转型发展,提供了与发展中大国相适应的开发性金融理论。

从制度经济学看,开发性金融有效地解决了信用缺位引发的融资困境,实现了债券市场与信贷市场联通的制度创新,大幅降低中长期贷款的融资成本,创立了与发展中大国相适应的开发性金融机构及信用制度体系。

从宏观经济学看,开发性金融完善了开放经济条件下的宏观调控体系。经济发展周期性及外部冲击都会引致宏观经济出现内外波动,开发性金融通过投资与信贷、消费与信贷之间的相关机制,贯彻国家宏观调控目标,秉承国家信用实现中长期信贷的动态调节,助推实现宏观经济的内外平衡,丰富了开放大国宏观调控理论。

从金融学看,开发性金融有助于完善社会融资体系。开发性金融以融资推动市场建设,规划先行,打通融资瓶颈;按照现代企业制度的要求,作为承接贷款的载体,推动政府整合资源,构造规范运作、健康发展的融资平台。同时,以融资大力推进企业治理结构、法人、现金流和信用建设,建立贷款借、用、管、还"四位一体"的独特机制,最终为商业性金融进入铺路搭桥。

特别是从社会主义市场经济理论看,开发性金融是社会主义市场经济体制的有机组成部分,集中表现为它在宏观调控中发挥的积极作用和在经济金融领域统筹国内国际两个大局的重要作用。政府单一的政策工具作用是有限的,必须拓宽宏观调控的层面和方式。开发性金融的实践和业绩表明其能在弥补体制缺陷、市场失灵和引导市场发育方面有效实现政府宏观调控目标,发挥其连接政府和市场的桥梁作用,将宏观调控与市场配置相结合,延伸和放大政府宏观调控的作用和效应,促进经济社会又好又快发展。开发性金融还服务于中国"走出去"战略的实施,在金融领域体现出对国内国际两个大局的统筹。

第三节 开发性金融作用与成效

开发性金融的实践始终紧扣国家经济社会发展的战略重点,在政府与市场之间施展自己的才能。从国内看,城市化进程的快速发展、基础设施的日臻完善、成千上万中小企业的融资、数百万获得助学贷款的学子、获得保障房贷款的中低收入群众,都受益于开发性金融的支持。从国际看,互利共赢的国际合作、能源资源市场的拓展、企业国际化战略的实施,皆体现了开发性金融的实际硕果。

一、助力突破经济发展瓶颈

国家开发银行作为开发性金融的先驱者,通过"银政合作"的实践,在破解城市化难题、助推经济转型、推动区域经济协调发展、加强市场建设等方面发挥了积极作用,有力地破解了我国经济发展瓶颈。

(一)帮助破解城市化难题

城市化是经济社会发展的客观趋势,也是扩大国内需求和调整经济结构的重要抓手。以前由于缺乏市场机制,银行资金不敢贸然进入城市道路、轨道交通、环境整治等领域。国家开发银行以"银政合作"为切入口,从1998年探索"芜湖模式"开始,与地方政府共同构造市场化的融资平台,打破了银行资金不能进入城建领域的市场僵局,形成了金融财政互动、共同拉动城市建设的良好局面。从这个意义上说,国家开发银行从市场建设入手改变了"游戏规则",把一些别人看来只能依靠财政资金支持的领域,培育成了银行贷款的增长点。截至2013年年底,城镇化贷款余额4.1万亿左右,占全行人民币贷款余额的75%。历经探索创新,国开行创立了城建融资的"芜湖模式"、支持县域经济的"湖南模式"和建设小城镇的"苏州模式",创新"大额融资、统借统还"的"天津模式"以及解决铜陵、岳阳棚改融资瓶颈的"债贷组合模式",以软贷款破解辽宁棚户区改造等难题,形成了一套有国开行特色、行之有效的运作方法。十余年来,国家开发银行不仅是中国城市化大潮的见证者,更是其中积极的参与者和推动者。

(二)着力推动区域经济协调发展

国家开发银行积极贯彻国家区域发展总体战略,开发银行建立跨部门、跨分行的专项协调机制,加大工作力度,积极服务区域重大战略和区域协调发展战略等实施,支持革命老区振兴发展,助力构建高质量发展的区域经济布局。在京津冀地区,国开行2021年发放贷款5 587亿元,助力重点领域实现突破;持续加大对东北振兴的支持力度,截至2023年4月末,已发放东北振兴贷款近4 000亿元。同时,国家开发银行还用好开发性金融工具,向东北地区投放国开基础设施建设投资基金233亿元,支持32个重点基础设施项目。

(三)有力助推经济发展方式转变

围绕转变经济发展方式,国家开发银行大力支持十大产业调整振兴规划的实施,促进发展绿色经济和低碳经济,支持有成长前景、有自主知识产权的科技型企业做强做大,提升制造业的核心竞争力,促进现代产业体系形成和发展。据测算,国开行贷款支持节能环保项目每年可节约标准煤6 736万吨;减少二氧化碳、二氧化硫及氮氧化物排放2亿吨、310万吨、160万吨;削减化学需氧量和氨氮排放量97万吨、14万吨。支持文化基础设施建设、文化创作发展、文化骨干企业做大做强和兼并重组等文化产业发展贷款余额1 568亿元,支持生物产业发展贷款余额306.5亿元。

(四)重点加强市场建设

和西方市场相比,我国目前的市场发展仍存在着一些空白和缺损,这是制约中国经济社会发展的一大瓶颈。对此,国开行提出市场是可以主动建设的观点,并把市场分为空白、缺损、低效、稳定和高效五个阶段,明确市场建设的方向和途径。国开行运用和依托国家信用,在没有市场的地方建设市场,在市场机制不健全的地方完善市场。在具体操作中,将融资推动作为市场建设的载体和动力,通过资金支持聚集各方力量,共同建设市场良性运转的制度、规则和体系。运用科学合理的融资方案,不断增强借款主体自我发展能力、治理能力、市场运作能力和风险防范能力,使之最终成为健康的市场主体。

二、助推民生社会建设

我国在民生改善、社会发展等领域表面上看是缺资金,实际上是缺乏资金持续进入、良性发展的市场、信用、规则和制度。多年来,国家开发银行致力于推动建设人人享有平等融资权的金融体系,把金融发展目标与社会发展目标结合起来,通过长期、大额、稳定的融资支持社会瓶颈领域和薄弱环节发展,以批发方式解决零售问题,在社会建设领域发挥了独特作用。国开行在民生社会领域一直致力于推动两个"转变",即把民生领域从经济社会发展的薄弱环节转变成重要的推动力和增长极,把市场的空白转变成商业可持续的业务领域。

(一)促进中低收入家庭住房建设

居者有其屋,是千百年来的社会理想。开发性金融积极与地方政府签订保障房建设的相关协议,推动各级地方政府根据全国统一的住房保障要求,结合本地实际情况,制定和实施有效的居民住房保障制度,健全住房保障体系和住房金融体系,不断满足城镇中低收入家庭的住房需求。截至2021年9月底,国家开发银行已累计发放保障性住房贷款5.09万亿元,助力解决超过200万户居民租房需求。

(二)开展助学贷款服务教育事业

开发性金融将我国教育事业视为关乎国计民生的重要公益事业,以市场化的制度安排,独创"生源地助学贷款"模式,打通助学贷款的瓶颈,加强与教育部门的合作,与多省市签订助学贷款协议,不断增加资金投入,将助学贷款业务转变为可持续性业务,加速推进我国教育事业的发展。截至2019年11月30日,国家开发银行新增发放助学贷款309.8亿元,本年新增支持经济困难学生426.9万人,在同业中占的比重最大。

(三)帮助缓解中小企业融资难问题

目前国家开发银行已形成以转贷款支持小微企业,制造业合作计划支持制造业中小企业,投贷联动、"信用共同体"试点支持科技创新型中小企业,投行、融资租赁等金融工具相融合的多层次中小企业金融服务体系,截至2021年7月末,中小企业贷款余额5.56万亿元。下一步,国家开发银行将继续探索创新中小企业融资支持模式,不断提升中小企业金融服务能力和水平,助力解决中小企业融资难题,不断扩大普惠金融覆盖范围。

三、服务国家对外开放战略

国家开发银行于2005年开办"走出去"业务,尝试在国际市场"投棋布子"。目前,国家开发银行已发展成为中国最大的对外投融资合作银行,以及世界最大的开发性金融机构,以总资产18.2万亿美元的资金规模,以覆盖全球195个国家的网络布局,运用"两个市场、两种资源",服务于国家对外开放战略。昔日"投棋布子",如今"子已成片"。

(一)服务国家能源战略,改变世界资源能源供给格局

2011年元旦,俄罗斯原油通过石油管道输入中国漠河。这是国家开发银行贷款250亿美元支持中俄石油合作项目的杰作。该项目实现了俄罗斯石油管道向东输送"零的突破"。近些年来,国家开发银行围绕中国城市化和工业化对能源资源的内在需求,以贷款换能源、换资源,成功运作了中委基金、中俄石油、中巴石油、中土天然气、中铝收购力拓部分股权等重大项目。通过这些项目,为国内换来长期稳定的油气、铁铜铝铬等能源资源供应,改变了世界资源能源供给格局,为有效缓解我国能源资源瓶颈制约发挥了积极作

用。截至2019年底,国家开发银行外汇贷款余额已经达到2 456亿美元。有境外评论认为,通过国家开发银行的境外分支机构布局,可以依稀看出中国的世界资源和能源战略蓝图。

(二)支持企业"走出去"战略,提升国家竞争优势

企业是国际市场竞争角逐的主角。国家开发银行通过支持华为和中兴等企业"走出去",不仅促进了通信产业发展方式的转变,而且促使我国通信设备产业在国际市场上获得了国家竞争优势。在国家开发银行的支持下,华为从20多年前名不见经传的科技型中小企业,成长为全球顶尖电信设备制造商,彻底改变了通信关键技术一直由国外公司控制的局面,走出了一条"中国创造"的自主创新之路。近年来,全球电信设备制造业刮起了强劲的"中国风",亮起了中国通信设备的"双子星"。2012年,华为跃居世界同业第一。中国南车、北车集团在"走出去"过程中,也得到了国家开发银行的大力支持,通过中国南车、北车集团的产业优势与国家开发银行的融资优势相结合,共同开辟国际市场。中国南车、北车集团实施国际化战略,进行区域布局,培育和扩大目标市场,通过自主研发的牵引传动系统和网络控制系统,实现了我国电动车组核心技术首次成套出口,为给客户提供轨道交通装备全面解决方案奠定了基础。2014年11月,中国南车、北车集团进入合并重组程序。可以预计,两个集团公司合并后,联合金融资本开拓国际市场的步伐将更为加快。国家开发银行通过支持中国企业"走出去"战略,发挥了类似于美国纳斯达克市场风险投资对产业创新的支持功能,以独特的"产银联盟"战略提升了国家竞争优势。

(三)积极推动"金融外交",进一步提升中国国际影响力

提高我国经济发展的主动权和国际话语权,是我国参与国际经济金融秩序调整、推进经济发展方式转变的迫切需要。通过资金在国际范围内的融通,国家开发银行赋予了金融独特的经济"外交"功能。国家开发银行通过综合授信、货币互换、联合贷款等多种方式,与近百家区域、次区域金融机构以及合作国中央银行、开发性金融机构、主力商业银行等开展合作。特别是通过同金砖国家、上合组织、中国—东盟等多边金融合作,为我国参与区域合作以及为发展中国家提高在国际事务中的作用和影响提供了重要的平台。

国家开发银行的"金融外交"不仅促进了我国同世界各国的经济联系,而且促进了政治、社会、文化等多方面交流,进而促进了我国与合作国家双边关系的巩固和完善。例如,在委内瑞拉的工地现场,当地百姓听说给住房建设提供贷款的中国人来了,自发地聚集到工地长时间鼓掌致谢。委内瑞拉总统查韦斯对国家开发银行的贡献表示"深怀谢意"。再如,中非发展基金帮助非洲国家提高了经济"造血"机能,部分对非投资"标志性工程"项目填补了当地工业空白,大规模增加了当地就业,夯实了中非友谊基础。通过同世界各国的"金融外交",国家开发银行"润物细无声"地提升了中国在国际舞台上的影响力。

（四）助推人民币国际化

纵观人类经济发展史，国际金融霸权的更替形成了三大国际金融中心国：16—17世纪的荷兰，18—19世纪中叶的英国，19世纪末至今的美国。自布雷顿森林体系形成以来，二战后的世界各国实际上是在美元主导的国际货币体系中开展经贸活动的。危机后的今天，美元在全球的影响力依然不减。在此背景下，加快人民币国际化进程具有战略意义。从国际经验看，人民币要成为国际货币，一般要经历结算货币、投资货币和储备货币三个阶段。

2009年开始的人民币跨境贸易结算是实现人民币国际化战略的第一步，人民币近年来越来越多地在跨境贸易、投资中使用。在此过程中，国家开发银行已做出了积极贡献。截至2018年底，跨境人民币贷款余额957亿元，居中国金融机构首位。国家开发银行还是最先赴港发行人民币债券的内地金融机构，是香港地区人民币债券发行量和存量最大、品种最为齐全的金融机构。

四、有效弥补市场失灵

金融是市场配置资源的重要手段，市场的发育程度对金融发挥配置资源的作用具有至关重要的影响。从国际惯例看，开发性金融是弥补体制落后和市场失灵，维护国家经济金融安全、增强国际竞争力的一种金融形式。开发性金融在中国一个非常重要的作用就是要弥补市场失灵和市场缺损。

开发性金融是连接政府和市场的桥梁，是适应制度落后和市场缺失，为了实现赶超、跨越式发展和建设市场，为了维护国家金融稳定、增强经济竞争力而出现的一种金融形式。无论是发展中国家还是发达国家，只要存在瓶颈领域，就有开发性金融发挥作用的空间来实现政府的发展目标，完成单纯依靠市场和商业性金融不能完成的功能和使命。开发性金融能够通过融资推动，把政府、市场和金融等力量结合起来形成合力，共同推进市场建设，完善微观制度和金融基础设施，用市场化方式实现政府的发展目标。更重要的是，开发性金融以融资推动市场建设，不仅能够有力地支持瓶颈领域发展，还能够平抑经济周期的波动。在经济发展过程中，任何经济主体都避免不了周期性波动，但开发性金融通过市场建设构造经济平稳增长的制度基础。具体到中国，就是在经济快速增长周期，开发性金融隐于市场，通过为项目构造市场出口，让出更多的空间，引入商业资金发挥作用；在经济下行时期，开发性金融加大对基础设施等瓶颈领域的支持力度，通过基础设施建设等领域的拉动作用，为经济平稳较快增长注入强大动力。尤其在当前国内经济下行，经济发展进入新常态的过程中，投资拉动型项目，以及商业金融不愿意做而又关乎社会民生的中小企业贷款等项目，都需要开发性金融继续发挥重要作用。

当前经济社会发展中出现的融资问题，实质上是我国经济结构矛盾，市场不完备、机制延后等深层次问题的反映。在大量经济社会发展领域中出现"融资失血"，缺少完整的信用链和融资链支撑，市场建设、制度建设是一个主要矛盾。因此，化解财政金融风险，改善经济社会发展的融资环境，促进健康经济的根本出路，在于进行市场建设、信用建设、制度建设。否则,就好似建在沙滩中的楼阁,地基不稳经不起风吹草动。对此我们需要有深刻的认识。

加快制度建设和市场建设,需要发挥政府的高能量和社会市场各方的共同努力。市场建设是一项全局性的系统工程,只有依靠社会各方的力量,把政府、金融、市场和企业等要素资源整合起来,达成共识、形成合力,使市场成为能够调控和有效配置资源的市场,才能达到赶超和健康发展的目的。在西方市场经济数百年的演进发展过程中,政府曾经发挥了巨大的历史推动作用。我们不能单纯地认为,当前中国只要最大限度地发挥市场配置资源的作用就行了。在我国社会主义市场经济制度下,我们有着自上而下的政治文化制度优势。与这个制度优势相结合,执行公众参与、公众受益的原则,市场建设就会表现为自觉的、主动的、赶超的、高效的、系统的市场建设,这是中国这样一个发展中的社会主义国家谋求发展的唯一选择。实践证明,市场建设符合社会主义市场经济发展方向,也是实现科学发展观与构建和谐社会的关键内容。发挥政府的高能量,实现社会各方共建市场,这也是国际惯例。如美国联邦国民抵押贷款协会等机构,就是政府把财政和金融资源相结合,加速市场建设的典型例子,由政府对这些机构给予政策支持,增强信用,最终通过融资市场化的方式实现政府发展目标。欧洲空客就是在政府协调下,通过融资推动,加速治理结构建设,弥补市场失灵的又一个成功例子。

第四节 开发性金融的国际比较

一、国际开发性金融机构简介

开发性金融已经存在百余年,法国早在1816年就成立了国家储蓄基金。二战后,开发性金融因受战争创伤的国家和发展中国家急需大量资金重建经济而开始蓬勃发展。特别是在美国、德国、日本等国家,开发性金融扮演了重要角色。1997年亚洲金融危机后,开发性金融机构的重要作用为人们所再认识。一些受到危机影响的国家再次要求开发性金融机构发挥重要作用,如日本协力银行、韩国产业银行等都被赋予了重整本国经济的新职能。

全球角度看,开发性金融机构是各国政府实现发展目标的重要载体。通过开发性金融机构,促进经济与社会协调发展,完成单纯依靠市场和商业性金融无法办到的事情。世界银行(World Bank Group,简称 WBG)、亚洲开发银行(Asian Development Bank,简称 ADB)、非洲开发银行(African Development Bank,简称 ADB)、德国复兴信贷银行(KFW Bankengruppe)、日本协力银行(Japan Bank for International Cooperation,简称 JBIC)、韩国产业银行(Korea Development Bank,简称 KDB)等,都是国际知名的开发性金融机构。

目前,世界银行和亚洲开发银行是主要的国际开发性的政策性金融机构。

(一) 世界银行

世界银行(WBG)是全球主要开发性金融机构之一,其主要目标是通过提供贷款、政策建议、技术援助和知识共享服务等途径,减少贫困,提高发展中国家人民的生活水平。世界银行主要包括国际复兴开发银行(International Bank for Reconstruction and Development,简称 IBRD)与国际开发协会(International Development Association,简称 IDA),另外与国际金融公司(The International Finance Corporation,简称 IFC)、多边投资担保机构(Multilateral Investment Guarantee Agency,简称 MIGA)以及国际投资争端解决中心(The International Center for Settlement of Investment Disputes,简称 ICSID)共同组成世界银行集团。

国际复兴开发银行(IBRD)向中等收入国家政府和信誉良好的低收入国家政府提供贷款。国际开发协会(IDA)向最贫困国家的政府提供无息贷款(软贷款)和赠款。世界银行 2012 年的贷款分布情况如图 5-9、图 5-10 所示。

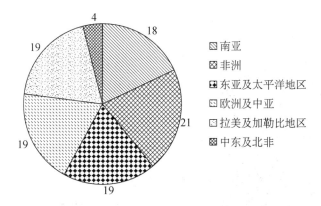

图 5-9 按地区划分的世界银行贷款分布(%)

资料来源:世界银行网站。

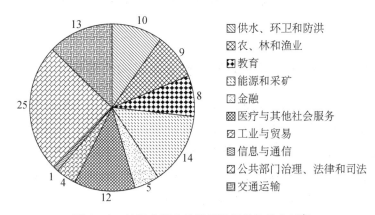

图 5-10 按行业划分的世界银行贷款分布(%)

资料来源:世界银行网站。

(二)亚洲开发银行

亚洲开发银行(ADB)创建于1996年,是一个致力于促进亚洲及太平洋地区社会和经济发展的区域性政府间开发金融机构。建立亚行的宗旨是促进亚洲和太平洋地区的经济发展与合作,特别是协助本地区发展中成员以共同的或个别的方式加速经济发展。

亚洲开发银行具体任务包括:促进公私资本对本地区开发的投资;为本地区发展中成员的发展筹集和提供资金;根据成员要求,帮助其进行发展政策和规划的协调工作;为拟定、融资和执行发展项目及规划提供技术援助;同联合国等国际组织进行合作等。

1973—2011年,亚洲开发银行已经完成各类项目共计1 506项,其中成功项目占比达到63.4%,部分成功项目占比达到28.4%,失败项目仅占8.2%。亚洲开发银行成功地为亚太地区各国发展做出了积极贡献。当前,亚行已经致力于成为发展中成员政策改革、能力开发和地区合作的促进者。如图5-11所示。

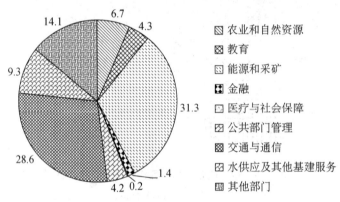

图 5-11 按行业划分的亚洲开发银行贷款分布(%)

资料来源:亚洲开发银行网站。

二、国家开发银行与世界主要开发性金融机构的国际比较

本节我们从发展战略、业务范围、特点等三个层面对国家开发银行与世界主要开发性金融机构进行了对比分析,结果总结在表5-1、表5-2、表5-3中。根据对比层级的不同,表5-1主要包括国家开发银行与世界银行、亚洲开发银行的对比分析;表5-2主要包括非洲开发银行、美洲开发银行和欧洲复兴开发银行的对比分析;表5-3主要包括德国复兴信贷银行、韩国产业银行和日本协力银行的对比分析。

表 5-1 开发性金融的国际比较(1)

	世界银行	亚洲开发银行	国家开发银行
发展战略	**长期战略主题** ①倡导扶贫助困,促进全球经济发展;②协调经济关系,稳定世界经济秩序。 **近期战略重点** ①帮助最贫困国家,特别是非洲战胜贫困;②应对刚刚走出冲突的国家面临的特殊挑战;③开发针对中国等收入国家的"发展方案",包括量身定制的服务及融资;④在跨国问题上围绕区域和全球性"公共物品"发挥更加积极的作用,包括气候变化、艾滋病毒和艾滋病、疟疾以及贸易援助等;⑤支持阿拉伯世界那些推进发展和机遇的国家和地区;⑥在整个世界银行集团培育一个"知识和学习"议程,支持其发挥实用经验的"脑库"作用。	**长期战略主题** ①以消除贫困为首要目标,构建无贫困的亚太地区;②以促进可持续的经济增长为目的。 **近期战略重点** ①到 2021 年,亚行 80%的贷款将投向亚行确定的具备比较优势的 5 个核心业务领域:基础设施、环境、区域合作和一体化、金融行业发展以及教育;②到 2020 年,大约 50%的业务将是私营部门发展和私营部门运营,30%的业务为区域合作和一体化;③继续以更富选择性的方式来开展医疗卫生、农业、灾难和突发事件救助业务;④近期亚行的业务重点放到三项主要任务上:即共享式经济增长、环境可持续发展以及区域一体化。	**长期战略主题** ①开展中长期信贷与投资等业务,为国民经济重大中长期战略服务;②增强国力,改善民生,促发展与社会和谐。 **近期战略重点** ①支持基础设施、基础产业和支柱产业建设;②促进国家经济结构调整,支持自主创新,推动优化升级;③支持民生领域和社会事业发展;④推动国际合作业务大发展。
业务范围	①向健康、环保、金融市场发展及援助受冲突危害的国家、战胜腐败等公共项目投资;②展开政策对话;③向会员国提供经济开发与发展所需要的各种援助,包括资金援助和技术援助;④促进私营部门发展;⑤开展国际性经济研究。	①向成员国提供贷款进行公共项目投资;②展开政策对话;③为政策和规范化的发展提供技术援助;④投资于私营企业(股权/债权)。	①规划业务:进一步巩固与国家部委和地方政府的合作,开展规划编制工作,批量构造项目,增强规划的战略性、主动性和实效性;②信贷业务:向国家重点领域和薄弱环节发展,保障"两基一支"重点领域和重大项目融资需求等;③资金业务:科学定制发债策略,合理安排发债进度,缓解资本约束;④中间业务:重点推动表外融资、财务顾问、债券承销、票据等业务,优化收入结构。
特点	①世行业务分布与美国全球战略具有一致性;②是美国主导全球经济治理体系,推进其政治经济利益的重要战略工具;③以发达国家利益为出发点,对贷款项目进行选择和管理,并逐步进入借款国非经济领域;④对发展中国家提供的资金支持十分有限。	①公共事业项目和私营部门经营统一于一个构架时;②专注于亚洲的发展;③政策性工作和私营部门投资之间既有协同效应,一方面与政府展开政策性对话有助于改善私营企业的投资环境,亚洲开发银行同时也能为特定的项目激发吸引私营企业的资源。	①信贷业务以中长期贷款为主,具有时间长、数目大、集中度高的特点;②贷款主要投向符合政策导向、服务国家战略的项目。

表 5-2　开发性金融的国际比较(2)

	非洲开发银行	美洲开发银行	欧洲复兴开发银行
发展战略	长期战略主题 帮助贫困国家脱贫致富，促进非洲地区成员的经济发展与社会进步，是非洲开发银行的"头等重要目标"。 近期战略重点 ①用于向非洲贫困成员国提供优惠贷款、赠款等利用非洲大陆的人力和资源来促进非洲经济和社会发展；②与联合国有关机构一起，帮助非洲国家实施防治艾滋病、疟疾、河盲症和热带地方病等医疗卫生项目；③参与援助非洲难民、妇女和儿童活动。	长期战略主题 ①集中各成员国的力量，对拉丁美洲国家的经济、社会发展计划提供资金和技术援助；②协助成员国单独地或集体地为经济和社会进步作出贡献 近期战略重点 以支持拉美国家向贫困开战和争取长期的持续发展为该行今后的战略重点。	长期战略主题 ①主要任务是帮助欧洲战后重建和复兴；②帮助和支持东欧、中欧国家向市场经济转化。 近期战略重点 ①发展银行业务及商业投资银行的业务兼顾；②将继续重点扶持亚私营企业领域，为该领域所提供的贷款额度将占其所提供贷款总额的90%。私营企业领域贷款的优先方向是通过银行系统向微型、小型和中型企业发放贷款；③将探讨推动亚美尼亚农业领域贷款项目的可能性，重点在加工工业、食品工业和节能项目。
业务范围	①向成员国提供贷款（包括普通贷款和特别贷款），以发展公用事业、农业、工业项目以及交通运输项目；②普通贷款业务包括用该行普通资本基金提供的贷款和担保贷款业务；③特别贷款业务是用该行规定专门用途的"特别基金"开展的贷款业务，贷款的条件非常优惠，不计利息，贷款期限最长可达50年，主要用于大型工程项目建设。	①提供贷款促进拉美地区的经济发展、帮助成员国发展贸易；②为各种开发计划和项目的准备、筹备和执行提供技术合作。	①提供必要的技术援助和人员培训；②帮助受援国政府制订政策及措施，推动其经济改革，帮助其实施非垄断化、非中央集权化及非国有化；③为基本建设项目筹集资金；④参加筹建金融机构及金融体系，包括银行体系及资本市场体系；⑤帮助支持筹建工业体系，尤其扶持中小型企业的发展。
特点	①同非洲及非洲以外的机构开展金融方面的合作，与亚洲开发银行、美洲开发银行业务联系广泛，并与阿拉伯的一些金融机构和基金组织建立融资项目；②该行贷款的对象是非洲地区成员国，主要用于农业、运输和通信、供水、公共事业等。	是美洲国家组织的专门机构，其他地区的国家也可加入，但非拉美国家不能利用该行资金，只可参加该行组织的项目投标。	①通过代理行来放贷，该行只在基准利率上加1~2个百分点，允许代理行可以收取剩下的6~8个百分点，几乎是基准利率的三倍，代理行对此业务单独考核、单独记账，加强管理，及时撤除坏账；②可在私有及公有部门运作。欧洲复兴开发银行结合商业银行及开发银行之原则与实务，对私有或可私有化企业及私有企业所必需之基础建设计划等提供资金。

表 5-3 开发性金融的国际比较(3)

	德国复兴信贷银行	韩国产业银行	日本协力银行
发展战略	长期战略主题 为促进德国企业的发展和推动德国经济发展为己任。 近期战略重点 ①到现在为德国企业提供长期投资贷款,业务是专一的;②首要任务是为促进德国中小企业的发展,为中小企业在国内外投资项目提供优惠的长期信贷;③为德国企业提供出口信贷和项目融资,主要集中在能源、通信与交通信息等领域;④受联邦政府委托,为发展中国家的投资项目提供融资,还提供咨询等相关服务。	长期战略主题 ①国民经济发展和金融产业发展过程中扮演了引导者的角色,主导产业发展。 近期战略重点 ①加强金融系统的稳定;②主导企业重组;③加强对经济基础的支持;④增加对中小型企业的支持。	长期战略主题 ①提供贷款和其他金融手段支持日本经济和国际经济发展;②促进日本进出口业务和日本的海外经济活动;稳定国际金融;③促进发展中地区的社会发展和经济稳定。 近期战略重点 ①主要服务于日本企业"走出去"活动;②向发达国家的投融资只限于原子能发电和高速铁道2个领域,随着世界基础设施承建的竞争日益激烈化,其融资范围扩大到自来水管、可再生能源发电、信息通信网络的完善等9个领域;③积极推广战略性海外投资贷款。
业务范围	①承担政策性发展职能,尤其是接受政府指令,在以下方面提供融资支持:中小企业、职业发展以及初创企业发展、风险投资、住房、环境保护、基础设施等;②向主权政府及公法约定的特殊目的机构发放的贷款或其他形式融资支持;③民生贷款及教育贷款;④买入或卖出索赔、保证、外汇或期票;⑤通过发债或接受存款来筹资。	①贷款和担保业务:提供贷款期限最长达20年的长期设备金,按贷款的资金用途来分类,主要有设备资金、技术开发、汽车、预防自然灾害、设备改造和维修资金等;②投资金融业务,包括:股份投资、项目融资、发行和收购债券、企业的收购兼并、运营风险投资基金和中小企业基金;③进出口金融和外汇、外汇交易业务;④国际金融业务。	①出口信贷:为日本企业向国外设备及技术出口提供资金;②进口信贷:为日本的石油、LNG、铁矿石等重要资源的进口提供所需资金,除资源以外,对于飞机等必需品的进口通过担保制度提供支持;③投资金融:为日本企业在外国当地进行生产和资源开发等业务提供所需资金;④事业开发等金融:针对为日本的贸易、投资等海外经济活动的业务环境的日益完善,配合外国政府、外国政府机构等实施的项目提供所需资金;⑤搭桥贷款:针对解决发展中国家政府的外汇资金周转等国际收支上的困难,提供必要的短期融资;⑥调查业务:针对以上业务进行必要的调查业务。
特点	①KFW是中立的,不与商业银行竞争;②KFW是国有的,不用向国家缴纳股利,同时KFW也不用上缴所得税;③KFW没有分支机构,发放贷款原则上都必须通过商业银行转贷给借款人,基本不直接发放贷款。	①是企业金融专业银行;②分布于世界各地主要金融市场,以长期积累下来的丰富经验和金融专业方式为企业提供资金支援、资金中介、金融咨询和商业分析等综合性金融服务。	①经营目标不以盈利为目的;②监管方式由业务的经营目标决定,以国家经济利益为目标的业务由财政监管,以国家政治利益为目标的业务由外交委员会监管,银行业务财务预算由内阁审议批准后执行;③防范风险以政府财政为后盾。

三、世界银行运作机制及影响力变化

本节我们分析世界银行(以下简称"世行")近年来影响力的变化,并将其与中国国家开发银行服务发展中国家的目标和模式进行比较分析。

(一)世行业务分布与美国的全球战略具有一致性

(1)从地区分布看,世行成立以来的业务布局出现三次较大调整,当前对拉美和非洲有所倾斜。

二战后至冷战结束前,美国重点关注欧洲国家的重建及发展,世行的贷款(含国际复兴开发银行IBRD和国际开发协会IDA)主要流向了欧洲和南美洲国家。20世纪90年代,随着全球经济政治格局的变迁,世行贷款逐步向亚洲和非洲倾斜。近十年来,美国收缩战线,将拉美视为战略后方,目前世行对南美洲和非洲的贷款额度最高。

(2)从行业分布看,政策引导倾向越来越明显,当前公共管理领域贷款占比显著上升。

20世纪80年代后,由于石油危机,世行提供贷款的形式从传统项目投资贷款,更多转向以支持借款国的结构改革和政策调整为目标的调整贷款,贷款行业分布越来越分散和平均。同时,世行逐步减少对基础设施的支持,用于农村发展的贷款占比更是急剧下降,传统的农业、能源和交通等领域贷款占比已从80年代的50%以上降至目前的30%左右,但金融、公共管理、社会等领域贷款占比呈显著上升态势。

(3)世行近年扩张速度显著放缓,经营中的逆向选择愈加普遍。

近年世行对外贷款承诺额增速明显放缓,其成立前十年的年均增速超过25%,而近二十年平均增速仅为3.7%。本轮危机更是大大削弱了世行的全球影响力。发展中国家表现出强烈的发展愿望,新兴市场从各种渠道获得的资金总额每年都在1万亿美元以上,而世行每年提供的融资额仅数百亿美元。此外,过去10年全球投资资金的膨胀及国家援助预算的增长也在一定程度上削弱了世行的作用。部分发展中国家已有更多融资渠道可供选择,世行功能边缘化迹象日趋显露。1995年,世界上最穷国家17%的外部援助来自世行,而今天这一数字已减少到当初的一半以下。目前,发达国家的融资合作意愿也开始向拥有日益壮大资本输出能力的金砖国家为代表的新兴经济体转移。

世行经营状况欠佳,对其贷款依赖越大的国家风险也越高。近年来,世行的业绩并不理想,资产回报率较其他多边开发机构更差,且杠杆较高。主要由于中国、印度等曾经的"大客户"随着经济发展,对世行的依赖越来越小。而愿意向世行贷款的大多是类似乍得、海地和阿富汗这样的经济困难或政局动荡国家客户,这将进一步使世行资产质量处于更加脆弱不利状态。

(二)世行长期以来一直被美国主导

世行长期以来一直是美国主导全球经济治理体系、推进其政治经济利益的重要战略工具。半个多世纪以来,世界经济一直在美国主导下的,以世行(WBG)、国际货币基金组织(IMF)和世界贸易组织(WTO)为支撑体系,以G7为协调平台的全球经济治理构架下

运行。美欧等发达国家在其中拥有绝对的控制力和话语权。美国独立金融和经济分析专家迈克尔·赫德森曾指出，通过布雷顿森林机构（WBG 和 IMF）的运作，"美国的政府信贷将其他政府的资金吸纳到由美国政策制订者所管理、由美国政府所控制的国际卡特尔当中"，美国藉此对外国经济政策和政治决策施加影响。尽管世行的国际影响力在逐步下降，但其作为全球经济治理架构下的核心开发性金融机构，仍在当今世界政治经济格局中发挥重要作用。其以美国为首的发达国家利益为出发点，以贷款和咨询意见干预发展中国家政治经济的发展。为此，美国仍然将其视为重要的战略工具和经营西方经济金融体系的支点，干预发展中国家政治经济发展。

（1）推行全球资源、金融和产业私有化是世行掌控发展中国家经济命脉的一个基本战略。

世行以私有化程度高低作为判定是否属于自由市场经济的主要标志，也是允许使用世行资金的基本条件，其目的是助推发展中国家的资源、金融和产业私有化，世行的其他目标都要与这个基本战略相协调。世行前首席经济学家斯蒂格利茨在被世行辞退后披露，世行要求受援国签署包括出售自来水、电力、天然气、铁路、电信、石油、银行等核心资产在内的上百项秘密条款。

（2）世行以美国为首的发达国家利益为出发点，对贷款项目进行选择和管理。

在项目选定阶段，世行对借款国进行一系列的可行性分析，包括宏观经济和部门分析，以对其经济状况乃至"偿债信誉"加以评定。同时帮助借款国确定符合世行要求和本国经济发展要求的发展战略，并通过可行性分析与"成本效益"分析确定贷款项目。贷款借出后，世行会对贷款的执行情况和借款国政府的战略实施情况进行监督并评估。世行贷款项目执行的全过程一方面比较严谨，另一方面也处处体现发达国家意志，其贷款目的表面看是促进借款国经济发展，但实际是促进发达国家私人资本在借款国的投资。例如在石油领域，数十年来世界银行一直拒绝贷款给借款国在高利润的石油提炼和生产上进行投资，但支持并帮助美欧等国投资者获得这些投资机会。

（3）世行政治化倾向有所抬头，逐步介入借款国的非经济领域。

20 世纪 90 年代以来，发达国家开始利用世行等多边机构推行其政治、经济意图。七国集团在 2001 年对多边开发机构明确提出倡导良政、支持全球公共产品、支持金融部门改革等六项要求。在发达国家操纵下，世行职能逐步从资金援助向政策导向转变，近年来的业务则更多地介入借款国的非经济领域，如公共部门管理、法治、反腐败、劳工标准、民主、人权等。

（三）世行影响力的下降

世行影响力的下降，已使其远不能满足全球广大发展中国家的发展需要。主要表现在以下方面。

（1）世行的运行机制与其组成原则间存在明显错配，限制其作为多边开发性金融机构所应发挥的作用。

首先，世行的份额分配模式及其表决机制并不公平。世行日常决策由执行董事负责，执行董事会有 24 位董事,美、日、中、德、英、法、俄和沙特等大股东在董事会中都有自己的代表。相比之下,47 个撒哈拉以南非洲国家仅有两位执董,占不到 6% 的投票份额。成员国在世行的份额基本以其在 IMF 的份额为基础(平行原则)和各成员国在国际社会的相对经济实力(经济实力原则)进行调整。2010 年份额调整后,美国依然保持 15.85% 的一票否决权地位(重要决策需要 85% 以上多数票通过)。如图 5-12 所示。

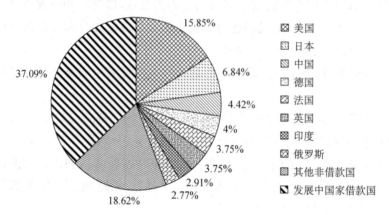

图 5-12　2010 年调整后的世界银行集团投票份额(%)

资料来源:世界银行网站。

其次,世行已形成发展中国家出资、发达国家管理决策的权利义务不平等趋势。世行的认缴资本分为实缴资本和待缴资本。由于发达国家受紧缩财政压力,不愿拿出大量资金支付实缴资本,其占认缴资本的比例由 20% 逐步下调至 6%。实缴资本占比的大幅下降,导致世行可用资金更为短缺,更多通过资本市场融资,贷款利率相应提高,加重借款国家负担,世行作为提供长期低息发展贷款的多边开发银行角色被淡化。同时,来自发展中国家的贷款利息及其他业务收入逐渐取代来自发达国家的实缴资本,留存收益成为替代弥补资金缺口的主要来源。与此对应的是发达国家仍占有世行绝对的份额和投票权数,形成权利义务的不平等。

(2) 世行实质是发达国家在全球推销市场经济发展模式的工具,并未充分重视发展中国家国情的差异性。

世行已成为施行有利于美国及西方发达国家的经济政策执行工具,其本质就是推销西方的市场经济发展模式。据斯蒂格利茨透露,世行为发展中国家开出的都是同一药方,即私有化、资本市场自由化、市场定价和自由贸易。世行信奉新自由主义,相信市场是唯一可以为一国带来财富的途径。因此,敦促发展中国家依靠市场力量和私营企业发展经济,鼓励私人投资,以发达国家现状为蓝本推动市场化和私有化。但这往往未能充分承认和尊重发展中国家国情的差异和多样性,可能导致接受贷款的亚非拉国家在并不适合的时机和环境下推进市场经济改革,抑制其至摧毁了当地经济系统的发展。以菲律宾为例,菲从 1980 年开始在近 20 年内接受世行的结构调整贷款,应世行要求大幅降低关税壁垒并实施贸易自由化,导致外国商品大量涌入国内市场,菲民族工业遭受巨大冲击和损失,丧失市场份额。到 1993 年,近 50% 的家庭生活在贫困线以下。此外,由于利率上升且政府减少开支,以及外部经济环境恶化,菲经济陷入长期衰退。

(3) 世行对发展中国家提供的资金支持十分有限。

首先,世行仅能为贷款项目提供部分资金。在要求借款国提供有关经济、财政以及与贷款项目有关的情况和统计资料的基础上,世行贷款仍只能为项目提供所需的外汇资金,约占项目总投资额的 30%～50%。因此,借款国项目单位必须筹组其余 50%～70% 的国内配套资金。

其次,世行资本有限,为保持正常运转,设定众多贷款条件以确保贷款偿还。对于 IBRD 来说,既要维持庞大的运行费用,又要对 IDA 提供资金支持,确保贷款的正常偿还和合理的收益(尽管世行贷款并不是以盈利为目的)是其必然选择。

最后,优惠资金十分有限。由于发达国家对软贷款(IDA)的捐款意愿下降,政策条件趋严,使得投入低收入国家的优惠资金始终十分有限。减债计划对于早已无力偿债的贫困重债国而言,只是对既成事实的承认,并无真正的资金流入,流入的只是政策条件。而世行通过提高硬贷款价格来弥补软贷款缺口的做法又使广大硬贷款借款国面对更多的资金成本,难以使用硬贷款从事直接的扶贫项目。

(四) 国家开发银行的优势

以服务全球发展中国家的利益为目标,决定了国开行相较世行更有优势来解决发展问题。

从长远看,中国未来国际地位在一定程度上取决于对全球政治经济格局的主动塑造,在全球经济治理架构中的角色不会只是单纯的多边制度参与者和合作者,而是会逐渐成为制度的设计者和权力关系的"平衡者",通过观念影响和制度构建促进对外合作。

与世行体现美欧发达国家的政治经济利益本质不同,国开行是为全球发展中国家、新兴经济体共同利益服务的开发性机构,拥有更为广阔的市场。中国 40 多年改革开放的成功经验、雄厚的外汇储备、世界领先的建设和工艺水平,以及长期积累的各领域人才队伍,为国开行通过规划先行理念引领国际业务大发展提供了坚实基础。类似世行之于美国,国开行贷款亦可作为国家在援助、优贷之外的经济外交手段,国开行同样能被打造成为我国在国际舞台施展大国抱负,扩大政治经济影响的战略支点之一。

(1) 国开行资本输出能力和覆盖面不断增长。

世行在业务开展过程中对发展中国家干涉较多,经常通过贷款条件左右发展中国家社会经济领域政策的形成,从而引起许多发展中国家的不满。受 2008 年国际金融危机影响,依靠发达国家资本的世行输出能力显著下降,覆盖面逐渐萎缩。与之形成鲜明对比,受益于中国资本输出能力的不断提高,国开行近年外汇贷款业务强劲增长,且签署的多为超过 10 亿美元的大额贷款协议,更好地满足了发展中国家强烈的发展意愿,而世行仅有不到三成的贷款协议额超过这一规模(见图 5-13)。同时,国开行的贷款对象国也较世行更为广泛,仅就拉美地区而言,阿根廷、厄瓜多尔和委内瑞拉等国均因不符合世行贷款条件而难以获得其贷款,而国开行贷款已基本覆盖该地区大部分国家。

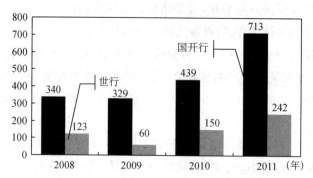

图 5-13 国际金融危机后外汇贷款余额新增量对比

资料来源:国家开发银行网站、世界银行网站。

(2) 中国一贯主张在发展中解决问题,国开行视经济增长和发展为保护环境和社会进步的必要物质前提。

世行的政策倾向趋于僵化,隐含着把扶贫目标和扶贫手段对立起来的误区,其认为只有直接针对贫困人口的干预才是扶贫,而有利于低收入国家整体经济增长的开发活动则不是扶贫。典型的例子是认为修农村道路是扶贫,而在贫困地区修干线公路则不是扶贫。事实上,发展与合理的分配政策对于减贫来说是缺一不可的整体。发展未必是减贫的充分条件,但它无疑是减贫的必要条件。世行只强调直接扶贫,否认基础设施等开发活动的减贫功能,实际上限制了世行实现减贫的手段。如果按其要求和标准实施,发展中国家从事开发性活动的成本将大大提高,且难以承受,最终不得不放弃发展目标本身。而国家开发银行从发展中国家实际出发,不片面强调某一具体政策目标,视经济增长和发展为保护环境和社会进步的必要物质前提,包括减贫在内的各种目标都不可能超越"发展是硬道理"的客观事实。通过大力支持发展中国家农业、能源、交通等基础设施领域发展,推动其经济增长,促使其在发展中逐步解决自身社会问题。相较世行排他性的政策目标,国家开发银行的行为无疑更具包容性。

(3) 中国与发展中国家在发展路径与利益诉求上有更多共通之处,国家开发银行通过规划先行为合作国提供更具针对性的可选路径和方案。

从世行的职能来看,它是一个发展机构,不是一个执行标准的督察机构。世行更应当从发展中国家的实践出发来审视和检验国际标准和准则,而不是从国际标准和准则出发来评判和约束发展实践。尽管基于全球发展的市场经济取向,建立体现市场经济基本原则的国际标准和准则具有合理性和必要性,但各国的发展模式和改革进程必然是有差别的,发达国家本身的发展历史和现实也证明了这一点。而世行当前推销的国际标准和准则往往以发达国家的现状为蓝本,未能充分承认和尊重这种差异和多样性,片面强调市场作用,强制推动私有化和市场化,导致发展中国家在执行中的困难和矛盾。

中国与亚非拉的大多数国家同为发展中国家,发展路径与利益诉求有更多共通之处,中国长期坚持市场与政府"两只手"协调运用的做法,为合作国的发展积累了宝贵的经验教训。与世行在贷款申请国政府提供的一揽子项目中被动挑选的做法明显不同,国家开发银行在各国"深耕细作",充分考虑对方社会经济发展诉求,通过规划先行来主动谋划、构造项目,为广大发展中国家提供更具针对性的可选路径和方案。

基于支持发展中国家经济发展的目标,国开行国际业务的开拓和规划能力的增强,为其在更广领域和更长历史时期内发挥作用奠定了基础,接下来宜进一步做好战略谋划,主动布局,向实现上述目标扎实迈进。

第五节　开发性金融总结及展望

自1994年成立至今,国家开发银行已走过三十年的发展历程。在这期间,国家开发银行积极贯彻国家宏观经济政策,坚持开发性金融实践探索,结合各方优势,为国民经济重大中长期发展战略服务,缓解经济社会发展的瓶颈制约,致力于以融资推动市场建设和规划先行,为我国经济社会发展和经济发展方式转变作出了积极贡献。开发性金融的成功探索体现在以下方面。

(1) 开发性金融在中国金融体系中具有独特而重要的作用。无论中国经济处于顺境或是逆境,开发性金融作为政府与市场之间的桥梁,始终发挥着平抑周期波动的调节与调控作用。在经济平稳增长期,开发性金融积极调整结构,引导商业资金进入瓶颈领域和薄弱环节,促进经济社会协调发展。而在经济面临下行压力时,开发性金融担当稳增长的融资主力,成为政府应对危机冲击的重要力量。

(2) 开发性金融与商业性金融有一个重要区别是开发性金融建设市场,而不是单纯利用市场。相比而言,商业性金融主要是运用和依靠成熟市场,以实现自身利润最大化为目标,难以在金融资源配置上充分体现国家战略和政府意图。开发性金融把自身发展与经济社会发展统一起来,以市场化方式缓解瓶颈制约,通过主动建设市场,使空白、缺失的市场逐渐发育成熟,为商业银行铺路搭桥,服务的领域更宽、效率更高。开发性金融不以盈利最大化为目标,也不以市场份额最大化为目标,而是以服务国家发展战略和实现最广大人民群众的根本利益为目标,往往可以发挥对商业金融的引领和先导的作用。

(3) 开发性金融是发展中国家建设阶段重要的金融形态。开发性金融介乎商业性金融和政策性金融之间,是连接政府和市场的桥梁,是弥补制度落后和市场空白的一种金融方法。无论是发展中国家还是发达国家,只要存在瓶颈领域,就需要开发性金融发挥作用。它解决了财政注重"输血"而不是"造血"的难题,采用市场机制拉动经济发展,尤其对面临大量建设任务和瓶颈领域的发展中国家,发挥着重要作用。

作为中国开发性金融的探索者,国家开发银行运用金融原理,借鉴国际经验,紧密结合中国实际,形成了一套开发性金融理论。即国家及政府组织增信是其基本原理;建设制度、建设市场是其主要手段;"政府选择项目入口、开发性金融孵化、实现市场出口"是其高效的运行机制;"融资民主、财务民主、管理民主和经营民主"是其科学的治理结构;政府与市场的有效结合是其独特的制度优势。这些探索的成果丰富了现代经济金融理论。国家开发银行的实践表明,开发性金融是实现国家宏观意图、有力助推经济社会发展的战略性工具。

在实践中,中国特色开发性金融始终紧扣国家经济社会发展阶段的战略重点,在经济金融领域统筹国内国际两个大局,在政府与市场之间积极发挥自己独特的作用。从国内看,城市化难题的破解、区域经济的协调发展、经济发展方式的转变、基础设施建设、基础产业发展、市场建设的加强、成千上万中小企业的融资、数百万学子助学贷款、中低收入群众保障房贷款的获得和建设,都受益于开发性金融的支持。从国际看,开发性金融积极服务国家能源战略,拓展我国的能源资源供给渠道;支持企业国际化战略,提升国家竞争优势;推动"金融外交",提高我国的国际影响力;促进人民币跨境使用和我国外汇储备的保值增值,扩大人民币国际化。开发性金融的这些实践助推了中国特色社会主义现代化进程。

综合分析当前国内外经济形势,我们面临着前所未有的机遇,也面对着前所未有的挑战,我国发展仍处于可以大有作为的重要战略机遇期。对内,中国亟待实现经济和社会双转型,推进经济结构优化升级,促进社会和谐;对外,中国开放型经济需要探索可持续发展路径,并且根据世界格局的变化构建更加有利的外部环境,实现国家战略推进的新突破。这其中,经济发展方式的转变、新型城镇化的推进、金融体系的完善、企业的海外拓展、国际区域合作的深化、新型大国关系的构建、在亚非拉的战略性布局等,都离不开开发性金融的参与。在经济全球化不断深化的今天,开发性金融是中国未来拓展国际空间、维护和增进国家利益的重要战略保障。因而,进一步扩大开发性金融的发展平台,拓展开发性金融的发展空间,充分发挥开发性金融在中国经济社会发展中的战略作用至关重要。实践表明,开发性金融具有强大的生命力,必将在实现中国梦的伟大历史进程中发挥出越来越重要的作用。

第六节　案例分析:助学贷款创新

一、案例背景

2004年8月,河南省在做出"一定不让一个孩子因交不起学费而辍学"的承诺不久,2004—2005年度河南省高校国家助学贷款业务承办银行招标工作就遭遇了流标的尴尬。每次政府组织辖区内各家商业银行响应国家号召,为贫困学子及时发放贷款,效果都不太好,这次甚至直接出现了流标的结果。

商业银行对助学贷款的消极态度有现实的原因。2003年,国家助学贷款首批还贷数据显示,全国借贷学生平均违约率接近20%,有的地方达到30%～40%,甚至更高。西安交通大学因违约率高达50%成为第一所被银行叫停的高校。国家助学贷款项目成了一项高风险、高成本、低收益甚至是负收益的业务,各商业银行避之唯恐不及。

为此,教育部、财政部、中国人民银行和银监会①在2004年6月出台了贷款的"风险补偿机制",规定"国家助学贷款风险补偿专项资金由财政和普通高校各承担50%,给予经办银行适当补偿,具体比例在招投标时确定"。

然而,第一轮招投标就让河南省政府始料不及。11家受邀银行中仅有5家银行参加开标会,其中只有工行、中行、建行3家国有银行投标,两家银行要求的风险补偿金比例为30%,另外一家为50%,而法定的风险补偿金比例仅为15%。高额的补偿金比例令省财政和高校难以接受,招标以"流标"告终。

二、国开行雪中送炭,主动担当

(一)及时介入

与商业银行相反,国开行倒是对参与助学贷款颇为主动。早在2003年10月,国开行就成立国家助学贷款工作小组,深入到中国农业大学、北京理工大学等高校调研,与教育部财务司、全国教贷中心一起探讨国家助学贷款问题,提出了合作方案。部分成果已被2004年6月颁布的助学贷款新政策所采纳,如在高校建立助贷专管机构,建立风险补偿机制,加强信用建设(建立信用档案、信息查询系统)等。

听说河南助学贷款招标流标,陈元立即指示河南省分行,务必全力解决河南省政府及千万贫困学生的燃眉之急。在他看来,国家助学贷款不同于工程项目,不能仅权衡其商业收益与成本,这是国家实施科教兴国战略、普惠民生的重大政策,有极高的社会价值。

这让陷入困境的河南助学贷款工作"柳暗花明"。2005年1月,银监会批准了国开行在河南省开展国家助学贷款业务试点。

(二)创新助学贷款新模式

为了把控助学贷款业务的风险,副行长专程带队到河南调研。他们发现,所谓"高违约率"的助学贷款风险是可以控制的,一些管理较好的学校违约率很低,甚至为零。由学校处理贷款的申报、发放、追偿等业务,可以大大减少银行的业务量,降低银行成本,也可以解决国开行没有基层网点、人手紧缺的问题。

因此,国开行和教育厅及学校通力合作,建立了"两个平台":以省教育贷款管理中心(简称教贷中心)为管理平台,统一管理全省的国家助学贷款(简称学贷中心)为操作平台,全面管理学生的贷款受理、本息催收、信息管理等具体事宜。

学生直接向开发银行贷款、通过商业银行代理发放,国家开发银行按贷款发放金额的0.4%支付代理结算手续费。这样,原属银行一家的职能分解给了教贷中心、学贷中心、商业银行等若干环节,各个环节各司其职。

---

① 2018年3月银监会和保监会合并为银保监会,2023年3月国家金融监督管理总局组建,不再保留银保监会。下同。

风险补偿金比例业务合作模式中的关键因素。如比例过高，财政和高校难以承受；若比例过低，则不利于建立激励机制。最终，国开行将风险金比例确定为14%，由财政和高校各负担7%，远低于商业银行投标时提出的最低30%的条件，从而为河南省政府、财政厅、教育厅和各高校所接受。

在方案探讨的过程中，各高校曾提出："如果违约率低于14%，那么高校应承担的风险补偿金是否可以少拿或者不拿？"受此启发，国开行索性提出，建立一套基于风险补偿金的激励约束机制，把本应自己所得的违约补偿金拿出来进行专户管理。当贷款违约额低于补偿金时，对教贷中心及高校予以奖励，当贷款违约数额高于补偿金时，不足部分由国开行、教贷中心与高校按40%、10%、50%的比例分担。这样，就从根本上解决了原来权责不对称的矛盾。高校既成为助学贷款的受益者，同时也是风险责任的承担者。

这套贷款发放机制不仅帮助了大批贫困大学生，而且通过风险管理机制的创新提高了大学生的诚信意识。

首先，把贷款的审核和管理权限前移到学校，使真假贫困生的信息甄别变得更容易了。贫困学生贷款必须提交村和乡两级证明，老师对谁是贫困学生也一清二楚，那些原本不太需要贷款又打算不还的假贫困生大为减少；学生毕业必须由学校与用人单位签订督促学生还款合同，由老师督促学生留下真实的地址和电话，在学生档案中记载助学贷款情况，这些"步步紧跟"的管理手段大大增强了学生毕业后的还贷意愿。

其次，教贷中心和代理行直接将贷款打入学生账户，增加了代理行的监督，减少了中间人为的扣减，并在本息回收阶段委托用人单位进行监督。同时为每位借款学生建立信用档案，与中国人民银行个人征信系统互联，推进了社会信用制度的建设。此外，国开行还联合教育厅在各高校开展形式多样的诚信教育，在学生内心植入诚信意识，并对少数恶意欠贷的学生在媒体公示以示惩戒。

这些措施明显提高了借贷学生的还贷意识和诚信意识，促使其仔细权衡助学贷款的必要性。2005年，银行计划发放的贷款额度破天荒地第一次超过了学生申请的贷款额度。银行不"惜贷"了，反倒是学生"慎贷"了。

三、助学贷款成效

2006年9月，教育部、财政部、银监会和国开行联合举行新闻发布会，宣布"国家开发银行在全国范围内开展国家助学贷款业务"。2007年，国开行在江苏、甘肃、重庆等5省成功开展了生源地信用助学贷款试点，并于2008年在全国大范围推广。这使学生可以在家乡办理助学贷款，当地金融机构审核学生信息更加方便，一定程度上也遏制了弄虚作假、占用指标的现象。

2017年年末，国开行的助学贷款已覆盖全国26个省（市），预计全年发放助学贷款将突破240亿元，为350万名家庭经济困难学生提供贷款支持。到2021年，国开行累计发放助学贷款超过1 300亿元，支持家庭经济困难学生超过2 000万人次。

国开行多年来认真贯彻落实国家助学贷款相关政策，坚持"应贷尽贷"，对预科生、本专科生和研究生等各类学生和高职高专、本科院校、科研院所、党校等各类学校实现全覆盖,确保只要家庭经济困难、确有贷款需要的学生,都能获得国家助学贷款支持。目前,国开行承办的生源地信用助学贷款已覆盖全国28个省(自治区、直辖市),2 400多个县区。

2022年,面对全国高考人数再创新高的形势,国开行坚持不设贷款总人数和总规模上限,足额保障贷款资金规模,全力满足每一名家庭经济困难学生的贷款需求,发放助学贷款约400亿元,惠及450万名家庭经济困难学生。

为应对疫情影响,让学生减少奔波和聚集,国开行持续优化助学贷款服务。一方面,与全国学生资助管理中心密切配合,将贷款办理服务下沉至上千个乡镇。另一方面,上线远程续贷服务,并大力推行合同电子化,有效缩短办贷时间,实现"让信息多跑路,学生少跑腿"。目前,开发银行助学贷款合同电子化率已经超过98%,平均办贷时间只需3~5分钟。

同时,国开行按照财政部、教育部、人民银行、银保监会等四部门要求,认真落实国家助学贷款免息及延期偿还本金工作,对2022年及以前年度毕业的助学贷款学生2022年内应偿还的国家助学贷款利息予以免除;对2022年及以前年度毕业的贷款学生2022年内应偿还的国家助学贷款本金,经贷款学生自主申请,可延期1年偿还,延期贷款不计罚息和复利。其中,免除利息流程不需要学生提出申请,已自动予以免息;需要办理本金延期偿还的学生自7月16日起,可登录国家开发银行学生在线系统,根据相关系统提示提出申请。对于受疫情影响未能及时还款的学生,经认定符合政策要求的,开发银行将对其逾期征信记录予以调整。

四、案例分析

国家开发银行在河南省高校国家助学贷款业务承办银行招标工作流标的严峻形势下,运用开发性金融运营原理,创新助学贷款模式,成功解除了河南省的危机。以此为契机,成为了全国助学贷款的主力银行,帮助更多家庭经济困难学子实现大学梦想。本案例充分体现了开发性金融的运营理念和特色,成为了开发性金融致力于解决社会瓶颈领域的经典。

第六章 金融机构管理：开发性金融规划先行战略

第一节 规划先行概述

要较好地理解规划先行战略，正确理解规划的内涵是必不可少的，对规划的基本内涵作统一的界定有助于增加我们对规划战略的系统性认识①。

一、规划的定义及内涵

(一) 规划定义

世界文化遗产中心的区域恢复议程(2004)对规划(planning)的定义是：规划是对一项特定活动程序制定的规则和政策。牛津词典和爱问词典指出规划的含义是考虑如何处理正在发生和未来发生的事情的一种认知过程。

从规划的产生和形成来看，规划是动态的思考、认知、达成共识、指导行动的一系列活动的组合，同时规划必须通过形成纲领性、指导性和系统性的文件、文字等可意会或可表达的知识才能有效地达到制定规划的目的。我们认为，规划活动的过程必须通过预先性的活动(调查、起草文件、民主商讨、审议等)形成具有指导意义的方案、步骤、规则、政策等。

具体来看，第一，就规划本身而言，规划是对事情的认知过程，而且这一过程应具有超前性和对未来的指导性；第二，规划的过程是对特定目标进行思路设计、规则和政策编订、实施步骤制定的认知过程。第三，规划活动的结果必然形成具有一定权威的成果，包括规划文件、规划方案等。

(二) 规划与计划的区别与联系

从英文词源上来看，规划和计划都是一个英文单词(planning)，应该说从英文意义上看，这两个词是相同的。但是由于我国和英美等在国家发展战略和社会制度的选择上存在很大的差异，因此我国对规划和计划的使用存在较大差别。在中华人民共和国成立初

---

① 牛淑珍，齐安甜，黄兴.规划先行在金融机构的应用[M].复旦大学出版社，2018.

期的一段时期内,照搬苏联的经验,实行的是严格的计划经济;而英美等国则以市场经济为主,计划经济为辅,因而对英美等国而言,planning 的含义都是通过政府力量对市场进行调节和控制的一种方式,主要用于弥补市场的不足和外在力量对市场的干扰。而我国则经历了从严格的计划调节到以规划来实现科学执政的过程,因此,计划和规划的区分不仅反映了汉语词汇的丰富性,更体现了我国经济制度的一种转化和与国际管理经验接轨的趋势。

正是从这个意义上看,计划和规划在诸多方面存在差异。

首先,从制定和执行程序上来看,计划是一种严格的自上而下命令和传达的过程,执政者或权威性部门根据自身意志和以往经验进行制定;而规划则强调自下而上的民主决策和多方参与过程,减少强势集团的垄断性,增强决策的科学性。

以这种含义来看我国"十四五"规划,可以看出我国"十四五"规划是通过各省市的相关调研、有关机构的测算、起草小组的起草、党中央全会批准的一项议案,体现了对我国社会和经济问题进行思路设计、规则和政策编订、目标实施步骤制定的认知过程,是解决为什么要发展、靠什么发展、怎么发展的一项重要文件。

其次,从侧重点来看,计划虽然也包含宏观调控,但是主要侧重于政府主体对经济的直接干预。而规划主要侧重于战略性和指导性,从国外经验来看,规划特别强调对区域协调和城乡协调的指导意义和长期调控。区域规划是引导城市发展的主要手段和城市发展政策的主要工具,通过土地使用的合理规划,克制市场失灵实现区域的高效发展。

再次,从法律保障不同来看,计划主要是通过政府权威来进行制定和实施,具有较大的随意性和主观性,很难排除人为的干扰因素。而从国外各国发展情况来看,任何一项规划的产生都伴有相应的法律条文的出现,通过严格的法律对规划进行保护和制约。

最后,从主体来看,计划的主体是各级政府,主要包括中央政府和地方政府。而规划应是一个民主参与的过程,因此主体应该多样化,包括政府、中介、专家、民众等。目前我国区域规划的主体主要包括中央政府和地方政府,他们拥有一定的资金,拥有立法权,拥有对土地等区域公共资源的控制力,对城市公共设施和基础设施的建设负有责任。多元化主体参与或听证的方式已经出现但是应用范围还不是很广泛。

(三) 规划体系

按照《国务院关于加强国民经济和社会发展规划编制工作的若干意见》,应建立三级三类规划管理体系,国民经济和社会发展规划按行政层级分为国家级规划、省(区、市)级规划、市县级规划;按对象和功能类别分为总体规划、专项规划、区域规划。有些企业自主编制的企业的发展规划不属于国家规划范畴。

从纵向来看,我国规划体系分成总体规划(综合规划)、专项规划、企业规划等层次。其中,总体规划和专项规划是国务院有关文件所规范的,按对象和功能类别划分的规划类型;企业规划是形成各类规划的基础。按国家相关文件规定,行业规划被归类为专项规划中。

从横向来看,我国的规划体系由发展计划系列和布局系列两类不同的规划子系统构成。发展布局系列规划又称空间规划,是规划体系中的块块规划,包括土地利用规划、城镇体系规划、城镇总体规划,以及区域规划、开发区规划等。发展计划系列是规划体系中的条条规划。行业与专项规划中的布局内容要与空间规划内容相符,空间规划中关于行业发展和专项问题的规划也应与发展计划相一致。

二、规划先行定义

规划先行特指开发性金融的一种战略措施,即开发性金融机构通过发挥自身优势,参与政府和企业规划编制过程,并提供系统性融资规划,最终促进地方社会经济发展,助力企业发展的一种战略举措。

具体而言,规划先行是指我国的开发性金融机构对单个项目的市场建设、风险防范和贷款条件进行改革,由单个项目纵向延伸,成产业链条、成系统、成地区地构建整体项目贷款的过程。规划先行的主要成果和载体即为开发性金融科学发展规划。

国家开发银行科学发展规划,是运用开发性金融原理和方法,发挥金融机构的融资优势,通过参与政府及企业客户的规划编制,在规划中强调市场建设、信用建设和制度建设的内容,搭建融资平台,策划设计项目,推动项目落地实施,服务国家战略和金融业科学发展。

可以说,在开发性金融规划先行战略指导下形成的科学发展规划,有效弥补了我国现有规划体系在融资支持规划实施方面的不足和缺陷,是对我国现有规划体系的补充完善,是适应经济社会发展需求的规划创新。

三、规划先行的战略意义

(一) 国家层面

1. 规划先行是开发性金融服务国家战略的有效手段

开发性金融作为服务国家和政府实现区域发展目标的一种金融形式,具有政策性和全局性,其发展运行必然以政府制定的宏观政策、发展意见、各项规划为依托,其融资对象必然以政府执政目标和政府主导或干预下的经济社会发展中的重大项目、重大举措或战略为切入点,这本身要求开发性金融实践必须紧紧围绕政府规划,有计划、有步骤地系统性展开。规划的实施一方面需要政府组织保障和政策引导规范,另一方面更重要的是经济实力保障,即资金支持。资金来源渠道是多元的,大体有政府直接投资、民间投资、市场融资等。为此,金融作为经济发展的核心和重要环节,为规划实施提供资金支撑和运行环境,理应成为规划中的要素。在规划的编制酝酿阶段引入金融要素,提前从源头谋划解决资金需求问题,是保障规划顺利实施和政府预期目标实现的常规和必要举措。

2. 规划先行能够提高资本利用效率

由于金融发展与经济社会发展相脱节,很多领域和地区长期得不到融资支持,如"三农"、县域、东北、西部等,市场建设、制度建设的任务相当繁重。开发性金融提出科学发展规划,正是从我国市场空白、缺损的特点出发,在物质建设的基础上充实市场建设、制度建设和体制建设等内容。这不是一个简单对照政府规划中的单个项目作出融资安排的规划,而是一个充分体现国家整体发展目标,以此促进区域、产业、社会和市场的发展,是一个整合各方资源、提升资金使用效率的规划。

3. 规划先行能够促进国内市场经济体制发展完善

规划先行理念旨在更好地利用政府、金融和市场的关系,共同推进信用建设、制度建设和市场建设,最终建设成高效的市场和融资体系。以市场建设为核心的科学发展规划,将形成体制和制度上的后发优势,加速中国的跨越发展。科学发展规划的优越性在于,它能够把政府组织优势、先进指导思想、广大人民群众思想统一起来,使大家都按照一个原则办事,用最短时间建设一个效率协调的市场体系。

4. 开发性金融规划先行发展战略在一定程度上能避免盲目投资和重复建设

规划是一个整体工作,要做一个好的科学规划必须从全局考虑,平衡各种利益,最终形成共识,从而大大减少和消除盲目投资和重复建设。科学规划的过程,是对各种要素资源统筹配置、产生集聚效应、提升资金使用效率、防范风险的过程。开发性金融提出规划先行,把规划作为与各方合作的切入点,在规划中加入了市场建设、市场发展的基本内容,增强了工作的全局性、前瞻性和主动性。通过加强前期规划和深化与各地、行业的合作,来最大限度地遏制盲目投资和重复建设,提高投资的质量,实现数量与质量的双提高。

(二) 国家开发银行层面

1. 规划先行是开发性金融业务发展的需要

开发性金融自身的发展需求,为其主动介入政府规划、利用政府规划、从源头上成批量、成体系开发项目提供了源动力。相反,政府规划落地实施的客观要求,需要开发性金融机构从源头开始"融智"——提供系统性融资规划的理论支持;需要在执行过程中开始"融资"——提供系统性融资计划的资金支撑。这些驱动条件客观上为开发性金融规划机制的形成和发展提供了空间可能;而主观上政府和开发性金融机构共同的价值取向和利益驱动,自然也成为推动开发性金融参与规划、建立长效规划机制的主导力量。

开发性金融规划先行战略促进业务发展,具体表现在以下两个方面。

其一,开发性金融合作协议是规划引领业务发展的一个环节。开发性金融合作的实质是国家开发银行与地方政府的中长期合作,符合规划开发的中长期特征。开发性金融合作协议的内容在合作原则、合作目标、合作内容、市场建设、风险防控、合作机制等方面都体现了规划引领业务发展模式的基本内容。

其二,促进规划落地是规划引领业务发展的重要内容。促进规划落地就是要把"规划蓝图"变成具体的"项目流",并通过项目的跟踪培育孵化,使之成为开发银行实实在在的融资支持(承诺额)。这一过程是规划引领业务发展的重要内容,需要评审、风险、各分行、子公司等部门在规划引领统筹下共同开展工作。

2. 规划先行能增强开发性金融的核心竞争力

社会主义市场经济体制下,规划是政府引导经济发展、配置资源、弥补市场失灵的有效手段,而规划先行作为开发性金融的重要方法和业务发展模式,成为国开行核心竞争力的重要组成部分。

首先,开发性金融通过规划先行超越竞争。通过深入剖析各级规划,明晰政府热点,全面掌握一段时期内特点区域的发展方向、发展目标和发展重点,对于以服务国家战略为己任的开发性金融机构来说具有非常重要的意义,更是超越竞争的有力手段。

其次,开发性金融通过规划机制凝聚各方共识合作。开发性金融通过规划先行,研究经济社会发展全局,通过客观、有力的规划工作,充分反映经济、社会、市场、金融、国内外发展的要求,助推政府、企业重大工程项目,关心各方所需,主动策划有效方案破解政企难题,规划越全面、越深入、越符合各方发展需要,操作性越强,就越能够取得各方的共识,最终紧密连接各方关系,共同发展成长。

再次,开发性金融通过规划机制策划重大项目开发。将项目开发模式从单纯以项目为中心转向以规划为中心,通过科学发展规划、系统组织、系统实施,把逐个项目的共性和特性问题在规划操作实施的不同阶段逐步完善,能够很好地把政府的组织协调优势与开发性金融机构的融资优势结合起来。通过以规划先行为中心,策划平台,成系统、成地区、成产业、成社会地去策划社会发展目标和制度发展、市场发展、融资体系发展的目标,能够更长远、更广泛地掌握项目,极大地提高效率,收到事半功倍的效果。

最后,开发性金融通过规划机制系统防范信贷风险。通过规划先行能够做到对未来资产质量的超前控制,由传统商业银行完善单个项目的贷款条件,变为成系统地构造符合贷款条件的项目,从源头上更集中、更准确、更高效地建设市场、防范风险和构造优质项目,达到事半功倍的效果。通过改变以项目为中心的做法,从单一项目开发向系统性的金融合作开发过渡,通过平台建设成批量地进行信用结构建设,成系统地推动项目逐步成熟。通过系统性的信用机制建设,使风险管得住、项目覆盖得了、管理资金跟得上,才能够实现开发性金融的可持续发展,进而全力支持经济社会发展。

可见,开发性金融机构通过规划机制深化与市场主体开展项目合作,赢得发展空间,巩固其在经济社会发展全局中的战略地位;通过规划机制抓住发展源头,成批量、成系统、高效率地开发构造项目,将融资规划嵌入到政府规划中,在规划阶段做好资金安排;通过规划机制把风险防范向前延伸,提升融资质量和资金运用效率。

第二节 开发性金融规划先行战略的提出

一、规划先行战略提出的理论背景

1998年以来,中国国家开发银行(以下简称"国开行")以开发性金融方法为手段,运用融资推动和规划先行对我国社会主义市场经济制度和信用进行了积极的建设,对各地区解决经济发展中的热点和难点问题作出了很大贡献。2003年,国开行首次提出"科学发展,规划先行",确立规划作为指导银行发展的新理念,肯定了规划先行在国家开发银行发展、甚至国家经济发展中的积极意义;2006年,国家"十一五"规划强调提出,要与时俱进地做好科学发展规划,进一步说明了规划先行是一个国家或一个地区经济高速发展的重要助推器。

陈元(2008)指出开发性金融机构在合理协调经济发展与自然环境、社会基本制度与风险防范关系的基础上,科学发展和有效实施规划先行可以更加集中、准确、高效地从源头上对社会进行市场经济建设、风险防范和构造朝阳型项目,并在提高社会生产力、拉动经济发展的同时,实现开发性金融机构自身发展的创新与超越。规划先行是科学发展、依法行政的前提和保障,制定具有战略性、前瞻性的发展规划是地区经济实现可持续发展的基础和依据。规划先行有利于地方政府将视野扩大至全局,避免区域经济发展过程中存在的部分产业布局和项目融资缺陷和问题,进而推动经济又好又快的发展。

开发性金融机构的规划先行一般是从"先行"入手,由银行、政府和研究机构三方共同合作对已纵向延伸的项目系统进行科学的联合编制和具有前瞻性的系统规划,进而再为园区提供投资、贷款、租赁、发行债券等多元化融资渠道的资金支持,打造政府与开发性金融机构联合支持园区发展的"双主体"的支持格局。规划先行强调的是对有利于实现国家整体发展目标、体现国家意志的市场和制度建设,有效弥补和解决了社会经济发展中的可控缺陷及问题,是提高国家整体竞争力的重要组成部分,对引导我国经济健康、高速发展有着深远的意义。

二、规划先行战略提出的实践背景

以国开行为代表的开发性金融机构在1994年成立之初,吸纳了工信部、农业部、水利部、交通部、国家计委等各部委、各领域的一大批优秀专家,从某种程度上也可以说是一个"专家型"银行,具有厚重的规划工作的智力资源,为实施规划先行发展战略奠定了人才基础。长期实践中通过规划机制与融资推动两种途径,推动市场建设、信用建设、制度建设,主动服务国家地方发展战略,在国内已经逐步树立"两基一支"(即基础设施、基础产业、支柱产业)建设领域核心竞争力和品牌。

为进一步发挥开发性金融机构在国家宏观调控中的作用,服务国家中长期发展战略,国开行在2003年第一次提出"政府热点、雪中送炭、规划先行、信用建设、融资推动"的20字开发性金融理念,强调从政府关心的热点、难点入手,从整体上突出规划的作用,以融资推动、信用建设,帮助政府解决亟需解决的问题。通过规划先行,从源头上防止重复建设与经济泡沫。

国开行提出科学发展要从以项目为中心转向以规划为中心,在更高层次上将开发性金融的融资优势和政府组织优势相结合,帮助地方政府做好整体规划,从源头上防止出现新一轮的重复建设、经济泡沫和不良资产,支持社会经济的健康发展。

国开行从产业规划开始,把以往用于重大项目前期工作的技术援助贷款转向支持中央有关部委和各地政府做好与国际接轨的高水平发展规划。通过向产业规划、区域规划和城市规划提供技术援助贷款的办法,把市场、信用和制度建设的经验从传统的"两基一支"领域,逐步向城镇化、环境治理、"三农"、公共卫生、社保等新的政府热点领域推广,通过规划帮助政府实现发展战略,不断打通体制瓶颈。

国开行以技术援助的方式把工作向规划前移,在项目开发中把规划项目捆绑做大,在规划环节中策划系统化、科学化的管理资产方案,在总量上保证管理资产增长的需要,在结构上体现政府的发展规划和产业政策,这不仅巩固了与政府良好的合作关系,维护开发性金融合作的良好局面,也有效解决了开发性金融机构自身发展的问题。

第三节 开发性金融规划先行基本框架

一、开发性金融科学发展规划体系

与传统的规划相比,科学发展规划不仅涵盖经济社会领域的内容,还涵盖了市场建设领域,主要包括区域规划、产业规划、社会规划、市场规划(系统性融资规划)、战略客户规划、国际规划等方面。

科学发展规划是一个跨领域、多学科的系统性工程,涉及区域、产业、社会、市场、国际合作等各个方面,它们相互联系、互相影响和制约,是一个有机完整的体系。其中,区域规划是基础,产业规划、社会规划、战略客户规划是延展深化,市场规划是落脚点,是一条贯穿于科学发展规划各组成内容全过程的主线。做好科学发展规划,要以人口增长和人的全面发展为基本出发点,紧扣经济社会发展中的突出问题和约束,不仅要有区域发展、城镇建设、产业发展等物质层面的规划,还要有市场发展、融资制度等生产关系层面的规划,并使之相互衔接,形成完整的规划整体。

科学发展规划是一个全面的、统筹经济社会的、跨越多个领域的相对完整的体系,各个部分互相联系和衔接,通过整合各方资源,提升生产要素使用效率,突出市场建设和体制建设内容,弥补并提升区域发展度、产业发展度、社会发展度和市场发展度,着力促进国家发展战略的实现,具有整体性、战略性、长期性和开发性等特点。区域、产业、社会、市场、战略客户、国际合作等几个方面的规划之间紧密联系、互相影响制约,不能顾此失彼或有所偏废,是一个相对完整的科学发展规划体系,如图6-1所示。

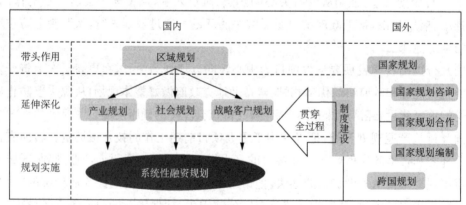

图6-1 科学发展规划的类型体系

资料来源:参考国家开发银行相关业务资料绘制。

二、区域规划

区域规划属于科学发展规划体系中的核心规划,在规划体系中起带头作用。同时,区域规划又是一个复杂的系统工程,在规划中如何配置社会功能、布局产业以及经济可持续发展、生态环境保护等各方面都要仔细研究,它是开发性金融科学发展规划体系的基础。

(一) 开发性金融区域规划的主要内容

区域规划是涉及基础设施和产业布局、社会功能配置以及人口增长、自然资源可持续利用、生态环境保护等方面要素的综合体现和具体载体。区域发展所体现的是千家万户的经济活动,最终凝聚和物化在土地上,使土地变资产、变现金流,是承载产业经济、社会发展、基础设施建设的平台。开发性金融区域规划是对区域内各系统、各组成要素进行全面的考察,是在综合经济社会各部门、各行业、各区块专项规划的基础上对区域的整体发展所做出的统筹安排和统一部署。

区域规划中当地经济社会发展是重中之重,它要从大到小,包括省、市、县,根据当地人口、资源、环境算出其承载力,在这个基础上倒算出城镇的建设规模、功能如何分区、相应配套设施如何建设,并对相应的自然生产要素进行合理分配并利用。

在开发性金融区域规划制定过程中,应当注重从全球视野和我国区域经济发展总体战略出发,围绕我国区域发展的重点领域和薄弱环节,进一步提升区域规划的前瞻性、统筹性、协作性。尤其是要通过规划引导,加强跨省市的协调合作,充分发挥东中西部比较优势,加大沿边开发开放力度,大力建设海洋强国,推动生态文明建设,实现区域的合理布局、优势互补和可持续发展。

(二) 开发性金融区域规划的指导思想和主要任务

开发性金融区域规划的指导思想是,组织参与国家区域发展战略布局的重大规划和重大专题研究,提升系统性融资规划质量,进一步巩固开发银行融资金品牌,贯彻规划开发一体化思路,做实规划引领业务发展。

区域规划的主要任务是一个动态调整的过程,即随着时间的推移和国家相关规划的不断完善,开发性金融区域规划的工作内容也会相应进行调整。以 2013 年区域规划任务为例,工作任务包括如下方面。

(1) 进一步加强与国家部委规划合作。联合国家发改委等部门共同开展向西开放战略、新疆沿边经济带开发开放战略等国家层面重大课题的研究,提升国开行在国家重大战略问题上的影响力和话语权。

(2) 深度参与国家及地方政府重点区域规划。参与国家发改委组织的首都经济圈、福建海洋经济、赣南原中央苏区、海南三沙市规划、中国城镇化健康发展战略等规划工作;会同有关部门推动绥满经济带、苏南现代化示范区等 10 项左右重点区域规划上升国家战略。

(3) 进一步提高系统性融资规划的质量和品牌,做实规划引领业务发展的基础。组织开展国家及地方重点区域系统性融资规划,以规划开发一体化的思路开发培育项目,完成相应近中远期项目开发指引,指导总分行业务发展。

(4) 围绕各地党委政府新时期工作思路和发展举措以及特色分行建设选择 2 项专题进行规划研究,形成报告和咨询建议上报有关领导或部门,以融资、融智相结合支持地方经济发展。

(5) 服务国家城镇化战略,会同国家发改委按照国家城镇化健康发展的总体规划要求,推动中国城镇化发展方式的转变;在深度参与各省市城镇化规划工作基础上,完成城镇化项目融资主体专题研究,推动批量规划开发和实施。

(三) 开发性金融区域规划的关键点

从方法上看,开发性金融区域规划要以人口分析作为规划区域发展的基础和出发点,在综合考虑区域未来人口、土地、资源、环境等承载力的基础上,反向推算出城镇的建设规模、功能分区、产业布局以及能源、道路、供水等基础设施的配置,并对土地、水、空气、生态环境等资源进行科学的分配和使用。其中,城镇化是贯穿区域规划始终的一条重要主线,要以人口分析预测入手,以人口增长空间布局、资源环境承载力和消费水平为基础,按照我国未来 15 亿人口、2 万～3 万美元的人均收入水平、70%～80%的城镇化率,规划水、电、气、铁路、地铁等基础设施建设,教育、文化、医疗、住房等社会领域发展,明确产业发展和人民致富的路径,对土地、水、人口、环保、生态资源等进行百年规划,参照美、欧、日、韩等发达国家的发展历程,科学测算在一定人均 GDP 水平下的基础设施空间布局、建设投资规模及融资需求。

从体系层级上看,开发性金融区域规划应当覆盖所有的省、市、县,乃至于广大村镇地区。要从区域面积、资源分布、淡水供给能力、土地及空气承受污染能力、粮食、气候承载人口数量等条件出发,帮助每一个省、市、县规划出未来 50 年、100 年的基本发展方向和目标,找到目前与发达国家的差距,做到百年规划、滚动完善、阶段目标、分步实施,力争早日实现发达国家目前达到的经济发展水平。

从规划重点上看,开发性金融区域规划应当抓住新型城镇化发展的主线。城镇化是区域发展的核心动力。党的十八大提出,要走中国特色新型城镇化道路,促进工业化、信息化、城镇化、农业现代化同步发展。推进我国新型城镇化进程,首先应当加强城镇化规划的顶层设计,按照以人为本、产业支撑的思路,注重缓解城镇化发展中的资源要素约束,以城市群为主体推动我国城镇化合理布局,以村镇规划为切入点加快城乡统筹发展。

开发性金融区域规划的关键目标就是通过把握政府城市城镇规划和基础设施建设规划的关键内容,通盘谋划投融资方案,以土地为基础搭建基础设施和区域发展平台,落实建设资金需求,提升土地附加值,进而促进区域发展。这是实现区域发展的重要途径,也是风险防范、信用链和融资链的核心。

三、产业规划

(一) 开发性金融产业规划的内涵

开发型金融产业规划是推动区域内产业布局与发展的专项规划,针对区域发展目标和特点,研究产业的空间布局,以促进经济安全和提高产业自主创新能力为目标,围绕影响国民经济发展的基础性、战略性产业进行综合谋划,重在产业发展的指导思想、发展目标、发展重点(产业或行业)和发展对策等。对于广大的发展中国家或地区而言,经济发展始终是主题,而经济发展主要靠产业支撑。因此,开发型金融产业规划是科学发展规划体系中最重要、最核心的内容之一,占据非常重要的位置,形成独特的产业规划体系。

开发性金融产业规划是从区域实际状况出发,充分考虑国际国内及区域经济发展态势,对区域内产业发展的定位、产业体系、产业结构、产业链、空间布局、经济社会环境影响等做出科学计划。

产业规划对于一个国家或地区的经济发展影响意义深远,是实现区域发展的主要路径。产业规划作为科学发展规划体系的重要内容,它既是区域规划的延伸,又是客户规划的源头,有效地支撑系统性融资规划。产业规划要在对产业发展现状、产业发展的要素禀赋、国际和国内产业发展态势和市场潜力等理性分析和经验判断基础上,注重研发创新和产业整合,提升企业的自主创新能力和地区产业的集聚效应和竞争力。从这个意义上,我们可以认为开发性金融产业规划也是区域规划的重要组成部分。

通过产业规划的内涵,我们不难发现产业规划具有以下三方面特征。

第一,产业规划应是"条"和"块"相结合的规划。其中"条"是指从产业门类的视角,解释一个区域应发展什么样的产业以及推动这些产业发展的对策;"块"是指从区域空间的视角,剖析具体区域应采取什么样的产业布局以及基于具体地块的开发策略。制定产业规划是一个系统工程,需要部门之间、部门和地区之间紧密配合,以产业归口主管部门为主,以一定区域为空间载体,编制产业发展规划。

第二,产业规划是高度指导性规划。高度指导性规划意味着产业规划要具有很强的实践操作性,并能够与区域总体规划、各专项规划和重点项目规划相结合,有机地转化为区域产业政策、招商指南和政府考核的内容,对区域的产业发展和升级起到明显的引导作用。

第三,产业规划是"政策、空间、协调"的统一体,是产业政策在某一空间的协调发展。产业规划以促进产业健康发展和提高产业自主创新能力为目标,围绕影响国民经济发展的基础产业和体现综合竞争力的工业领域制定规划。产业规划是为政策服务的,是为促进产业发展的科学决策而制定的,并能够切实可行,具备可操作性。

(二) 开发性金融产业规划的主要内容

1. 分析产业发展现状和特征

一个国家或地区的产业发展可分为不同的阶段,产业发展在各个阶段所面临的问题、发展的驱动因素、产业政策、空间布局特征及其区域经济影响作用明显不同。因此,产业发展规划的前提条件是要立足不同行业的总体发展态势,从更广阔的区域背景条件出发,判断地区产业发展水平,剖析产业存在的问题,从政策、技术、市场等要素方面入手,分析产业空间布局的基本格局和特征,包括国内、国外行业基本状况,行业所处产业链、价值链的地位,主要企业布局,领军企业状况等,总结出产业发展的优劣势、面临的机遇和挑战等问题,预测产业发展和布局变化的趋势。

2. 明确产业发展定位和目标

产业发展定位和目标是产业规划的核心,产业发展方向、重点和空间引导等要围绕产业定位和目标展开。产业发展定位是基于区域功能分析的总体结论性意见,对规划区的产业发展,从产业细分门类视角进行讨论和规划,确定规划区要发展的产业门类、产业结构、产业布局及产业目标,描绘规划区的产业蓝图。产业定位要体现以下几个方面:一是要有层次性,由大至小层层定位;二是要保证开放性,以市场为导向而不拘泥于行业和区域自身的发展现状,从未来产业发展潜力和对周边区域发展可能带来的机遇进行定位;三是要体现未来性,要着眼于未来,从长远的发展前景和趋势分析各产业可能发挥或承担的作用和功能。产业发展目标是从国内外宏观发展背景、区内优势和劣势等条件出发,从政策、技术、市场等要素方面分析预测产业发展趋势和发展空间,判断和预测未来产业总体和各产业发展的前景,通过国内外比较分析,提出产业优先发展重点、产业结构调整方向、产业布局和重点企业,勾画产业发展路径和产业发展方向。按照不同标准有不同的分类。按照时间尺度,产业发展目标又可分为近期、中期和远期发展目标。按照定性定量不同又可以分为定性表述和量化目标的预测。

3. 制定产业发展战略策略

区域功能布局产业战略定位解决的是产业发展的方向和目标的问题,产业发展策略关注的是为达到既定的产业发展目标,所应采取的发展策略和产业政策,最终细化和具体化到区域功能布局中。产业发展策略主要设计规划区的产业所应遵循的发展路径,是站在较高层次、粗线条地勾画产业发展举措。一般情况下,产业发展策略以产业集群为核心理念,以构筑强大的产业支撑平台和系统的区域创新网络为核心手段,以促进产业的集聚发展和产业的协同发展为核心目标,是在发展策略层面下主要针对重点推进发展的产业门类,提出的更为具体的产业举措和有针对性的产业政策与发展措施。这些政策措施建议主要包括存量盘活和增量引进两方面,涵盖补贴、优惠、基金、奖励、约束、合作、人才等诸多手段,将为各产业职能部门提供最直接的工作方向和思路。

4. 重点项目策划和优选

在产业发展中,重点项目起着至关重要的作用,一些重大产业项目的建设和运营往往左右着一片区域或是一个产业的发展前景,一个重点项目的落地往往会促使产业发生质的变化。产业项目策划主要是从空间上策划规划区的产业项目发展,重点项目策划部分主要从行政区属的角度,进行落地的产业项目策划。

(三) 开发性金融产业规划的重点

开发性金融产业规划要综合考虑具体产业的自然资源和社会经济基础因素,在一定地区范围内对产业发展、产业结构调整、产业布局进行整体部署和安排,并制定相应的策略措施。

区域发展与产业发展两者相辅相成、缺一不可。在制订国民经济发展支持政策时往往只着眼于区域的拉动作用,但最后还是要有支持产业发展的若干重大措施,才能真正增强整个区域的竞争力。区域发展是产业发展的空间载体和具体平台,没有产业发展,区域发展就没有了实质内容。产业规划是区域发展规划的延伸,开发性金融产业规划的制定必须遵循产业发展的基本规律和当地实际情况,需要围绕区域发展目标、地理区位和资源禀赋特点,研究产业的空间布局。

开发性金融产业规划要以产业整合和自主创新为重要内容,覆盖能源、材料、化工、装备制造业等重要战略产业以及中小企业、科技创新等领域,围绕影响国民经济发展的基础产业和体现综合竞争力的工业领域制定规划,起到提高产业自主创新能力、推动产业变革的作用。产业规划不仅要注重对产业链的全面研究,关注产业链的信息收集、外部形势分析及其发展前景,更重要的是要注重产业领域的融资链、信用链和信用体系建设,把产业下游形成的巨大现金流与上游科技新产品研发投入的脱节部分联系起来,破解技术研发领域的融资瓶颈,加快技术的孵化更新和产业的升级发展。

开发性金融产业规划的另一项重点在于推动产业链健全发展,通过研究产业链,将产业信用链和信用体系建设起来,以破解产业链和产业发展面临的资金约束。目前,在我国产业发展中,对整条产业链的研发投入很少,资金、信用链条衔接不畅。针对这种情况,开发性金融通过积极参与和推动制定科学的产业发展规划,发挥金融对实体经济发展的正向引导作用,并通过编制开发性金融支持产业发展的投融资规划,提高在重大项目中的参与度和支持度,以融资推动产业联合,推动下游产业资金向产品研发领域投入,并用现有产业链孵化新产品,达到加快产业发展的目标。

四、社会规划

社会发展与经济发展相互促进、相互补充,同时相互影响、相互制衡。促进社会建设要探索正确的途径和模式,既不能单纯依赖财政,也不能单纯依靠市场,而必须注重发挥政府与市场的合力,整合各方面的资源和力量。其中,社会规划发挥着越来越重要的作用。

(一) 社会规划的内涵

现代社会规划通常以人为关注点,应以社会福利思想为依托,根据我国特色的社会发展理念和模式,利用政府、市场、非政府组织与广大社会居民的广泛和多样化合作,探索社会问题背后的深层次原因与基础制约机制,努力推动市民个性和能力的发展,促进社会各阶层的交流和融合,推进社会公共基础设施和服务的均等化等,力求从根本上提高市民生活质量,改善市民的生活环境,促进社会的融合和稳定,全面建设具有中国特色的"和谐社会"。

人口数量和人的全面发展是社会发展规划的核心,因此,开发性金融社会规划需要解决制约人口数量和人全面发展的因素,包括教育、文化、医疗卫生、就业、环保等社会事业发展。以人为本、服务群众是社会事业的根本,通常为公共产品或准公共产品,经济效益很低,往往通过财政转移支付解决资金需求。社会事业是区域发展的关键要素之一,但由于其天然的低回报率,信用结构单一,风险防范难以落实等特性,商业银行信贷资金很难进入。

就业、住房、教育、医疗、文化、环保这些严重影响社会发展的问题是开发性金融社会规划时重点考虑的因素,通过全面对接国家和区域制定和发布的相关领域规划,围绕存在融资缺损以及财政资金覆盖不足的社会事业,制定针对性的系统性融资规划,完善信用体系,培育投融资主体,突破社会事业发展面临的资金难题,促进社会和谐发展。

(二)开发性金融社会规划的主要内容

社会规划是一个复杂的社会过程,其实质是基于一定价值取向的利益调整与平衡。从开发性金融社会规划的制定角度来看,其涵盖的主要内容应包括居民就业与收入规划、科技教育规划、社会保障规划、公共服务规划等。

1. 居民就业与收入规划

就业乃民生之本,促进就业是宏观经济政策调控的主要目标之一。就业问题涉及社会的平等和公正,就业过程中的性别歧视、年龄歧视、种族歧视以及由于失业造成的社会差距过大和贫困等问题,需要用社会尺度对其进行度量。就业与收入息息相关,收入分配造成的社会贫困更是如此,社会规划应给出相应的解决问题的策略。

2. 科技教育规划

开发性金融科技规划应涉及科技重点领域、重大专项研究、科技体制改革和国家创新体系建设、科技人才队伍建设、科学普及和创新文化教育等内容。科技发展规划往往承担着技术预见的职能,技术预见具有重要的社会性特征,是开发性金融科技规划体现社会性的重要标志。

3. 社会保障规划

社会保障是为国家依法对社会成员的基本生活权利给予保障而建立的。社会保障作为一种国民收入分配和再分配的形式必须通过一定的制度来实现。社会保障规划对社会保障体系进行全面系统的布局和谋划,是社会保障制度的指导性纲领,也是社会保障制度有效执行的控制性规划。中国的社会保障规划应由社会保险、社会救助、社会福利、军人福利、医疗保障、福利服务以及各种政府或企业补助、社会互助等组成,建立"多层次的社会保障体系"。科学的社会保障规划会不断解决和完善已有的制度缺失,健全各类社会保障和社会救助体系,扩大社会保障范围,提高社会保障水平,加强社会保障管理和监督机制,以适应不同时期、不同社会群体的社会保障需求。

4. 公共服务规划

开发性金融社会规划的核心是以人为本,旨在满足社会居民个体的各种社会需求,提高人们的社会生活质量。其内容并非是单纯地对社会这一宏大的主体来进行规划,而是在科学观、发展观和系统观的视角下,以促进经济、社会、生态环境等资源分配公平公正、和谐发展为目标的规划手段。人民群众的身体健康、社会环境稳定安全、平等和充分就业、住房保障、教育公平、文化认同感、公民权利和社会参与、收入分配公平、社会融合等准则将成为今后我国规划部门追求的更高层次目标。

五、市场规划

(一) 市场规划的内涵

市场规划通过运用开发性金融原理和方法，有效发挥市场、制度和信用建设优势，整合政府、社会、企业等各方资源，对经济社会发展各领域进行系统性融资安排，为区域、行业及客户发展提供系统的投融资解决方案，是集策划诊断、投融资顾问于一身的独特规划产品。其最终目的是全面覆盖制度创新和规划先行所释放的金融需求，推动建立高效的市场化融资体系，促进金融深化与金融发展，以融资推动破解我国经济社会发展各个领域的瓶颈和体制约束。由于市场建设的内容主要体现为系统性融资，因此在科学发展规划体系中，我们也将市场规划称为系统性融资规划。

开发性金融市场规划要体现金融的发展、制度的发展、市场的发展，注重金融风险防范以及建设一个高效的市场和金融体系，提高经济运行和资源配置的效率。规划要与当地的市场平台、融资平台以及制度建设、体制建设、信用建设等关键性的体系框架和制度结合起来。

作为科学发展规划体系的重要组成部分，市场规划充分运用开发性金融理论和方法，对市场建设、信用建设、制度建设等金融基础设施和融资需求、融资模式、融资结构、融资产品、融资项目进行系统性设计，为各领域规划的落地实施提供系统性融资安排，弥补现有规划体系中融资规划的缺失，从体制上破解了经济社会发展的瓶颈约束，成为科学发展规划体系中最具特色、最核心的组成部分。

(二) 市场规划的主要内容

市场规划包括宏观、中观和微观三个层面。宏观层面的市场规划，侧重考虑高效金融体系与经济社会发展大系统的联动效应，吸收现代金融发展和制度创新的成果，不断促进金融体系的发展和完善；中观层面的系统性融资，主要面向经济社会发展各领域的融资需求编制融资规划，这是与政府有关部门开展规划合作以及编制区域、行业（含社会）等各领域科学发展规划的核心内容；微观层面的市场规划，以具体客户、项目为服务对象，进行"投、贷、债、租、信、保"等多种融资模式和各类金融产品的系统设计，注重引领和动员全社会资金对具体融资需求进行全面覆盖。

宏观层面的市场规划更多地体现为完善金融生态、促进金融与经济社会协调发展的指导思想和总体要求。中观和微观层面的市场规划则针对具体区域、行业、社会、国际合作以及具体客户进行深入分析，是实现各领域规划宏伟蓝图的路径安排，具有很强的操作性。因而，我们所说的具体领域的市场规划编制通常是中观或微观层面的市场规划，通过中观和微观层面的市场规划最终推动宏观层面市场规划目标的实现。虽然不同领域市场规划的具体内容会有一定差别，但都应该涵盖市场建设、信用建设和制度建设等各方面，总的内容框架和思路基本一致，主要包括资金供求及融资分析、规划项目分析和融资平台规划等核心内容。

六、国际规划

（一）国际规划的内涵

开发性金融国际规划是从优化全球资源配置，实现全球共同发展的角度出发，充分发挥各国比较优势和经济增长内在潜力，以"全球发展需求→资源优化配置→重点国家（地区）规划资源→系统策划构造重大国际合作项目→组织企业推动实施"为战略路径，在高端层面将规划思维嵌入合作国经济社会中长期发展中，通过规划从上中下游产业链中整体构造策划能源、矿产、铁路、港口、电力基础设施以及农业、民生等社会领域的国际规划合作，系统策划和构造重大国际项目，再推动各国实现互利共赢、共同增长。

具体而言，开发性金融国际规划是在主动推动全球资源优化配置的战略框架下，深入研究国内外宏观政策、所在国国情和政情基础上，与合作国协商一致的前提下，运用开发性金融理论和方法，与合作国共同确定重点合作领域、重点客户，共同培育孵化重点项目，设计合作模式、测算业务发展空间、制定风险防范措施，提出开发性金融支持的信贷政策等具有战略性、先导性的国际业务指导。在国际合作业务开展中坚持科学发展规划理念，是在全球化的大背景下，以规划促进合作，以合作化解竞争，实现国际业务又好又快发展的客观要求，是践行开发性金融支持国民经济发展的先行先导作用，实现国际业务大发展的重要手段。

（二）开发性金融国际规划的类型

国际规划属于战略性规划，既有宏观指导性又有微观操作性，是一个完整的体系，主要包括国家规划合作、国家规划咨询、国家规划编制、跨国规划等类型。前三项规划都是针对国别开展的，是国际规划工作的基础，三者的差异主要体现在工作目标、形式和内容等方面。各类国际规划工作相互关联、相互衔接、相互促进，规划中发挥各自作用、形成合力。

（三）开发性金融国际规划的战略思路

开发性金融国际规划要从全球资源优化配置出发，统筹考虑全球能源、矿产、粮食、生产加工、金融等方面的全球布局，构造国际合作的规划框架，这对国际经济格局及全球未来50—100年的发展有重要意义。

国际规划通常有以下几个步骤。

1. 面向世界经济发展需求，立足确立长远目标

对全球经济长期增长所需的战略资源进行通盘考虑，根据各国国情和发展阶段的不同，按照比较优势原理，系统规划世界各国开展铁路、公路、航线、电网、油气管线等基础设施合作。

2. 依托专家层层分解，全面统筹发展规划

依托行业专家，成产业链地、成系统地谋划各个环节及配套设施，使规划成为一个整体，扩大和延伸规划的覆盖面。比如西非铁矿，不能靠单个企业在某一领域单打独斗，而是要统筹规划水、电、路、港、矿石开采、冶炼等各个方面。农业合作也要通盘考虑土地、水利设施、农机、化肥、运输等相关配套环节。

3. 调动各方力量推动,主动构造重大项目

发挥各方积极性,尤其要发挥融资推动的作用,主动构造一批重大项目。规划的项目要力求实现市场化运作和商业可持续,如果暂时不具备条件,就要借助国家力量,牵线搭桥、弥补空白,解决资金、风险分担补偿等问题,通过不断的市场建设,推动项目最终商业可持续。

第四节 开发性金融科学发展规划编制要求

一、规划先行指导思想及工作目标

规划先行指导思想为:落实科学发展观,从规划层面进一步深化和完善开发性金融理论。以人口分析为出发点,以"规划先行"理念和方法研究国民经济发展的问题、方向和需求,对区域、社会、产业和市场四个方面进行深入的前景分析和目标分析。运用情景规划原理,编制科学发展规划,研发创新操作方案,保持和促进我行竞争优势,实现"做强做大"的战略目标,充分体现国开行的国家性、战略性、长期性和开发性。

规划先行的工作目标:一是通过全面、系统、超前的规划落实科学发展观,实现国家战略;二是进一步落实和巩固"规划先行"在国开行经营发展中的核心地位,成为全行工作的纲领;三是通过科学发展规划,使规划先行成为国开行核心竞争力的重要组成部分;四是为国开行年度情景计划的编制提供基础和依据。

二、规划编制总体原则

编制开发性金融科学发展规划需要把握以下几点。

一是系统性。科学发展规划要注重系统目标,不是单纯针对项目的规划,而是结合市场建设和制度建设的系统规划。

二是高远性。科学发展规划要树立高远目标,把国开行的发展同国家的发展联系起来。

三是超前性。制定科学发展规划要立足长远,立足于经济全球化的大背景,不能局限于国内的项目审批和融资现状。

四是动态性。要根据国家政策、市场发展变化和规划实施过程中出现的问题,滚动编制,动态调整和完善。

五是可控性。运用开发性金融方法和信用建设手段,从规划层面培育风险控制力,确保国开行业务发展和资产质量的稳定。

三、规划编制工作方法及步骤

(一) 工作方法

开发性金融规划先行的基本策略是从人口入手,从土地、水、生态、农、林入手,测算

省、市、县的承载力。区域发展最基本的动力是人口和经济社会增长的需求，基本约束是资源、土地、水、生态等，可持续发展及动态约束是产业、市场、金融、国际贸易、投资、金融的发展。在资源约束和社会约束的中间就是开发性金融规划先行发展战略可以发挥作用的空间。

开发性金融规划先行发展战略从提升发展度入手，主要包括区域发展、产业发展、社会发展、市场发展四方面内容。这是按照市场的形成、特点和信用结构来分类的，紧扣当前经济社会发展的突出问题，也是开发性金融投融资的切入点。这四个规划相互联系、相互影响。其中，区域发展具有引导性，可以带动产业和社会发展，而市场发展则是基础性和贯穿性的。

开发银行科学发展规划与政府规划和商业银行单纯以利润为中心的规划有显著区别，国开行推进的科学发展规划，不是简单对照国家和地方规划中的单个项目制定融资的规划，而是以科学发展观为指导、充实市场建设和制度建设内容的科学发展规划；国开行规划配合政府规划的实现，但又超越于政府规划，突破一些行政方面的限制，从而更有远见、更符合实际，最终体现为支持重点和融资方案。

实践证明，开发性金融规划不是对政府规划的重复，不是简单对照政府规划中单个项目制定的融资方案，而是以科学发展观为指导、充实市场建设和制度建设内容的长远规划，是从支持和配合政府编制规划入手，以开发性金融的视角，从人口、土地、资源入手对政府规划进行拓展和延伸。

（二）工作步骤

科学发展规划的编制步骤和环节如图6-2所示。

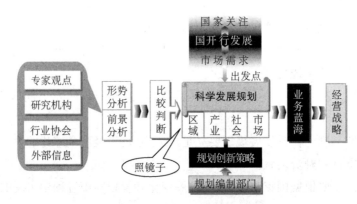

图6-2 科学发展规划编制步骤

资料来源：参考国家开发银行网站相关业务资料绘制。

在开发性金融具体实践中，将业务分为研究、规划、发展、运行四个模块，各自独立，有目标地推进，再全面统筹展开，工作中心从单纯的项目策划转向系统的科学发展规划，而目前其他商业银行涵盖上述环节中的金融业务只有运行及部分发展，目前初步实现了收集研判、外部报告度势、战略策略、规划策划和研发创新五个步骤的组织框架。

开发性金融规划运行一方面要在规划中体现市场建设、成系统建设项目的要求，另一方面通过规划援助贷款、技术合作等方式参与各地规划编制，加强对规划编制和实施的引导影响，体现各地特色和优势，形成规划机制的首发和倡导优势。

具体需要遵照以下几个步骤。

1. 分析发展趋势

运用发展经济学基本原理，对区域、社会在某一未来时期的发展趋势进行国内、国际研究。一是以人口分析为区域社会规划的基础和出发点，考虑人口增长率、人口迁移、社会变迁、生态、环保等因素，分析城市化和社会发展的基本趋势；二是以欧美发达国家水平为参照系，分析我国达到其同等水平的发展阶段和过程。

2. 确定发展目标

根据人口分析和国际比较结论，倒推出区域、社会、产业发展的近期、中期目标和远景，确定区域建设安排和产业发展需求。推算实现发展目标所需的机制、可借助的平台、发展空间、重点项目及相关资金需求。

3. 分析发展支撑

研究国家相关产业政策、技术、市场、资金链对区域、社会、产业、市场等方面发展的影响。对规划领域的融资空间、融资市场竞争状况、客户类型等进行分析和预测。

4. 发现业务蓝海

基于人口分析的区域社会规划远景和最终达到发达国家水平的目标，与我国目前的区域、社会、产业现状之间的差距，测度和规划其蕴含的巨大开发性金融发展空间。从远景到现实的操作过程，都是开发银行的业务蓝海，科学发展规划的编制过程就是探索蓝海、培育核心竞争优势的过程。

5. 制定发展战略

通过规划先行，提出融资推动区域、社会、产业、市场发展的发展措施建议，制定发展战略，组织战略实施，实现战略目标。

通过上述步骤，形成科学发展规划文本，其基本内容如图6-3所示。

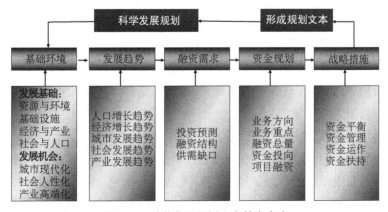

图6-3 科学发展规划文本基本内容

资料来源：参考国家开发银行网站相关业务资料绘制。

四、规划先行的技术要求

（一）科学发展规划要有超百年的维度

对于中华民族伟大复兴来说，实现科学发展是必然的选择。近30年来中国的高增长令世人瞩目，我们在为我国的高增长鼓舞的同时，也应看到30年的时间在人类历史的长河中并不很长，特别是对于中国这样一个有着悠久文明的大国来说，更不会被这一成绩冲昏头脑，而应以更强的自信力去瞻望未来。

以百年为单位，放眼千年，做好科学规划，才能使民族复兴具有高度的科学性，从而实现真正意义上的可持续发展。古人早就说过："不谋万世者不足以谋一时，不谋全局者不足以谋一域"，在21世纪的开端，我们面临着巨大的挑战，只有把应对挑战与百年规划、千年建设联系起来，才能使我们在长远民族复兴意义上迎接、化解这些挑战。

当前中国的城市化、工业化正在加速，资源约束、技术约束、制度约束不断凸显，能源、矿产、土地、水、生态、环境问题日益突出，我们应时刻牢记，不要用加剧未来矛盾的办法解决当前的难题，"吃祖先饭，断子孙路"是十分不可取的。

当前在我国加速发展过程中，规划工作面临着三大问题：一是我国绝大部分城市，特别是中小城市的国土规划存在缺失。由于部分地区地质条件的先天不足，我国地质灾害频繁、生态环境脆弱，防灾避险工作应成为经济社会发展的基础。千百年来，尤其是近年来，随着人口的迅速增长，很多原先自发的聚居区实际上是存在地质灾害风险的。2008年四川汶川地震、2010年青海玉树地震，以及全国多省区爆发的洪涝泥石流等灾害造成的巨大损失，在一定程度上是由于早期规划时缺乏抵抗百年一遇重大自然灾害的认识和能力。二是水资源的分布与我国城市化发展对水资源的需要和配置之间存在很大的矛盾和差异。我国水资源分布存在北少南多、季节性强、人均占有率低的特点，加之当前的防洪蓄水措施没有充分考虑到我国百年的城市发展规划，导致一方面城市用水资源严重不足，另一方面又不断出现洪涝灾害。因此，如何把握水利与水患之间的关系，使之与国民经济发展规划相适应，是我国水资源规划工作的重要内容。三是跨区域的城市功能规划与国民经济发展不协调。京藏高速公路内蒙段的堵车问题，很大程度上是由于交通规划与国民经济布局没有很好地统筹起来，没有对经济发展过程中的自发因素给予足够的重视。这些问题将随着我国经济发展和城市化进程而进一步凸显，这就要求我们超越一般的时间维度，在认识客观规律的基础上，做出系统的、科学的、可持续的长远规划，从而将灾害带来的损失降到最低。

（二）科学发展规划要进行系统谋划

开发性金融的系统性融资规划统筹着经济社会的各方面，跨越多个学科，是一个全面的系统性工程。首先是区域和城镇规划，必须考虑人口数量，土地面积；其次是产业规划，必须根据当地的资源优势进行布局；再次是社会规划，以当地经济综合发展情况进行相应配套设施建设；最后是市场规划，它要根据当地实际情况建设符合需求的市场机制，通过制定系统性融资规划,推动体制机制建设,培育优良信用主体,最终构建起有利于全社会发展的投融资环境。

(三) 科学发展规划要注重跨区域协调发展

我国空间规划有国土规划、跨区域规划和区域(行政)规划三个层次。其中,国土规划和跨区域规划属于大尺度空间规划,国土规划作为高层次、综合性的规划,对跨区域规划和行政规划起着指导和制约作用;跨区域规划对区域(行政)规划亦起指导和约束作用。通过国土规划的制定和实施,发挥其作为空间规划的"龙头"作用,有利于协调区域规划和各类规划在空间上的布局,从宏观上统筹考虑各地区的发展方向、产业布局、生态环境保护等。但由于我国部门管理体制在某种程度上依然存在各自为政、区域间壁垒、无硬约束的困境,难以形成有效的空间规划体系。国土规划依然是区域规划的拼盘,跨区域规划尚不能完全成为区域规划和国土规划的桥梁;即便是做得相对较实的区域(行政)规划,也存在着一定程度的区域间壁垒。因此,科学发展规划要注重跨区域协调发展,重点突破行政区划壁垒。

鉴于我国长期以来"以区域(行政)规划为中心"的模式存有弊端,开发性金融科学发展规划要以跨区域规划为中心进行突破,向下指导区域(行政)规划,向上支撑国土规划。这样,一是可解决区域内部无法解决的发展问题,比如跨地区之间的交通网络建设、生态环境保护、重大产业分工协作,以及相关地方政策的协调;二是可通过国家级的规划,统筹考虑,形成跨区协调机制,培育国家级的经济增长极,从而带动辐射更大范围的区域发展,最终形成区域间均衡发展的局面。

开发性金融科学发展规划要着力提高区域竞争力和促进区域均衡发展。区域规划作为生产力和经济与社会发展到一定阶段的产物,是对未来一定时间和空间范围内经济、社会、人口、资源、环境、科技等方面发展以及它们之间的持续协调发展所做的总体安排与战略部署。其核心是人口规划(即人口在国土资源中的分布)和城市化发展道路(城市规划),要在资源约束的边界内进行,不能超过资源和环境的最终承载力。

开发性金融科学发展规划要与人口分布、经济布局与区域资源环境承载力相协调,要实现经济、社会环境综合效用最大化。比如广西和国开行合作,共同制定了"北部湾经济区发展规划",规划以东盟经济一体化为目标,在原有的区域规划、城镇群规划、交通规划、产业发展规划等九大规划的基础上,增加社会发展、教育、市场机制等方面的规划内容,做到全面规划,做到大规划推动大发展。北部湾经济区现已上升为国家战略,成为全国首个国际区域经济合作区以及中国与东盟次区域合作的最前沿。正是由于规划先行,广西北部湾经济区借助国家战略支持,加快布局重大产业,推动亿吨大港的建设,完善保税物流体系,搭建完善投融资平台,实现了在全球金融危机背景下的战略性"突围",成为中国经济增长的一道亮丽风景线。

第五节 规划先行组织管理

一、运行机制

规划工作是开发性金融所有工作的基础,是其与传统商业金融的重要区别。以国开行为代表的开发性金融规划通过与国家、地方各类规划的紧密衔接,以区域、社会、产业、市场等长远发展规划为依据,从全局角度协调政府、行业及企业的关系,突出制度建设、市场建设和金融建设,促进实现社会金融化和金融社会化,在推动经济社会发展的同时,提高了自身的发展速度。

从这个角度看,规划能力——特别是系统性融资规划的编制能力——就是开发性金融实现业务发展的根本手段,不仅可以从源头上更集中、更准确、更高效地构造优质项目,占据制高点和把握主动权,获得更加广阔的发展空间和发挥更加积极的作用;更为重要的是,以市场建设为内容,以融资推动来实现的科学发展规划,将极大提升市场发展度,促进健康企业、健康财政、健康金融、健康经济和健康市场的发展,使开发性金融在经济社会发展中发挥独特的、基础的、重要的拉动作用。

规划引领业务发展模式的工作机制可以概括为规划全覆盖、规划合作、规划统筹协同、项目谋划策划、制度市场信用建设、规划考核机制等六大机制。

规划全覆盖机制是指科学发展规划要全面覆盖行内、行外和国内、国际各个层面。行内包括业务发展规划(总体、专项、分支机构等);行外包括国内规划(区域、行业、战略客户等)和国际规划(国别规划、国家规划咨询和跨国规划等)。

规划合作机制指通过与国家部委、地方政府、企业客户等定期会晤、高层联席会议、成立规划合作办、签订协议、搭建企业合作平台等形式广泛开展合作,整合各方面资源。

规划统筹协同机制指总分行规划部门统筹协调,客户、评审、风险、市场和国开证券、国开金融等部门共同参与,形成业务协同。

项目谋划策划机制指在规划阶段进行宏观谋划和微观策划,批量构造项目,推动项目信用结构设计、融资主体建设、融资方案设计等工作,实现项目批量系统开发。

制度市场信用建设机制指系统性设计市场、制度、信用建设内容,推进金融基础设施建设,在宏观层面系统防范风险。

规划考核激励机制指以提升规划成效和影响力为导向,建立量化考核激励机制,进一步加强规划巡视评价。

二、运行框架

国家开发银行规划先行战略主要涉及总行规划委、规划局、评审局、企业局、各相关局、各分行、子公司等相应主体,机制运行框架如图6-4所示。

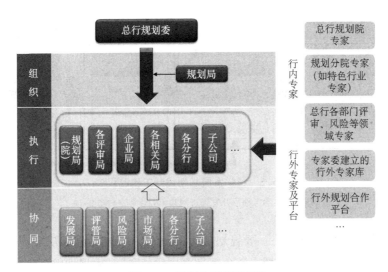

图 6-4 规划先行组织架构

资料来源:参考国家开发银行网站相关业务资料绘制。

各部门的业务职能为如下。

(1) 总行规划委是全行规划工作的最高审议决策机构。

(2) 规划局负责全行规划开发工作的统筹协调。

(3) 规划局(院)会同国金局、国合局对口外交部、商务部、中联部等,牵头组织国际规划工作;对口国家发改委、商务部、住建部等,负责开展全国性、跨区域规划及省级规划编制,同步策划开发项目。

(4) 评审局对口各行业主管部门,开展全国性行业规划编制,同步策划开发项目。

(5) 企业局对口全国性战略客户,开展全国性战略客户规划编制,同步策划开发项目。

(6) 各相关业务局参与或配合规划局对口合作国,开展国家规划咨询,在国际国内规划工作中策划开发项目;将成熟项目列入评审计划,指导分行开展项目评审及综合营销,合理配置规模资源。

(7) 各分行、子公司及时办理项目入库,跟踪培育开发,适时开展项目评审、综合营销及投资、投行、租赁业务,推动规划成果转化。

三、规划先行全过程管理

(一) 科学发展规划编制

科学发展规划的编制流程,如图 6-5 所示。

工作流程具体解释如下。

(1) 根据国家关注、国开行发展、市场需求、社会需求的关键要素,广泛征求各方面意见,确定规划需求和规划基本框架。

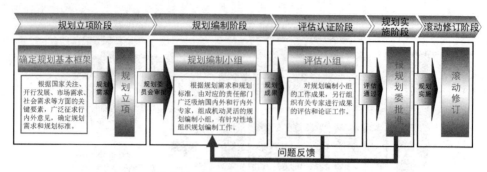

图 6-5　科学发展规划编制工作流程

资料来源:参考国家开发银行网站相关业务资料绘制。

（2）科学发展规划体系内的一般规划项目,经行领导批准同意,视同规划立项;具有重大影响的特殊规划项目,报规划委员会审批立项后,正式进入规划编制阶段。

（3）规划编制小组形式。规划编制小组可以是行内跨部门,也可以是国内外和行内外专家的组合,规划中心负责组织、协调和推动,提供服务。

（4）规划编制完成后,由专家评估小组对规划成果进行评估。

（5）上报行规划委员会批准后,由业务发展局组织实施,规划中心组织滚动修订。

（二）规划先行战略实施

规划先行组织工作主要分为宣介＋协议、参与/主导规划编制、项目策划、成果转化、与评审链接五个阶段,如图 6-6 所示。

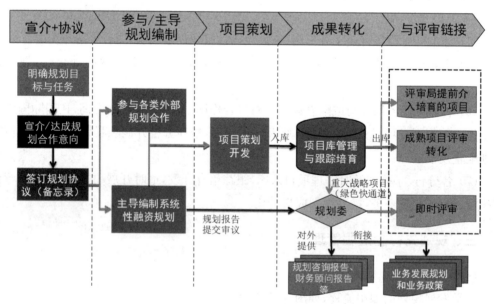

图 6-6　科学发展规划组织工作流程

资料来源:参考国家开发银行网站相关业务资料绘制。

以上五个阶段的具体内容如下。

1. 宣介＋协议阶段

此阶段主要工作包括三项，依次为：①明确规划目标与任务；②宣介/达成规划合作意向；③签订规划协议（备忘录）。

2. 参与/主导规划编制阶段

此阶段主要工作包括两项，依次为：①参与各类外部规划合作；②主导编制系统性融资规划。

3. 项目策划阶段

此阶段主要工作为项目策划开发，分为宏观谋划和微观策划两个层次。其中，宏观谋划指系统谋划项目建设内容及规模，批量构造项目；微观策划指对项目信用结构和融资条件进行设计。

4. 成果转化阶段

此阶段主要工作为规划成果应用和项目库管理与跟踪培育两部分内容。

规划成果主要发挥政策引领和项目引领两项作用。其中，政策引领对外发布规划成果，对内衔接国开行自身业务发展规划，指导制定各项业务政策；项目引领对外基于规划策划的项目确定总体融资额度，对内管理规划项目出入库，对项目进行跟踪培育。

规划成果进入项目库管理与跟踪培育（入库），成熟项目进入评审程序（出库）。对于重大战略项目，实行绿通道制度，直接提交规划委员会审议。规划委对外规划咨询报告、财务顾问报告等规划成果，对内将规划成果衔接业务发展规划和业务政策。

5. 与评审链接阶段

规划项目经过项目库管理与跟踪培育出库后，开展评审及综合营销。规划项目经过评审后，提交总行贷委会/投委会审议通过，总行规划局/分行规划处应作为总行贷委会/投委会成员。

规划项目经过评审后，通过贷款发放、贷后管理等后续环节反馈验证规划项目策划开发机制。

（三）对外发布规划成果

该项工作的目的，一是帮助政府、企业明确发展战略或中长期发展规划；二是对各级政府和企业的长远发展及战略决策发挥积极影响；三是在高层把握话语权，赢得融资优先权，提高合作的层次与成效。

对外发布规划成果可采用以下形式。

（1）以国开行函件形式向外部提交规划报告或财务顾问报告；

（2）进行高层会晤，由行领导向外部提交规划成果；

（3）共同召开新闻发布会，发布规划成果。

规划成果载体包括：①将国开行融资规划纳入地方规划体系；②将国开行"蓝皮书"变为政府"白皮书"；③将国开行支持地方或企业发展的思路、重点领域反映到部委、地方经济社会中长期发展战略、政策或企业发展战略中。

(四)与国开行业务发展规划和业务政策衔接

1. 与国开行业务发展规划衔接

区域、行业、战略客户规划及相应的系统性融资规划与国开行业务发展规划互为前提,互相支撑。

区域、行业、战略客户规划及相应的系统性融资规划中,国开行支持的重点区域及行业分布、融资模式及产品、业务政策等结论,经规划委审议通过后运用到业务发展规划中。与总体发展战略、资产负债、融资产品和服务、风险控制、差别化运营模式、上下游业务等方面业务相衔接。

同时,在外部规划中体现国开行业务发展规划的重点,细化国开行支持区域、行业和战略客户发展的战略措施。具体表现在加强总体与专项、总行与分行及子公司业务规划的衔接,建立内外部规划的衔接响应机制,成果及时发布、信息全面共享、规划充分对接,各部门广泛参与规划编制等方面。

2. 与国开行业务政策和经营计划衔接

经规划委审议通过的规划结论至少应包含竞争形势分析结论、国开行支持重点领域和发展战略目标、国开行业务发展政策建议等三部分内容。其中:

竞争形势分析结论主要针对政策与发展环境、信贷市场空间、同业竞争形势等进行分析。

国开行支持重点领域和发展战略目标应包含重点支持领域、重大项目融资需求、战略定位、发展重点、发展思路、发展目标等相关内容。

国开行业务发展政策建议应对业务资源配置、信贷政策、投资政策、中间业务政策、风险防范措施、综合营销手段等方面形成相关建议措施。

(五)规划成果量化评价

1. 规划成果转化的量化评价体系

为了分析评价规划开发各阶段成果及成效,设计量化评价指标。我们利用开发入库率、培育转化率、评审转化率、合同转化率、发放实现率五个指标设计规划成果转化的量化评价体系,如图6-7所示。

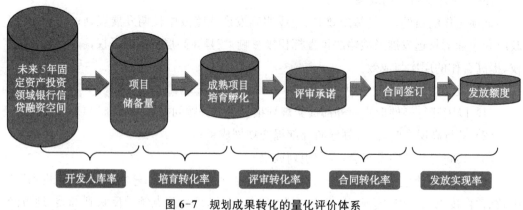

图6-7 规划成果转化的量化评价体系

资料来源:参考国家开发银行网站相关业务资料绘制。

五个指标的定义分别是：
- 开发入库率＝规划入库项目储备量/规划中国开行业务空间
- 培育转化率＝规划成熟项目储备量/规划入库项目储备量
- 评审转化率＝当年评审承诺额/成熟项目储备量
- 合同转化率＝当年合同签订额/当年评审承诺额
- 发放实现率＝当年贷款发放额/当年合同签订额

在上面五个指标的基础上，设计规划开发转化率、全业务流程综合转化率两个总体评价指标：
- 规划开发转化率＝开发入库率×培育转化率×评审转化率
- 全业务流程综合转化率＝开发入库率×培育转化率×评审转化率×合同转化率×发放实现率

2. 规划成果转化的量化评价

试算结果1如表6-1所示。通过以上试算，七项规划各环节以及综合成效的差异，对明确下一步工作重点指出了方向。

表6-1　××年完成的重点区域系统融资规划成果转化情况　　单位：亿元

序号	重点区域系统融资规划	融资空间	项目储备	规划入库率	成熟项目	升级转化率	评审承诺	评审转化率	签订合同额度	承诺实现率	发放额度	发放实现率	综合转化率
1	长株潭城市群"两型"社会建设系统性融资规划	10 189	1 236	12%	651	53%	209	32%	209	100%	46	22%	0.45%
2	武汉城市圈"两型"社会建设系统性融资总体规划	8 896	1 948	22%	1 446	74%	531	37%	189	36%	64	34%	0.72%
3	关中—天水经济区（陕西部分）系统性融资总体规划	11 890	2 114	18%	359	17%	97	27%	102.75	106%	53.48	52%	0.45%
4	关中—天水经济区（甘肃部分）系统性融资总体规划	293	101	34%	8.2	8%	7.4	90%	7.4	100%	1	13.51%	0.34%
5	黄河三角洲高效生态经济区系统性融资总体规划	4 428	3 658	83%	216	6%	15.16	7%	3.15	21%	2.11	67%	0.05%
6	海南国际旅游岛建设发展系统性融资总体规划	2 831	2 254	80%	746	33%	198	27%	140	71%	77	55%	2.72%
7	福建省加快建设海峡西岸经济区系统性融资总体规划	10 038	2 328	23%	731	31%	284	39%	55.210 5	19%	36.26	66%	0.36%

通过以上试算，七项规划各环节以及综合成效的差异，为明确下一步工作重点指明了

方向。

规划成果转化的量化评价的试算结果 2 主要针对某分行"十二五"规划解读和项目储备情况进行分析,如表 6-2 所示。

表 6-2　某分行"十二五"规划解读和项目储备情况

行业	行业代码	未来5年总投资预测	行业融资空间	完成相关储备	行业入库率	其中成熟项目储备	成熟项目培育率
采矿业	B06-B11	280	196	135.89	69.33%	14.4	10.60%
制造业	C	4 500	2 100	730.81	34.80%	1	0.14%
信息传输、计算机服务和软件业	G	2 178	1 742.4	0	0	—	0
房地产业	K	—	—	140.41	0	0	0
公共设施及管理	N80-N81,D4430, D45, D46	6 947.14	5 557.71	1 086.02	19.54%	420.42	38.71%
电力	D44	2 239	1 791.2	1 585.69	88.53%	287.93	18.16%
公路	F5200	2 500	1 875	1 617.49	86.27%	585.22	36.18%
民航	F5580、F5590	72.7	50.89	10.57	20.77%	0	0
轨道交通	F5320	—	—	283.03	0	60	21.20%
铁路	F5170	1 900	1 425	327.25	22.96%	320.64	97.98%
农林牧渔	A			122.49	0	2.9	2.37%
其他	—	3 180.6	2 544.48	881.02	34.62%	51.21	5.81%

通过试算,发现问题如下。

(1) 缺乏对部分规划重点行业领域融资的预测和分析;

(2) 部分行业项目储备较少,不足以形成对规划判断的支撑,有待加强开发入库;

(3) 部分行业储备项目中的成熟项目占比有待提升。

针对规划量化评价中发现的问题,进行相应整改,加大项目储备,强化科学发展规划与业务发展规划、外部发展规划的衔接,加强整体设计,更有效地支持地方经济社会的发展。

第六节　规划先行战略成效

从实践中看,国家开发银行通过发放技术援助贷款,有力支持了北京奥运场馆与相关基础设施项目、西部地区重点项目规划、全国重点镇规划、京津冀都市圈和长三角区域规划、北京市住房体系建设、重庆市三峡库区发展规划、成都市城乡一体化规划编制项目、四川汶川地震灾后重建规划、新疆天然气综合利用规划、太湖流域污染治理、海南国际旅游岛建设总体规划等110个国家及各地政府的重大规划。中共中央、国务院出台《关于全面振兴东北地区等老工业基地的若干意见》后，国开行提出从规划入手，以规划先行积极支持东北老工业基地振兴，通过规划把政府组织优势与开发性金融的融资优势相结合，拓展与政府、企业合作的广度与深度，为支持东三省先后承诺1 600亿元贷款，有力支持了东北老工业基地的振兴。

在支持全国重大项目上，以北京奥运会、上海世博会等城市规划需求为契机，不断推动城市规划工作与国际接轨，在北京召开的城市规划国际研讨会上，国开行提出要加强与各地政府深入合作，推动规划先行，使规划成为百年大计，达到世界先进水平。

在这一时期的实践过程中，国开行注重加强与国家和各地发改委及相关行业部门的合作，参与国家六大行业的发展规划，以管理资产方式扩大对经济发展的贡献度，缓解农业、粮食、煤、电、油、运等资源交通以及"三农"、中小企业等领域的供求约束，增强地方政府对持续发展的信心。面对商业银行改革加速，通过外汇注资、发行次级债、核销损失类贷款等方式，业绩得以迅速改善，开始进入"两基一支"等开发性金融传统优势领域的局面。

开发性金融合作以省为单位，以企业联合开发为主，利用软贷款、技援贷款、财务顾问等手段，抓好对企业联营、相互参股的融资规划方案的试点推广工作，掌握融资分配的主动权和控制权，实现表内外信贷资产从"开发评审前移"向"规划先行前移"转变。

第七节　案例分析：大连金州新区系统性融资规划

一、规划背景

金州新区是大连城市近域扩展的重点区域，拥有雄厚的产业基础、完善的城市设施、稳定的农业基础优势，经济体量和辽宁省内14座地级市相比，仅次于大连、沈阳、鞍山，成为东北地区开放程度最高、产业集聚能力最强的区域之一，成为国家级开发区最具经济实力、发展潜力和城市化特征的区域之一，在国际国内具有较高的知名度和较大的影响力。

金州新区正处于工业化和城市化的快速扩张阶段，伴随着实力新区、活力新区、宜居新区、文化新区、幸福新区发展战略的快速推进，提供产业基础设施建设、居民保障性住房等社会公共事业发展所需的资本投入量极为庞大，政府财政支付能力面临严峻挑战与压力。因此，必须通过市场途径找寻多种融资渠道，形成多元投资主体，将政府权威与市场功能优势有机组合，探索出一条能够满足不断增长的经济社会发展需求的融资路径。国开行大连分行作为国家的开发性金融机构，承担着实施政府区域发展政策，实现区域经济均衡发展的重大职责，已将金州新区列为重点支持区域，在支持开发新机场、天宝集团等重大建设项目的同时，将区内的装备制造、现代农业、港航基础设施等列为重点支持领域，为新区经济增长和结构优化调整提供更科学、更持久的金融服务。

二、金州新区发展情况

(一)区域概况

金州新区位于大连市东北部,西濒渤海,东临黄海,港湾相连,滩涂广阔,北靠东北腹地,地处环渤海和东北亚经济圈,是中国东北地区走向世界的"海上门户"。区域面积1 040平方公里,海岸线长322公里。现有常住人口110万人,户籍人口60.3万人,其中非农人口41.5万人,比重为68.8%。

区内包括大连经济技术开发区、大连市金州区、金石滩国家旅游度假区和大连出口加工区等重要的产业功能区。其中,金州区是一个具有2 100多年建制县历史的行政区,多年来综合经济实力始终稳居全省各区市县前三位;金石滩度假区是中国5A级旅游景区;大连出口加工区是大连对外开放的重点政策区。大连经济技术开发区是国务院批准设立的中国首家国家级经济技术开发区,具有"神州第一开发区"的美誉。开发区自1984年成立以来,主要经济指标年均增长30%以上,多项经济指标占全市四分之一以上。有48个国家和地区兴办的外资项目3 000余个,其中世界500强企业48家,投资项目76个,平均投资规模7 000多万美元,投资总额超过1亿美元的项目38个。有内资企业7 000余家,国内外地区总部15个,包括美国的英特尔、辉瑞、博格华纳,德国的大众、蒂森克虏伯,法国的道达尔,日本的佳能、东芝、三洋,韩国的浦项、现代等国际知名企业。2009年,开发区GDP占大连市的22.7%;实际到位外资占大连市的33.2%;工业总产值占大连市的23.4%;出口创汇占大连市的28.1%;在54个国家级开发区中,经济总量位列第四。

(二)发展定位与目标

"十二五"时期,金州新区的发展定位可综合概括为"一极四区"。即,大连市乃至辽宁省经济发展重要增长极、东北亚重要航运中心综合服务核心区、辽宁沿海经济带最重要的现代产业集聚区、大连市滨海旅游重点区、大连宜居城市示范区。

发展目标是,要快速实现经济总量占全市1/3以上,力争到"十二五"期末经济总量占大连市"半壁江山",成为继大连、沈阳之后,超越鞍山的辽宁省第三大经济体。

(三)重点任务

金州新区的重点发展任务,主要集中在以下几个方面。

1. 着力做大产业规模

一是围绕现有的重点支柱产业,不断拉长并优化产业链条,打造规模化产业集群。二是大力培育适合区域发展定位的潜导产业,逐渐发展为地区支柱产业。三是同步协调发展地区基础产业。

2. 不断优化产业结构

要适应全球经济结构调整趋势,尽快整合新区产业资源,转变经济发展方式,在加快发展中构建二产强、三产活、一产优的产业结构。一是在围绕主导产业、潜导产业不断壮大产业规模的同时,在地区产业体系完善、文化旅游业比重增加、主导产业的高新技术含量提升等方面不断优化产业结构。二是大力发展第三产业,特别是生产性服务业。以加快发展文化旅游业为重点,提升服务业发展水平。三是大力发展高新技术产业,用高新技术不断提升传统产业的综合竞争水平。

3. 科学优化空间结构

根据科学发展规划设计,完善产业链条,优化空间布局,在更大的范围内进行主导产业的空间有效组织,打造真正的产业集群。加强与周边地区的一体化互动发展。

4. 大力提高自主创新能力

要把增强自主创新能力作为全区发展战略的核心。大力推进原始创新、集成创新和引进消化吸收再创新,最大限度地发挥自主创新对经济社会发展的支撑和引领作用。

5. 加速推进全域城市化

通过区域产业发展强化吸纳人口能力,通过城市生活设施、服务环境、居住环境的建设,增强留住人口的能力,尽快集聚足够的人气,切实促进全域城市化。通过集约工业企业进园区,提升创新和发展能力;集中农民进社区,提高生活服务水平。以高标准进行全区的规划建设,力争到"十二五"期末全区集聚人口150万。

6. 社会事业配套和完善

坚持以人为本,把促进基本公共服务均等化放到更加突出的位置,着力提高人人享有基本公共服务的水平,着力保障和改善民生,加强社会事业薄弱环节建设,促进经济社会协调发展。着力加强重点民生工程建设,进一步提升城市服务功能。

7. 重点基础设施建设

按照优化投资结构、改善投资环境、提高投资效率的要求,坚持适度超前的原则,高起点、高标准地谋划一批事关全区经济社会发展全局的重大基础设施项目,逐步建成功能完备、供给充足、保障有力、支撑力强的现代基础设施体系。根据规划优先推进港口工程、交通网络、供水排水、能源供应等基础设施建设,创造招商引资的基础设施条件。

8. 协调解决资源环境问题

按照建设资源节约型、环境友好型社会的要求,加大节能减排工作力度,大力推进循环经济、低碳(绿色)经济发展。"十二五"期间,继续把单位生产总值能耗、主要污染物排放总量作为约束性指标管理。到2015年,两项指标均有较大幅度下降,环境质量有明显改善。

三、金州新区融资需求分析

按照辽宁沿海经济带与大连四化统筹发展战略的总体要求,以及《金州新区国民经济和社会发展十二五规划纲要》《金州新区发展规划》等确定的阶段性发展目标,对金州新区重点发展领域、重点建设项目的资金需求按照分渠道和分类进行了测算。

(一)资金需求总量分析

根据《大连市国民经济和社会发展十二五规划纲要》《金州新区国民经济和社会发展十二五规划纲要》《金州新区发展规划》《大连全域城市化重点项目建设列表》以及金州新

区若干相关产业园区项目建设规划,金州新区"十二五"期间固定资产投资年均增长规划目标为20%,根据金州新区"十二五"前期重点建设项目规划,金州新区重点建设项目总投资需求2 991.7亿元,截至"十二五"中后期(2013—2015年),重点建设项目仍须继续融资2 029.1亿。这里分析截至"十二五"期末需完成的融资需求,其投资方向主要集中在基础设施工程建设和产业基础设施与项目建设两个方面,其中产业基础设施与项目建设方面,又可以分为现代农业、先进制造业和文化旅游业三个部分,所以以下内容从基础设施工程、现代农业、先进制造业和文化旅游业四个方面进行融资需求分析。

截至"十二五"期末,基础设施工程重点建设项目资金需求593.3亿元,占总需求的29.3%;现代农业重点建设项目,资金需求19.6亿元,占总需求的1%;先进制造业重点建设项目,资金需求877亿元,占总需求的31.7%;文化旅游业重点建设项目,资金需求1 360.7亿元,占总需求的38%。

(二)重点建设项目分渠道融资需求

金州新区重点建设项目中由政府主导的基础设施等项目建设有望得到财政资金的倾斜和扶持,以保证项目的资本金比例需求;其他类型的项目可以通过自筹渠道来保证资本金比例要求。总之,新区建设项目资金的主要部分必须在满足资本金比例要求的前提下通过以国内贷款为主的债权融资方式获得。

根据《国务院关于调整固定资产投资项目资本金比例的通知》(国发〔2009〕27号)规定,不同类型固定资产投资项目有着不同的最低资本金比例要求,如:钢铁、电解铝项目,最低资本金比例为40%;水泥项目,最低资本金比例为35%;煤炭、电石、铁合金、烧碱、焦炭、黄磷、玉米深加工、机场、港口、沿海及内河航运项目,最低资本金比例为30%;铁路、公路、城市轨道交通、化肥(钾肥除外)项目,最低资本金比例为25%;保障性住房和普通商品住房项目的最低资本金比例为20%,其他房地产开发项目的最低资本金比例为30%。其他项目的最低资本金比例为20%。根据此要求,可以设置金州新区内各类项目的资本金最低比例。

1. 基础设施领域重点建设项目分渠道融资需求

从金州新区截至"十二五"期末的基础设施重点建设项目来看,项目类型以轨道交通、公路、铁路、桥梁电厂、热电、天然气以及其他方面相关能源建设等为主,该项目的承建单位一般为国企或者民营企业,多为政府主导类项目,资本金以财政支持和自筹为主。该类型项目的资本金比例要求为20%~30%。

金州新区民生领域重点建设项目均以自筹方式保证20%的资本金,剩余80%的建设资金则需要从债权融资渠道满足。截至"十二五"期末,金州新区基础设施工程重点建设项目需要通过自筹渠道需求为118.8亿元,需要债权融资支持达475.1亿元。

2. 现代农业重点建设项目分渠道融资需求

金州新区现代农业重点建设项目主要包括,金州新区国家农业科技示范园区起步区基础设施建设工程、蓝莓谷庄园项目、蔬菜基地基础设施工程、水果培育项目等,主要涉及农业基础设施建设与农产品加工。

金州新区现代农业重点建设项目主要是依赖政府支持、企业自筹获得资本金,其他部分资金则主要依靠债权融资,其相对应资本金比例要求为20%。

现代农业领域重点建设项目资金需求总量为19.6亿元,其中自筹资金为3.9亿元,债权融资资金需求为15.7亿元。

3. 先进制造业重点建设项目分渠道融资需求

金州新区先进制造业领域重点建设项目主要包括,石油炼化一体化项目、精密合金生产线升级项目、生物制药项目,以及先进装备制造业园区基础设施建设等等。按照不同类型项目不同资本金比例要求,其资本金要求在25%~40%,由于只有极个别项目的资本金要求为40%,为稳妥起见,总体来说该部分项目的资本金取值为30%。

金州新区先进制造业重点建设项目的投资主体为国有企业和相关民营企业,主要依靠相关企业自身自筹获得项目资本金,其余部分资金则需要依靠债权融资方式获得。金州新区先进制造业领域重点建设项目资金需求总量为643.6亿元,其中自筹资金渠道融资需求为193.1亿元,债权融资需求为450.5亿元。

4. 文化旅游业重点建设项目分渠道融资需求

文化旅游业领域重点建设项目主要包括小窑湾国际商务区项目、金州湾古城文化产业项目、旅游度假项目以及相关物流项目等,主要以基础设施建设为主,资本金主要由企业自身自筹为主,剩余的资金缺口,由债权融资渠道获得,该项目类型主要涉及公路、管道、填海以及其他相关开发项目,资本金要求在20%~30%,这里取上限30%。

截至"十二五"期末,金州新区文化旅游业重点建设项目资金总需求为772亿元,自筹资金231.6亿元,债权融资渠道为540.4亿元。

(三) 结论

通过上述分析,根据各个类型项目不同投资期间各个渠道的需求,得出金州新区重点项目建设资金总的分渠道融资需求。截至"十二五"期末,金州新区重点项目建设资金总需求为2 029.1亿元,通过自筹资金和其他融资渠道获得资金547.4亿元,占总融资需求的27%,需要通过市场化、多元化的债权融资方式获得资金投入量为1 481.7亿元,占总融资需求的73%。

四、金州新区建设项目资金供给分析

通过对金州新区全社会固定资产投资规模、产业结构和供给构成等问题的分析,对全区投资供给总体发展趋势进行了评估,得出新区"十二五"中后期资金供给潜力。在此基础上,得出新区建设项目资金供给潜力,并对重点建设项目资金供求总体发展趋势进行了分析。

(一) 全社会固定资产投资分析

1. 发展趋势分析

自新区成立以来,全社会固定资产投资保持较快发展趋势,投资额从2010年的860.9亿元增长到2012年的1 273亿元,年均增长21.6%,略高于《金州新区国民经济与社会发展十二五规划纲要》中固定资产投资年均增长20.5%的发展目标。以新区"十二五"发展目标和"十二五"前期实际情况看,"十二五"后三年,新区固定资产投资年均增速保持在20%左右,是一个较合理的发展水平。

2. 投资结构分析

从金州新区固定资产投资结构来看,2010年新区成立初期,投资结构按产业划分,第一产业投资25.7亿元、第二产业投资335.9亿元、第三产业投资499.3亿元,三次产业投资比例为3:39:58。到2012年,仅仅两年时间,投资总量大幅增长的同时,投资结构也发生较大变动,第一产业投资比例平稳,第二产业投资比例显著下降,第三产业投资比例大幅攀升。具体来看,2012年金州新区第一产业投资38.2亿元、第二产业投资372.4亿元、第三产业投资862.4亿元,产业投资比例为3:29.3:67.7。

从2010年金州新区成立以来的投资结构变化来看,第一产业和第二产业在2011年的投资比例较大,而第三产业投资在2012年的比例最大,同年第二产业投资比例最小。总体来看,第一产业投资比例较稳定,第二和第三产业投资比例分年份变化较大,三年间三次产业投资比例无明显变化规律,取其三年加权平均来预测"十二五"期末的三次产业投资比例。2010—2012年,金州新区第一产业累计投资121.6亿元,第二产业累计投资1 226.8亿元,第三产业累计投资1 810.8亿元,三次产业累计投资比例为3.9:38.8:57.3。

3. 资金总供给构成

金州新区投资资金供给构成有财政资金、国内贷款、利用外资、自筹资金四个主要渠道。2012年全区固定资产投资的财政资金支持为48亿元,占总投资比例的3.8%,国内贷款375亿元,占比为19.5%,利用外资额为230亿元,占比为18%,自筹资金及其他为620亿元,占比为48.7%。

从2010—2012年的资金构成变化情况来看,财政资金比例略有下降,每年下降幅度为0.4个百分点左右;国内贷款比例下降幅度较大,每年下降4~6个百分点;利用外资额比例也逐年下降,每年下降幅度为2个百分点左右;自筹资金额比例大幅上升,2010—2012年上升了11.7个百分点。以此变化趋势推算,到"十二五"期末的2015年,全区投资资金总构成,财政资金、国内贷款、利用外资、自筹资金的比例约为3:20:14:63,四项投资资金将分别达到66亿元、440亿元、308亿元、1 386亿元。

(二) 建设项目投资分析

1. 建设项目投资供给

2012年,金州新区全区固定资产投资中,农村投资23.8亿元,同比增长18.8%;建设项目投资951.1亿元,增长27.4%;房地产开发投资298.1亿元,增长15.2%。农村、建设项目、房地产开发三个领域投资比例为1.9:74.7:23.4。

从近三年金州新区投资来看,农村、建设项目、房地产开发三个领域投资比例基本保持在2:73:25的较稳定水平,以此推算到2015年,金州新区农村投资为44亿元、建设项目投资为1 606亿元、房地产开发为550亿元。"十二五"中后期(2013—2015年),新区建设项目累计投资将达到4 053亿元。

2. 建设项目投资供求分析

根据《大连市国民经济和社会发展十二五规划纲要》《金州新区国民经济和社会发展十二五规划纲要》以及《金州新区发展规划》等相关规划,新区"十二五"时期规划的重点建设项目,总资金需求为 2 991.7 亿元,部分重点建设项目在"十二五"前期已经开工建设,部分项目在"十二五"中后期相继开工建设,部分项目总投资建设周期延至"十二五"之后(2016—2018 年)。如前文所述,综合统计金州新区在"十二五"中后期(2013—2015 年),重点建设项目的总体投资需求为 2 029.1 亿元。

着眼于金州新区长远发展和经济建设的现实需要,"十二五"时期新区新增了部分重点建设项目。2013 年,新区确定了 200 个重点建设项目,计划总投资 2 603 亿元。其中,续建项目 106 项,计划总投资 1 754 亿元;新开工项目 84 项,计划总投资 239 亿元;前期储备项目 10 项,计划总投资 608 亿元。

重点建设项目将在新区经济结构调整、全域城市化进程推进、产业聚集区建设、文化旅游业发展、保障和改善民生等方面发挥重要作用,建设项目资金必然优先满足新区重点建设项目投资需求。"十二五"中后期(2013—2015 年),预计新区建设项目累计投资将达到 4 053 亿元,其中 64.2%的投资将优先用于保障新区重点建设项目资金需求。

五、金州新区重点项目融资渠道设计

根据金州新区基础设施、生态环保、公共服务三个政府主导领域和先进制造业、高新技术产业、现代农业、文化旅游产业、文化旅游业五个特色优势产业的不同发展和建设特征,选择相应可行的融资渠道,构建合理的融资模式,进行系统性融资安排。

(一) 政府主导领域融资渠道设计

充分发挥金州新区政策优势,积极推进体制和机制创新,着力破解制约金融发展的各种体制和机制障碍。优化投融资环境,推行多元化融资策略,拓展资金来源渠道,着力增强各类融资平台的融资能力,构建多元互补的融资体系和路径,积极引导各类资金向基础设施、公共服务等领域集聚。

1. 基础设施领域融资渠道设计

逐步建立财政资金支持相关融资平台和充实企业资本金的长效机制。争取市级财政资金每年按照一定的比例对新区内的基础设施建设融资平台注入资本金,或者以股权方式投资平台企业,以市场化的方式提高基础设施融资平台的融资能力。

基础设施重点项目可考虑将机器设备等非流动性资产或在建项目的预期现金流等相关权利设立信托产品,通过信托机构向广大的投资者发售,筹集建设资金。

拓宽 BOT 方式,大力吸引民间资本,缓解新区交通、能源等基础设施建设资金不足的问题。

鼓励新区的金融机构进行业务创新和产品创新,鼓励银行支持 BOT、PPP 等形式的基础设施建设。

确保重大基础设施项目投保建工险、工程险等业务,保证在不可抗因素导致工程施工

受阻后建设资金的现金流不断。

加强与国开行战略合作,推广国开行在基础设施融资方面的先进模式,通过国开行牵头组织银团,扩大基础设施建设的融资额度。

2. 生态环保领域融资渠道设计

加大政府财政支持,建立生态环保产业专项基金。鼓励以国开行为代表的金融机构发挥优势,承担责任,融资支持生态环保行业,同时出台激励政策鼓励一般商业银行对该行业融资倾斜。

支持区内相关企业发行节能环保特别企业债券。发挥金州新区的区位和政策优势,选择垃圾处理、建筑节能、可再生能源利用等生态建设项目进行试点,发行节能环保项目债券,以项目稳定和可靠的收益率吸引民间资金流入新区环保产业建设。

推进体制创新,吸引民间资本进行生态环保建设。对能形成经营性资产的生态环保工程采用"市场建设、市场经营、政府补贴"的方式,吸引民间资本;对不能形成经营性资产的生态环保项目采用"市场主体一次投资,政府财政分期偿付"的形式引入市场主体进行建设。

针对生态环保行业项目长期性、特殊性和复杂性的特点,利用 ABS 融资等新型融资方式,扩大融资范围和融资数量。

3. 公共服务领域融资渠道设计

构建以财政资金为主导的多元化投入格局。加快建立财政投入增长机制,以财政资金为先导,积极引导社会资金投入公共服务领域建设,运用各种融资手段,筹集发展资金,构建财政资金为主导的多元化投入格局。

加大对社会事业的投入比例。保持并逐步加大各级财政对教育、卫生、体育和社会保障等行业的投入比例。采取有效措施,进行严格监督,确保投向教育、卫生和社会保障领域的财政资金到位,并规范使用,积极争取省、市财政对公共服务领域的资金支持。

引入民间资本参与公共服务领域建设。按照"政府监管、市场经营、财政补贴"的形式,引导民间资本加大对公共服务领域项目建设的投资力度。

确定土地出让收入中用于公共服务领域的比例。通过基础设施建设、公共服务建设、生态环保建设,挖掘土地增值潜力以增加资金供给。

以多元化方式助推公共服务事业发展。大幅度增加对公共服务的财政投入,引导银行贷款资金,吸纳民间资本,探索融资租赁,组建医疗设备、公共体育等专门领域多元化的融资体系。

(二)先进制造业融资渠道设计

1. 加快制造业产业投资基金的建设和完善步伐

充分发挥产业投资基金支持实体经济发展的作用,尽快推动新区汽车及零部件、数控机床、通用和专用设备制造等先进制造业设立具有一定行业背景的产业投资基金。

2. 创新融资手段,拓宽先进制造业的融资思路

采取单独或集合方式发行信托计划,筹集社会资金;或以先进制造业项目的经营类资

产发行受益权信托,促进和改善其流动性。采用融资租赁方式,为先进制造业提供资金来源,解决装备制造企业融资难的问题。

3. 扩大开放,引入战略合作者

以开放的姿态,积极加强融资战略合作,鼓励外来资本参股、并购,进而吸引更多市场资金。吸引民间投资,通过吸引区内外战略投资者,充分利用金融市场,挖掘金融战略合作机会,以获得更多的制造业建设资金。

(三) 高新技术产业融资渠道设计

1. 构建多层次股权投资基金体系

发展私募股权投资,构建多层次股权投资基金体系。大力发展各种私募股权投资,构建包括产业投资基金等股权类投资基金以及政府引导基金和政策性专项扶持资金在内的多层次股权投资基金体系。

2. 推进创业投资体系建设

大力发展创业投资,通过政府引导,吸引设立更多的创业投资机构,引导创业投资企业加大对产品技术先进且具有较好市场前景的高新技术企业的投资力度。引导民间资本以参股或跟投方式参与对高新技术企业和项目的投资。

3. 成立科技产业融资联盟

利用财政、金融、企业自筹和外资供给等各个渠道,由政府、项目单位、商业银行共同提供资金,成立科技产业融资联盟。

4. 发展技术产权交易市场

通过技术产权交易市场,将科技成果产权化、资本化,并与创业资本整合,为其向现实生产力转化注入内在的融资驱动力。

5. 推广知识产权担保融资

依托高新技术行业优势,推广知识产权担保融资。根据知识产权对产品竞争力的贡献性以及产品的市场性,对可用作担保的知识产权进行界定、筛选和评估,通过知识产权抵押扩大高新技术企业的融资渠道。

(四) 现代农业融资渠道设计

1. 政府引导多方参与融资

通过政府各类专项资金,引导政策性银行或商业银行、企业、农村社会投资者等多方参与投资。

2. 促进农村金融组织发展

壮大农村信用合作社,积极组建村镇银行、贷款公司和农村资金互助社,引导商业性金融和政策性金融参与农村建设,加大对现代农业的支持力度。

3. 大力发展小额贷款公司

鼓励小额贷款公司面向农户和微型企业提供信贷服务,采取一次授信、分次使用、循环放贷的方式发放贷款,扩大客户数量和服务覆盖面。积极发展面向农户的小额信贷业务,增加扶贫贴息贷款投放规模。

4. 积极发展"三农"保险

进一步扩大农业保险覆盖范围,鼓励保险公司开发农业和农村小额保险及农产品质量保险。

5. 借鉴PPP模式

借鉴PPP模式,政府与民营机构签订长期合作协议,授权民营机构代替政府建设、运营或管理新农村基础设施或其他公共服务设施,并向公众提供公共服务。

(五) 文化旅游产业融资渠道设计

1. 发挥文化旅游产业平台职能

创新金融产品,发挥文化旅游产业平台职能。建立"文化旅游产业投资基金"和"文化旅游创业投资基金"等股权投资基金,丰富文化旅游产业金融产品种类,充分发挥文化旅游产业融资平台的作用。

2. 创新文化旅游产业融资服务

积极发挥无形资产的融资功能,成立知识产权专利评估机构,专门从事文化旅游企业无形资产评估,为银行信贷、无形资产入股、转让等提供专业咨询。

3. 完善文化旅游产业融资政策

鼓励民间资本以及区外资本参与新区文化旅游产业的发展,营造公平、公正的竞争秩序,促进资本在文化旅游产业内的有效配置。

4. 以项目整合带动融资规模的扩大

积极进行项目整合,扩大融资规模。遵循便于开发、利于融资的原则,对文化和旅游资源进行项目的分割、策划和整合,扩大融资规模。

(六) 现代服务业融资渠道设计

1. 建立面向物流企业的发展基金

按照专家管理、组合投资、利益共享、风险共担的原则,建立面向物流企业的发展基金。可以利用财政补贴等方式引导大中型国有企业、私有企业及私人进行投资,扩大资金筹集面。

2. 增强并购贷款的广度和深度

充分利用并购贷款,以构建新区文化旅游业核心企业为目标,为新区文化旅游产业链延伸和企业扩张提供融资保证。

3. 探索建立专门的物流银行

在条件允许的情况下探索建立专门的物流银行。物流业资金需求量大,流动性较强,有不同于其他行业的资金运作方式,要积极探索成立专业的金融机构,即以物流企业为主要服务对象,适应物流业务发展需要的"物流银行"。

4. 鼓励民间资本进入现代服务业领域

设定负面清单,鼓励和引导民间资本进入法律法规未明确禁止准入的行业和领域。市场准入标准和优惠扶持政策要公开透明,对各类投资主体同等对待,不得单对民间资本设置附加条件。

六、案例分析

国家开发银行通过规划先行战略,编制了大连金州新区系统性融资规划。规划从金州新区经济社会发展现状出发,通过科学严谨的融资需求分析、建设项目资金供给分析,从政府主导领域、先进制造业、高新技术产业、文化旅游产业、现代服务业等五个领域进行了融资渠道设计,为地方发展提供了全方位的金融支持规划。

为了更好地运用商业化手段,引导和筹集资金,服务于金州新区经济社会的快速发展,应从构建政府类融资主体、促进融资主体多元化、推动融资模式创新、优化投融资环境、加强风险管理与控制等方面采取有效措施,推动政府、社会和金融机构等各方深度合作,共同发挥作用,为金州新区实现持续、稳定发展提供战略性支撑,也通过一揽子构造项目,发挥了主动性,增强了开发性金融的竞争力。

第七章 实体企业金融运营方式：收购与兼并

第一节 收购与兼并概论

一、收购与兼并的概念

(一) 收购与兼并的定义

收购(acquisition)是指对企业的资产和股份的购买行为，涵盖的内容较广，其结果可以是拥有目标企业几乎全部的股份或资产，从而将其吞并，也可以是对目标企业进行相对控股或参股。

兼并(merger)包括狭义和广义两个层面：狭义的兼并相当于《公司法》和会计学中所指的吸收合并；广义的兼并除了吸收合并以外，还包括新设合并与绝对控股等形式。

兼并与收购，即并购(M&A)，是指在市场机制作用下，企业为了获得其他企业的控制权而进行的产权交易行为。

(二) 收购与兼并的区别

收购是指全面购买企业产权(所有权)，亦即整体购买企业。在评估或估值原理方面和购买其他资产并没有根本性的区别。由于收购企业属于战略性行动，因此总是把收购和一般资产的购买行为相区别。收购一般指一个企业取得对另一个企业完全控制权的行为，是一方吃掉另一方。经过收购，两个企业的资产组合起来，置于实行收购的企业的控制之下。

兼并在以往是指与收购相区别的、使两个企业资产组合起来的特殊方式。在合并的过程中并不存在实行收购的企业和被收购的企业(即一方吃掉另一方)这样一种关系，而是两个企业以平等的地位形成一个新的企业，这一新企业包容了原有两个企业的资产。而在当前，合并一词则常常指两个企业资产组合起来之后的状态，无论组合的过程和方式是收购还是传统的合并。因此，我们常常可以见到并购一词，泛指整体性的企业产权交易。

二、收购与兼并的类型

(一) 按照并购后双方法人地位的变化情况划分

按照并购后双方法人地位的变化情况，可将上市公司并购划分为收购控股、吸收合并和新设合并。

(1) 收购控股,是指并购后并购方存续,并购对象解散。

(2) 吸收合并,是指并购后并购双方都不解散,并购方收购目标企业至控股地位。绝大多数此类并购都是通过股东间的股权转让来达到控股目标企业的目的。

(3) 新设合并,是指并购后并购双方都解散,重新成立一个具有法人地位的公司。这种并购在我国尚不多见。

(二) 按照并购双方行业相关性划分

按照并购双方所处行业相关性,企业并购可以分为横向并购、纵向并购和混合并购。

1. 横向并购

横向并购是指生产同类产品或生产工艺相近的企业之间的并购,实质上是竞争对手之间的合并。

横向并购的优点在于:可以迅速扩大生产规模,节约共同费用,便于提高通用设备的使用效率;便于在更大范围内实现专业分工协作;便于统一技术标准,加强技术管理和进行技术改造;便于统一销售产品和采购原材料等。

2. 纵向并购

纵向并购指与企业的供应商或客户的合并,即优势企业将同本企业生产紧密相关的生产、营销企业并购过来,形成纵向生产一体化。纵向并购实质上是生产同一种产品、处于不同生产阶段的企业间的并购,并购双方往往是原材料供应者或产品购买者,对彼此的生产状况比较熟悉,有利于并购后的整合。

纵向并购的优点在于:能够扩大生产经营规模,节约通用的设备费用等;可以加强生产过程各环节的配合,有利于协作化生产;可以加速生产流程,缩短生产周期,节约运输、仓储费用,降低能源消耗水平等。

3. 混合并购

混合并购指既非竞争对手又非现实中或潜在的客户或供应商的企业之间的并购,如一个企业为扩大竞争领域而涉足尚未渗透的地区,便与本企业生产同类产品的当地企业进行并购,或对生产和经营与本企业毫无关联度的企业进行的并购。混合并购包括:

(1) 产品扩张性并购,即生产相关产品的企业间的并购;

(2) 市场扩张性并购,即一个企业为了扩大竞争地盘而对其他地区生产同类产品的企业进行的并购;

(3) 纯粹的并购,即生产和经营彼此毫无关系的若干企业之间的并购。

(三) 按照被并购企业意愿划分

按照并购是否取得被并购企业即目标企业同意,企业并购可以分为善意并购和敌意并购。

(1) 善意并购,是指收购方事先与目标企业协商、征得其同意并通过谈判达成收购条件,双方管理层通过协商来决定并购的具体安排,在此基础上完成收购活动的一种并购。

(2) 敌意并购,是指收购方在收购目标企业时遭到目标企业抗拒但仍然强行收购,或者并购方事先没有与目标企业进行协商,直接向目标企业的股东开出价格或者收购要约的一种并购行为。

（四）按照并购的形式划分

按照并购的形式,企业并购可以分为间接收购、要约收购、二级市场收购、协议收购、股权拍卖收购等。

(1) 间接收购,是指通过收购目标企业大股东而获得对它的最终控制权。这种收购方式相对简单。

(2) 要约收购,是指并购企业对目标企业所有股东发出收购要约,以特定价格收购股东手中持有的目标企业全部或部分股份。

(3) 二级市场收购,是指并购企业直接在二级市场上购买目标企业的股票并实现控制目标企业的目的。

(4) 协议收购,是指并购企业直接向目标企业提出并购要求,双方通过磋商商定并购的各种条件,达到并购目的。

(5) 股权拍卖收购,是指目标企业原股东所持股权因涉及债务诉讼等事项进入司法拍卖程序,收购方借机通过竞拍取得目标企业控制权。

（五）按照并购支付的方式划分

按照并购支付的方式,企业并购可以分为现金购买式并购、承债式并购和股份置换式并购。

(1) 现金购买式并购,一般是指并购方筹集足够资金直接购买被并购企业的净资产,或者通过支付现金购买被并购企业股票达到获取控制权目的的并购方式。

(2) 承债式并购,一般是指在被并购企业资不抵债或者资产债务比例相当等情况下,收购方以承担被并购方全部债务或者部分债务为条件,获得被并购方控制权的并购方式。

(3) 股份置换式并购。股份置换式并购一般是指收购方以自己发行的股份换取被并购方股份,或者通过换取被并购企业净资产达到获取被并购方控制权目的的并购方式。

三、收购与兼并的历史沿革及发展趋势

（一）五次并购浪潮

为了能够更好地了解并购的意义与本质,我们不妨回顾一下西方国家收购兼并的历史。美国等经济大国从19世纪60年代的工业化开始至今,已在世界范围内先后掀起了五次大规模的并购浪潮。

第一次并购浪潮发生在19世纪与20世纪之交。这一时期,美国工农业处于南北战争后的迅速增长时期,竞争激烈。因此,以扩大经营规模、降低竞争激烈程度为主要目的的横向并购成为这次并购浪潮的主导形式,追求行业的规模经济和垄断势力是这次并购的主要促成因素。大量的横向并购增大了企业规模和部分企业的市场份额,一些著名的巨头公司如杜邦公司、美国烟草公司、美孚石油公司等就是这次并购

浪潮的产物。

第二次并购浪潮始于1922年商业活动的上升时期,终结于1929年严重的经济衰退初期。这次并购浪潮以加工制造业与它的上游企业或下游企业的纵向合并为主要特征。这次并购浪潮的规模较第一次更大,但影响却远不如第一次并购浪潮。这次并购浪潮的主要驱动力是寡头垄断、追求经济的规模效益、借并购来垄断与行业相关的各种资源(包括原材料供应以及运输与销售服务)等。

第三次并购浪潮发生于第二次世界大战后的整个20世纪50—60年代,在60年代后期达到高潮,具有时间长、规模大的特点。本次并购浪潮以混合并购为主要形式,涉及范围非常广泛,而且在很大程度上改变了企业的组织结构。并购的动机主要在于以多元化经营来分散风险,以提高企业经营的稳定性,平抑企业收益的波动。

第四次并购浪潮自20世纪70年代中期延续到90年代初期,以1985年为高潮。这次并购浪潮相对稳定,也主要以实行多样化的经营战略为具体形式,并购的规模较大,大型并购频繁,跨国并购明显增加。

20世纪90年代中期到21世纪初,掀起了第五次并购浪潮。这次并购浪潮无论在广度还是深度上都有新的特征,并购规模空前巨大,并购成功率与融资能力高度相关。与第一次并购浪潮相仿,这次并购浪潮以加强核心业务能力的横向并购为主要形式,许多大规模的并购活动都发生在同行业内,以扩大规模或进行优势互补,增强自身竞争力,使自身能够在越来越激烈的市场竞争中长期立于不败之地。例如,美国的飞机业巨头波音公司兼并另一业内巨头麦道公司,组成了世界上最大的飞机制造公司,其资产总额高达500亿美元,占据了世界飞机制造市场份额的65%,一举压倒其主要竞争对手——法国空中客车公司。又如,美国在线收购时代华纳,开创了一个新型的网络公司收购大型传统企业的先河。

(二)收购与兼并的发展趋势

纵观前五次并购浪潮,我们不难发现,并购浪潮往往与经济周期密切相关,多发生于经济持续增长期,企业对于未来发展的乐观判断会促使其更多地进行并购重组行为。除此之外,政策、技术、地理方面的因素对于并购浪潮也起到促进或抑制的作用。

自2014年起,全球的并购交易金额重回2008年金融风暴后的最高水平,第六次并购浪潮已经席卷而来。这次并购浪潮的主要特征是中国企业的深度参与。

在第六次并购浪潮中,美国无论是在交易数量还是交易总额上依然领跑全球。但自2013年起,中国展示出了强劲的增长力,与其他国家拉开距离,成为仅次于美国的第二大并购经济体。之前令人瞩目的联想天价收购IBM案,如今已经变得比比皆是,阿里并购UC、万达抄底传奇影业等都超过了50亿美元的并购额。由此足以显现出在此次并购浪潮中,中国不再是旁观者,而是已经成为跨境并购交易的主力军。

不管是在交易数量还是交易金额上,中国在这段时期的并购交易走势均与全球市场基本保持一致:2015年交易宗数和交易总额达到峰值,且在其后几年中一直保持稳定繁荣状态。此时的中国,具备了前五次并购浪潮的推动因素,致使前五次并购浪潮的特征交替出现,这是前所未有的挑战,也是巨大的机遇。在证券市场建立后的短短二三十年里,中国并购市场已经有了飞跃性的发展,并购交易的相关法律制度也从一开始的定位模糊逐步发展完善。

在未来几年中,以横向并购与纵向并购为主的产业整合仍将是并购主流;海外并购的力量也不容小觑,战略布局将会朝着互联网、高科技、传媒等新经济领域转向;在并购重组新规出台的背景下,杠杆收购的热度将会回归理性,而混合支付收购会成为未来的主流,并购基金的广泛设立也会成为交易完成的坚实后盾。

第二节 收购与兼并决策及交易过程

一、收购与兼并过程

一般来说,企业并购都要经过前期准备、方案设计、谈判签约和接管整合四个阶段。

(一)前期准备阶段

企业根据发展战略的要求制定并购策略,初步勾画出拟并购的目标企业的轮廓,如所属行业、资产规模、生产能力、技术水平、市场占有率等,据此进行目标企业的市场搜寻,捕捉并购对象,并对可供选择的目标企业进行初步的比较。

(二)方案设计阶段

方案设计阶段就是根据评估结果、限定条件(最高支付成本、支付方式等)及目标企业意图,对各种资料进行深入分析,统筹考虑,设计出数种并购方案。方案包括并购范围(资产、债务、契约、客户等)、并购程序、支付成本、支付方式、融资方式、税务安排、会计处理等。

(三)谈判签约阶段

通过分析、甄选、修改并购方案,最后确定具体可行的并购方案。并购方案确定后,以此为核心内容制成收购建议书或意向书,作为与对方谈判的基础。若并购方案的设计将买卖双方利益拉得很近,则双方可能很快便顺利进入谈判签约阶段;反之,若并购方案的设计偏离对方要求,则会被拒绝,并购活动又重新回到起点。

(四)接管整合阶段

双方签约后,对目标企业进行接管并在业务、人员、技术等方面对其进行整合。并购后的整合是并购程序的最后环节,也是决定并购是否成功的重要环节。

二、收购与兼并决策

收购与兼并决策通常基于战略目的、财务目的以及其他目的。

(一)战略目的

战略目的是指买方为了获取战略机会而进行并购,动因可以分为四类:对规模经济的追求、资源共享或互补、确立或提升市场竞争力和地位、战略调整。

对规模经济的追求是横向并购的一个重要目的,表现在产品批量化生产、销售费用降低、管理人员减少,最后由于长期平均成本降低带来更多效益。

资源共享或互补是指并购双方通过收购,完成在设备、生产线、工艺过程、资金、技术、销售、品牌、土地等方面的共享,在目标市场实现互补,从而达到双赢。

在激烈竞争的新兴行业,市场竞争力和地位非常关键,企业往往通过战略并购来快速确立或提升市场竞争力和地位。

战略调整是并购的一个重要战略目的。所谓战略调整,是对原有战略方向的改变,往往表现为进入新行业和新领域。并购是战略调整的绝佳手段,因为并购新行业的现有企业能够绕开行业门槛,节省市场开拓的时间成本,并且减少一个竞争者,直接获得其行业地位。

(二) 财务目的

首先,买方可以通过并购价值被低估的目标企业,增加股东权益的价值。

其次,买方还有可能为了降低交易费用、提高整体效率而推动并购。交易费用理论认为,企业和市场是两种可以相互替代的资源配置机制,并购可以将企业间的外部交易转变为企业内部行为从而节约交易费用。并购可提高企业的整体效率,表现在财务上即财务协同效应。

再次,并购的财务动因也有可能是节税。较为常见的是,并购亏损企业所带来的节税效应。

最后,并购的财务动因还包括增强买方的融资能力。在经济景气周期,并购带来的融资能力能让企业实现爆发式的增长。

(三) 其他目的

借壳上市是我国特有的并购目的,指非上市公司通过控股上市公司获得上市地位的并购。在国内实施核准制和保荐制的背景下,不想在国内通过 IPO 排队上市,或者还不具备上市条件的企业,通过借壳可以实现在 A 股的快速上市。

收购与兼并的另一个目的是财富再分配。通常,并购是为了创造价值与财富,但是也不乏奔着财富再分配目的进行并购的企业。这种现象背后的理论支撑是财富重新分配理论,该理论认为,并购会影响股价的变动,会产生债权人和股东、员工和股东、公司和消费者之间的利益再分配,因此可能会出现以股东利益最大化为目的的并购。股东的利益来源于新老股东之间利益的转移,因为杠杆收购,使利益从债权人转移到股东,也可能因为整合中的员工精简、产品涨价而从消费者转移到股东。

三、收购与兼并的尽职调查

收购公司通过尽职调查主要实现以下目标:①了解交易对家;②了解目标资产的情况,发现交易和运营风险;③确定是否进行交易以及交易条款;④为交易后对目标资产的运营提供信息。

尽职调查的信息来源包括数据库、目标公司实际考察、管理层访谈等。

尽职调查包括对目标企业所在行业、企业、管理层及退出机遇的详尽分析，从而尽可能全面掌握目标企业的各种情况。

在了解交易对象的性质方面，如果目标公司是非上市公司，信息不公开，则卖方的配合尤为重要。由于交易机制的约定往往较为灵活，如果明确具体的卖方，交易后的风险才有一定的保障。一经签约，来自竞购方的风险也相对较小。

如果目标公司是上市公司，信息相对公开透明，但股权结构往往相对复杂，交易的实施需遵循严格的法定程序，交易机制的约定往往选择性较少。在友好的交易中，谈判对方是公司的董事会，而非股东，但收购的结果又在很大程度上依赖于股东对交易的支持。董事会受其诚信义务(fiduciary duty)制约，签约后来自竞购方的风险较大。交易后一般难以获得赔偿。

不同的交易对象所关注的侧重点有所不同，但主要集中在以下领域：①合规情况：税务、劳务社保、环境、执照许可；②未决诉讼争议；③不动产；④知识产权；⑤信息系统；⑥资产和负债情况；⑦股权情况。

四、收购与兼并交易谈判

通过收购谈判，要最终形成系列交易文件。交易文件包括初步文件、收购协议、附属协议三种主要类型。

(一) 初步文件

初步文件包括保密协议、收购意向书或谅解备忘录。

保密协议中要明确是双向性还是单向保护卖方，与最终交易文件中保密条款的关系，与买方和其顾问签署的保密协议之间的衔接，信息沟通渠道等相关内容。

意向书或谅解备忘录的作用是记录双方就交易达成的框架性、原则性的共识，一般不具有法律约束力。应注意其中具有法律约束力的条款，如付款的要求、独家性、冻结(standstill)条款等相关约定。所谓冻结，是指目标公司与收购方谈判所订立的限制买卖股票的协议。

(二) 收购协议

收购协议主要包括以下内容：①双向性还是单向保护卖方签约方；②前言；③定义；④经济性和结构性的条款(交易形式、收购股份、收购价格等)；⑤声明和保证；⑥承诺；⑦交割前提条件；⑧协议解除；⑨赔偿；⑩其他条款。

与价格相关的保护机制要明确以下内容。

(1) 尽职调查——审查资产状况并根据结果确定基础价格；

(2) 独家性——卖方就资产做出全面的声明和保证：记载价格确定的基础；

(3) 卖方就签约后、交割前资产的运营做出承诺：确保资产的保值；

(4) 价格调整机制：约定基础价格上下浮动以反映目标资产的实际情况；

(5) 尾款或有条件的分期付款：确保买方不会支付高于目标资产实际价值的价格；

(6) 交易完成后的赔偿：目标资产实际价值低于买方假设时，对买方多支付的价格进行退还或补偿。

在与买方退出交易有关的条款部分，买方的核心交易需求之一是退出交易的灵活性，因此，条款的基本原则是合同一经签署，即产生法律约束力，不得随意解约。条款主要包括：①收购协议中的相关机制——买方的解约权；②卖方对声明和保证的重大违反；③卖方对其承诺的重大违反；④反映重大商业利益的安排不能实现；⑤未能获得必要的政府或第三人的同意；⑥卖方资产出现重大不利变化——"重大不利变更条款"；⑦上市公司收购中董事会撤回对交易的推荐。

（三）附属协议

并购附属协议主要包括：①资金托管协议；②股东协议；③过渡期服务协议；④保密和竞业禁止协议；⑤原料供应协议；⑥产品销售协议；⑦与知识产权有关的协议（商标、专利、专有技术）；⑧战略合作协议；⑨雇佣协议和顾问协议。

五、收购与兼并退出

考虑行业特性、行业产值、市场容量、市场增长速度、竞争程度、替代品、所处生命周期等因素，当并购无法达到期初效应时，收购企业要有相应的退出机会，这一点在收购谈判时就应该明确，要在收购完成前做好退出方案，把握收购的主动性。

退出方案应包括以下内容：①退出的方式：出售、上市、合资、资产置换、托管或其他；②交易方式：现金、资产、股权；③交易大致金额范围；④重组方案：股权、债务、人员、业务的重组；⑤税务安排；⑥法律安排；⑦优惠政策的利用。

第三节 收购与兼并财务及估值

一、收购与兼并的支付方式

（一）主要支付方式

收购与兼并的支付方式共分为三种。

（1）股票支付，即换股收购。一般采用定向增发的方式进行。从提出收购公告到实施收购期间，无论是目标公司还是主并公司的股票价格都可能出现较大波动。

（2）现金支付，是更加直截了当的并购支付方式，也就是直接用现金收购目标公司的股份或资产。

（3）股票和现金相结合的支付。

（二）不同支付方式的比较

收购方的管理者比外部投资者更具信息优势，更了解公司的真实价值。从收购方的角度来看，换股收购可视为两宗并行的交易：收购与增发股票。当公司股票价值被市场高估时，管理层偏爱以股票融资作为收购支付的手段；反之，则偏爱现金支付。由此，股票支付会给市场传递一个负面信号，即收购的支付工具——收购方的股票的市场定价偏高，最终使得换股并购给收购方和目标公司股东带来的异常收益明显低于现金支付的并购交易。

此外，现金支付可以减少自由现金流产生的代理成本，从而可以为股东创造更多的价值。因此，现金支付的收购为并购双方的股东带来了较好的股票投资回报。管理层之所以经常采用股票融资作为收购支付方式，在一定程度上是为了不丧失自由现金流给管理者带来的个人利益，尽管这种个人利益来自于对公众股东利益的损害。

需要指出的是，与现金收购相比，换股收购的低异常收益并不一定表明换股收购会特别损害股东的价值。原因是换股收购的异常收益可能只是原来价值被高估的股票的一种价值回归。通常情况下，收购企业会采取股票和现金相结合的支付方式。

（三）如何选择合适的支付方式？

选择合适的支付方式主要应考虑如下因素：①收购方的举债能力和手持现金的多寡；②公司控制，如果股票融资有可能导致大股东丧失对公司的控制权，则被大股东控制的收购公司一般不倾向于采用股票支付；③收购方股价水平；④目标公司对支付方式的偏好；⑤收购规模；⑥融资成本和税收因素；⑦法律规范；⑧信息不对称程度。

二、收购与兼并的税负形式

收购与兼并的税负形式主要包括应税收购和免税合并两种。

应税收购下被合并方需要计算缴纳所得税。在应税收购中，被收购企业股东出售了股权并且实现了应税损益，同时该企业的资产可能会被重新估价。

免税合并，即被合并企业不确认全部资产的转让所得或损失，不计算缴纳所得税。免税收购被认为是出售方企业股东用原股权换取等值的新股权，并未实现资本利得或损失，因此该企业的资产价值无需重新估计。

免税合并下，税法不承认公允价值，也就是说，合并企业接受被合并企业全部资产的计税成本，须以被合并企业原账面价值为基础确定，因此免税合并下资产或负债的计税基础就是原账面价值。而如果投资方是采用公允价值入账的，资产负债账面价值与计税基础之间就会产生暂时性差异，应确认递延所得税资产或递延所得税负债。

三、收购与兼并的会计处理

（一）购买法

购买法是指原目标公司的资产应以公允市场价值报告，使收购企业对这些资产的报告采用新的成本基础。它会产生商誉，使购买价格超过全部收购资产的公允市场价值之和。

（二）权益集合法

权益集合法是指新企业资产都以原兼并和被兼并企业中账面价值计价。权益集合法通常用于企业增发具有表决权的股票以换取被兼并企业至少9%的发行在外的具有表决权的股票。而购买法通常用于其他的并购。

四、并购效益的确定及来源

(一) 并购净收益的确定

并购净收益计算公式为:

并购收益 = 并购后整体企业价值 − 并购前并购企业价值 − 并购前被并购企业价值

并购净收益 = 并购收益 − 并购溢价 − 并购费用

其中,并购溢价 = 并购价格 − 并购前被并购企业价值。企业并购的基本原则是成本效益原则,即并购净收益大于 0,这样并购才是可行的。

资产收益率可衡量公司对股东投入资本的利用效率。它弥补了每股税后利润指标的不足。例如,在公司对原有股东送红股后,每股盈利将会下降,从而在投资者中造成错觉,以为公司的获利能力下降了,而事实上,公司的获利能力并没有发生变化,用净资产收益率来分析公司获利能力就比较适宜。

(二) 并购协同效益的来源

协同效应是指两家企业合并以后,能够产生的那些多余的价值,也就是 1+1>2 的部分。协同效应产生的来源,主要有四个方面,即收入增加、成本降低、税收优势和降低资本成本。

1. 收入增加

收入增加是指当两个企业合并后,社会美誉度更高,市场影响力加大,这都会起到很好的营销作用,促进企业收入的快速增长。同时,垄断效应也会令收入大幅增加,一旦垄断形成,公司就可以提高价格来赚取超额利润。

2. 成本降低

成本降低一方面是指在收购标的公司后,可以换掉不是非常得力的管理层,以此来降低成本。另一方面,当企业经过并购之后,随着规模的增加,可以实现比较大的规模经济,大大降低企业的平均成本。比如这些并购的企业可以共享上游供应商的资源,也可以共享下游客户资源,这种整合也会相应节省供应链的费用。

3. 税收优势

通过兼并收购,可以改变企业的注册地,以此进行合理的税务筹划。举个例子,美国快餐巨头汉堡王在 2014 年的时候收购了加拿大咖啡连锁巨头,并有意将总部迁往加拿大,以降低税务开支。这样一个操作,便可以将美国 35% 的平均税率,降低到加拿大 15% 的平均税率,整体节省了 20 个百分点。

除了税源地优势,在两家公司合并后,一家公司的亏损可以并入另一家公司的报表,收购方利润被降低,交的税也少了。还有一个方面,就是收购兼并可以增加收购方的发债能力,而发债的一个好处就是起到税盾的作用,由于负债筹资的利息支出是在税前支付的,因此可以降低税收支出。

4. 降低资本成本

两家公司合并之后,一些设备和人员发生重复。比如原先的两个总部大楼,可以卖掉一个来降低成本,冗余的行政人员等也可以削减以降低人力成本。

五、收购与兼并交易价格的确定

(一) 企业价值评估的传统方法及缺陷

企业价值评估的传统方法包括基于资产的价值评估方法和基于收益的价值评估方法。

1. 基于资产的价值评估方法

基于资产的价值评估方法主要有账面价值法、重置价值法和清算价值法三类,共同的特征是基于公司资产的多少进行价值评估。

(1) 账面价值法指企业价值是基于资产负债表的股东权益,即总资产与总负债的差。

(2) 重置价值法是根据目前条件下公司资产全新状态的重置成本减去各项资产的实体性贬值、功能性贬值和经济性贬值以评估公司价值的方法。

(3) 清算价值法认为企业价值为清算收入扣除清算费用的余额,此类方法只适用于清算的情况。

基于资产的价值评估方法的矛盾点表现在:是把企业看作由物质组成的财产,还是把它看作由人组成的运转着的组织;是不同生产要素的简单堆积,还是一个有机的整体。

这一方法存在明显不足,只是简单认为企业是一系列资产的集合体,企业的价值取决于各单项资产的价值,即 $1+1=2$。但实际情况并非如此。

而系统论的观点认为:一个系统是一个有机的整体,系统内各要素之间存在着有机的联系,而非无机的组合,即 $1+1>2$。美国评估专家罗伯特·苏博达认为,企业是活的,是有生命的整体,要注重资产的整体性。

韩国大宇公司,账面价值一度达到几百亿美元,却最终以几千美元出售,因为企业的市场价值已降为负值(企业的市场价值以内在价值为基础,受人们对企业未来的预期和社会供求关系的影响)。

基于资产的价值评估模式忽视了企业的管理水平、职工素质、经营效率、商业信誉、专利等重要无形因素对企业价值的影响。企业是有生命的,其价值的本质不仅在于有形资产的多少,更在于它的价值创造。

2. 基于收益的价值评估方法

基于收益的价值评估方法主要包括市场价值法、收益现值法两类。

(1) 在市场价值法中,第一类方法是 P/E 值估价法,然而企业盈利额易受会计人员的操纵,并且,若被估企业处于亏损状态,则 P/E 值估价法不再适用。第二类方法为 P/B 值估价法,公司账面价值在很大程度上取决于所采用的会计政策。若参照公司与被估企业采用的会计政策相差较大,则需做出复杂的调整;若企业长期亏损导致账面价值为负,则不再适用。第三类方法是 P/S 值估价法,此方法没有考虑成本控制及原材料上涨的影响,因此,P/S 值估价法有可能对结果的形成产生误导。

市场价值法的关键在于选择合适的参照公司,但实际的情况是不存在两个企业在"预期增长率"和"风险"方面完全相似。

市场价值法是以健全有效的资本市场为前提的,若市场对参照公司的估价存在系统性偏差或错误,则会得出错误的结论。相比而言,收益现值法以被估企业自身的特有风险、增长率和现金流量为依据,就较少受市场错误估计的影响。

(2) 收益现值法(DCF法)的前提是能够准确估计或预期项目在生命周期内各年所产生的净现金流量,并且能够确定相应的贴现率或风险调整贴现率。同时还需要满足如下条件:

第一,项目是独立的,即其价值以项目所预期产生的净现金流大小为基础,按给定的贴现率计算,不存在其他关联效应(包括项目间的关联和项目对企业战略管理的关联)。

第二,在整个项目生命期内,投资内外部环境不发生预期以外的变化,市场条件和竞争状况严格按照预定方式发展。

第三,决策者只能采取刚性的"do now or never"策略,即只能在"现在投资和永远不投资"之间做出选择。

在投资项目的决策和实施过程中,企业决策者和管理者仅仅扮演被动的角色,静观其变,不能进行相机决策,即决策者不能针对预期外发生的市场条件和竞争状况变化进行决策变更,不存在经营灵活性(operating flexibility)。

可以看出上面的几个条件在现实中是很难同时保证的,因此,企业价值评估需要新的方法进行补充。

(二)企业价值评估的实物期权方法

针对前述方法的不足,尤其是收购与兼并中的协同效应,就要引入实物期权的概念。实物期权效应就是把企业的并购机会看作看涨期权。通常所说的期权指的是金融期权,如股票期权、农产品期权,它的价值取决于标的资产未来的不确定性。而并购活动同样也存在着大量不确定性,即公司价值取决于整合后公司实际经营状况的不确定性。所以,需要引入实物期权的概念来衡量收购与兼并效应的期权价值。

实物期权的分类多种多样,按照不确定性进行归纳,在并购估值中可以分为增长期权、延迟期权、转换期权、规模变更期权和放弃期权五类。

以转换期权和放弃期权为例,根据并购特点,收购企业往往在成功接管后对目标企业进行改组或出售部分资产,体现在收购企业管理层对目标企业资产进行转换和放弃的选择权,这些选择权是有价值的,并能运用实物期权思想和方法进行量化计算,而传统的并购投资分析方法没有考虑这些选择权的价值。

运用实物期权估值时,在识别上述五类主要期权后就要使用数学方法对期权进行定价。方法主要分为B-S期权定价模型、二叉树期权定价模型和蒙特卡罗模拟方法。

(三)并购交易价格的确定

公司内在价值确定以后,根据不同的收购与兼并情景会产生不同的交易价格。在存在单一收购者、善意并购的情形下,交易价格取决于双方谈判、协商的结果。存在单一收购者、恶意并购的情形下,收购者通过标购形式收购目标企业的股票。在这种情况下,原子式小股东的搭便车问题成了收购企业成功接管的主要障碍,此时就要考虑购前持股对并购交易策略的影响,最后确定成功接管时的交易价格。存在多个收购者的情形下,多个收购者之间的出价竞争过程类似于轮流出价的拍卖过程,多个收购者之间的博弈形成最终的交易价格。因此,收购与兼并的交易价格是围绕目标公司的内在价值,根据收购情形的不同而上下波动的。

六、并购融资

并购融资可以分为内部融资和外部融资两种方式。

内部融资渠道包括盈余公积或未分配利润等留存收益、企业应付税费和利息等。内部融资渠道的优点是无成本、风险小,缺点是能够筹集的资金量有限;外部融资渠道的优点是速度快、弹性大、金额大,缺点是成本高、风险大。融资成本主要由两部分组成,即筹资费用和占用费用。前者在筹措资金时一次性支付,如银行手续费、债券发行费,从筹资总额中扣除;后者涵盖资本成本的主要内容,如股利和利息。

外部融资渠道包括以下方式。

(1) 银行或其他投资者提供的贷款资金。银行除可给收购方提供普通的贷款资金以外,通常还会根据收购方的临时需要,提供用于收购的临时贷款,又称过桥贷款(bridge loan)或搭桥贷款,是一种过渡性的贷款。不仅商业银行可为企业并购提供过桥贷款支持,为并购提供财务顾问服务的投资银行与财务公司有时也会为企业提供并购所需的过桥贷款。当然,通常是拥有雄厚资金实力的大型投资银行才有能力提供客户所需的大额过桥贷款。国际上比较通行的做法是,收购方在筹措到资金后,过桥贷款即被偿还。需要注意的是,过桥贷款通常有较高风险。

(2) 发行债券。中级债务是并购融资的常用形式。中级债务也叫"第二层"债务,是一种无担保的次级债务。它同时允许债权人拥有在未来获得股票的权利,兼具股权与债务的一些特点。所谓"中级",即在分配与偿还的优先次序上处于中间地位,介于一般债券与普通股股票之间。在清偿顺序中,位于有担保的优先债权人之后,但优先于权益投资者。可转换债券和认股权证是其常见形式。中级债务一般有5—10年的期限,并且经常只要求在债务存续期间内偿还利息,大额款项在期间结束时偿还。虽然中级债务的融资成本较高,但是因无需抵押,筹集资金的能力较强。

(3) 增发股票,获得权益融资。收购方可以在收购开始前在公开市场上发行股票筹集资金,为收购做准备,但由于此方法过于繁琐和耗费时间,并购中的权益融资通常采用定向增发的方式。

(4) 股票、债券混合运用,就是既举债,又发行股票。在一些大型并购中,因为一条渠道筹到的资金比较有限,可能需要通过多条渠道完成并购融资的任务。这种融资方式主要适用于现金支付与股票支付并用的混合型支付。

(5) 其他混合融资方式,如证券化信贷(银行贷款,如抵押贷款,转变为上市证券后向投资者出售）。证券化信贷由于具备分担与转移风险的功能,因而可以鼓励贷款者向企业提供更多的信贷支持。

第四节 收购与兼并整合

一、收购与兼并整合定义

收购与兼并整合是指当收购企业获得目标企业的资产所有权、股权或经营控制权之后进行的资产、人员等企业要素的整体系统性安排,从而使并购后的企业按照一定的并购目标、方针和战略有效运营。

二、收购与兼并整合意义

波士顿咨询公司(The Boston Consulting Group)的研究表明:80%的并购案不能按期实现预期的效益;80%的失败是因为没有详细的整合计划或没有落实计划。

并购完成的标志可能是完成工商变更登记,也可能是付清价款。实际上,这虽然是并购中重要的一步,却并不是全部。对于一个成功的并购项目,交易环节只是第一步,并购重组后的整合才是决定成败的一步。如果企业进行大量并购却没有有效整合,那么这些企业也会由盛转衰,最终可能因为整合失败而无法正常运转下去,从而无法实现并购的价值。

三、收购与兼并整合流程

收购与兼并整合流程通常包括六个步骤:

第一步,制订整合计划。

第二步,成立整合小组。

第三步,进行有效沟通。首先是要做好与员工的沟通,避免不安的情绪在公司内部蔓延;其次是做好投资者关系管理,在第一时间对外公布并购整合的细节,有利于稳定市场的信心。

第四步,制订员工安置计划。

第五步,职能部门的整合。其中,企业的组织、财务、资产与业务是需要着重关注的方面。

第六步,建立新的公司文化。在整合前就应对并购双方的文化进行相容性评估,跨国并购中文化不兼容的问题可能最为明显。

四、收购与兼并整合过程

(一)收购与兼并整合计划

整合必须从作出并购决策时就开始策划,是并购计划的重要组成部分,一直持续到整合效益实现。整合的目标就是实现资源优化配置、优势互补与资源共享、减少内耗及提升综合竞争能力等。

收购方应在交易谈判阶段就开始制订整合计划。在制订计划的时候要"不忘初心",整合计划应该充分体现并购的目的。整合计划在尽职调查时即需详细规划好,尤其是收购完成后的100天最为重要,要制订好"100天计划"。

(二) 战略整合

1. 总体战略整合

总体战略是企业的顶层设计,包括企业的愿景与使命。海尔集团收购美国通用电气家电业务时,首先面临的就是使命与愿景的整合。两者都是做家电的,但使命与愿景不同:海尔集团的愿景是"海尔智慧家庭 定制美好生活",使命是以科技之力缔造生活之美;美国通用集团的愿景是使世界更光明,以科技及创新改善生活品质。总体战略上的差异必然会引起整合中的摩擦,所以对顶层设计的重构是整合中首先面临的问题。

2. 经营战略整合

在总体战略的指导下对并购后企业生产经营作出的整合,目的是提高企业的核心竞争力,增强企业的盈利能力。使并购后企业的资产、人员、市场占有率、生产计划、发展规划等做到帕累托最优(资源分配的一种理想状态)是经营战略整合的目标。

3. 职能战略整合

如果说,总体战略与经营战略属于指导性方针,那么职能战略则是具体的实施细节。通过职能战略整合使总体战略整合和经营战略整合的目标得以实现,具体包括产品战略、市场营销战略、生产战略、研发战略、人力资源战略、财务战略整合等方面。

4. 战略整合的执行方式

战略整合的执行方式主要有三种。

(1) 命令式。命令式指由并购方来制定战略,由标的企业的管理层去实施。

(2) 变革式。变革式指通过改变标的企业的组织行为来执行并购企业的战略。

(3) 协作式。协作式指通过并购双方共同协商来确定战略整合的制定及实施。

美的收购德国库卡是海外并购中采取协作式战略整合的经典案例。2017年1月,美的以292亿元、溢价36.2%成功收购德国库卡,持股比例超过94.5%。库卡作为德国的一家机器人企业,与中国本土家电企业美的无论是在企业文化还是行业背景上都差异较大。库卡的研究机构与美的的创新研发中心密切对接,由创新研发中心统筹全球的研发布局、确定战略方向。而针对具体的职能战略整合,美的则在总体把握的基础上实施了充分的放权政策,由库卡自行调度。库卡在被收购第二年发布的年报显示,当年总订单交付量36亿欧元,同比增长5.6%,总销售额35亿欧元,同比增长18%。

(三) 管理架构整合

管理架构整合包括组织结构整合和治理结构整合两方面。组织结构整合主要指在并购完成后确定应该采取什么样的组织结构,如设立几个子公司、哪些部门需要合并、哪些部门又需要独立出来等。治理结构整合主要指公司章程、股东会、董事会等顶层设计的融合和规范。

(四) 企业资产整合

1. 固定资产整合

固定资产通常指使用时间超过 12 个月、价值达到一定标准的非货币性资产,包括房屋、建筑物、机器、机械、运输工具等。

2. 流动资产整合

流动资产是指一年内可以变现或者运用的资产,一般包括货币资金、短期投资、应收账款以及存货等。优化流动资产的配置结构,应合理安排各部分所占的比例,加快流动资产的周转速度等。

3. 无形资产整合

这里的无形资产指的是狭义的无形资产,包括专利权、特许权、土地使用权、商誉及商标权等。专利权、特许权、土地使用权主要根据战略整合目标来决定保留或者转让。

长虹电器收购美菱电器后,就选择了"长虹"主打空调、"美菱"主打冰箱的策略,存留了双方在市场上的知名度,强化了品牌优势。

4. 债务整合

目标企业债务形成的原因与分类不同,整合的方式也有所不同,具体可以通过低价收购债权、债务延期及和解、债权转股权三种途径实现。

(五) 人力资源整合

1. 人员甄选程序

根据合并双方公司的不同情况以及成本最低等考虑,对员工的甄选可分为以下四种类型。

(1) 保持独立运转。当两家公司在业务构成、组织架构、人员特长、市场资源等方面互补性非常强,双方各个部门没有重叠时,只需要各自独立运作即可。此时绝大多数组织将保持不变,最重要的是需要明确高层领导的角色,即高级管理成员责权明确,各个部门的汇报指向必须非常明确。

(2) 取代性控制。当其中一家公司的实力明显更强,而市场公认该公司管理层比另一家优秀时,将由较强的管理层取代现有管理层,并且尽快选取关键的、优秀的员工,用优厚的奖金福利等待遇挽留比例为 20% 左右的核心员工,因为这一梯队将直接影响另外 80% 的员工的走向。当建立了稳定的组织核心后再逐步挑选基础员工。

(3) 平等的合并。当两家公司实力旗鼓相当时,需要制定一个标准划一的甄选规则,对双方公司员工一视同仁地进行考核,即二选一。

(4) 变革性的改组。平等的合并和变革性的改组有一个共同的原则,即选取最优秀的员工。

上述四类方法中,前两种容易控制,而后两种方法尽管困难,却是并购企业最希望能实现的。

2. 沟通策略

沟通策略在兵法中的目的是成就"百战百胜"的"知己知彼"术。并购双方各自有其企业运作的原则和程序，企业并购过程中可能出现的情况是当经理来自收购方，而员工来自目标企业时，他们对程序的习惯就不一样。企业在人力资源整合过程中，首先要知道公司员工在想什么。他们提出来的问题通常有："我们是收购者，不是被收购者，为什么我们要面对可能会失去工作的风险""公司会如何对待员工""甄选将会如何进行""我如何知道是否公平""我该如何面对亲爱的下属们"等，每个人有每个人不同的想法。

实践中与员工沟通时可以使用以下几个基本策略。

（1）实话实说。与员工的沟通要目标清晰、透明公开、及时且保持一定的频率。关于公司的现状和未来，都要及时与员工沟通。"我们的人员挑选程序是怎样的，应该怎样去表现你自己，你是否有机会以及怎样争取不同的工作"，这些都要告诉每一位员工。整个过程最忌讳让员工随意猜测，要尽量做到让员工提问题并让他们得到答案。

（2）一定要集中沟通。不要今天这里五个人谈一次，明天另外六个人来谈。

（3）统一沟通口径。全公司信息沟通遵循一个正式渠道，用同一个演讲材料，不能有偏差，不能跟甲说的和跟乙说的不一样。

（4）明确沟通对象。沟通对象不限于员工，还要跟供应商、客户、媒介、政府、合作伙伴沟通。

（5）统一沟通内容。沟通的内容应该包括并购涉及的方方面面，从策略、人员、文化、客户关系、供应商政策、品牌、合并进程、安全、业绩到对股东的态度，都要讲，尽量做到全面沟通。

（六）企业文化整合

1. 企业文化整合的含义

文化整合具体是指价值观、精神、领导风格、共同行为规范这几个方面的整合。企业整合是一个由浅到深、由易到难的递进过程，文化整合是其中最顶层也最复杂的部分。

由于文化整合做得不到位，文化差异就会演变成文化冲突，从而使得并购交易以失败告终。这其中包含着跨境并购中民族文化差异引起的冲突，也有国内并购中出现的体制冲突等问题。

2. 国内并购的文化差异

国内并购的文化差异主要表现在国企与民企之间的文化差异、地域上的文化差异两个方面。

1990 年，浙江凤凰作为最早一批在上交所上市的 8 只股票之一，在资本市场上引起了广泛的关注。然而上市短短 3 年的时间却因为业绩不佳收到了上交所的退市警告。1994 年 6 月，同城的浙江康恩贝集团看上了这只标的股，以每股 2.02 元的价格受让了兰溪市财政局持有的 2 660 万股国有股，成为 50.01% 的大股东。然而浙江凤凰作为老牌的国有企业，其员工在交易完成后心理上仍存在着国企老大的优越感，不肯接受街道小厂发展起来的康恩贝集团所带来的企业文化，员工之间的沟通和协调出现了严重的问题，经营状况不仅没有得到改善,反而每况愈下。最后,康恩贝集团在1996年将持有的股票分别转让给中国华源集团和浙江交联电缆有限公司,这场备受瞩目的并购以失败告终。

3. 跨国并购的文化差异

跨国并购中不仅要面对双方的企业文化差异,还要面对民族文化的差异。民族文化是一个国家日积月累形成的,烙印在企业基因里的传统、价值观甚至信仰,在民族文化的影响下,跨境并购的双方也会表现出不同的企业管理实践。

德国的戴姆勒-奔驰汽车公司收购美国克莱斯勒汽车公司本被外界认为是"天作之合":奔驰主攻高端市场,克莱斯勒主要生产中低档汽车;奔驰的销售市场主要集中于德国与其他欧洲国家,而克莱斯勒则集中于北美。但是文化冲突却导致这场联姻梦碎。德国文化十分讲究严谨,在公司文化上讲求计划周密,领导上带有权威主义;而美国文化强调效益,个人主义盛行,更加注重创新能力。两家公司在并购后发生了严重的文化冲突,美国员工中许多技术人员因为不满德国的领导风格以及刻板的会议通勤制度,选择了离职;而对于公司未来发展的争议导致克莱斯勒公司的原总裁提出辞职,十多位公司的高级管理层人员也相继离开。公司在并购后出现亏损,竞争力也有所下降。

4. 文化整合模式

(1) 移植模式。移植模式是指将并购方的公司文化直接移植至标的公司中。这种模式的好处是简单直接,适用于双方文化差异较小且并购方公司为强势文化的情况,多用于吸收式整合。

海尔在并购市场多以行业整合者的形象出现,在累积了多次成功经验的基础上总结出了"激活休克鱼"的文化移植模式。"休克鱼"是一种形象的比喻,鱼的肌体没有腐烂,意味着企业的硬件很好;休克状态则是指企业的管理思维僵化,企业文化、观念存在问题,导致企业停滞不前。这种企业一旦注入新的管理思想,移植先进的公司文化,很快能重新在市场上活跃起来。海尔在20世纪90年代起的近10年内,先后兼并了数十家企业,并且都成功地按照"激活休克鱼"的模式扭亏为盈。

(2) 嫁接模式。嫁接模式是指在整合前,并购方仔细分析自身与标的公司的文化差异,在充分尊重标的公司文化的前提下,将自己的核心文化嫁接到标的公司。

嫁接模式操作起来可能较为复杂,需要在前期尽职调查时就做大量的准备工作,并且要求并购方有成熟的公司文化以及一定的文化输出能力。嫁接模式的成功率相对于移植模式来说比较高,适合运用于强势并购方收购弱势标的公司的跨境并购。

(3) 渗透模式。渗透模式并不要求标的公司在短时间内接受并购方的公司文化,而是通过日常的经营管理、员工培训、团队建设活动等逐渐渗透的方法,对标的公司的员工进行潜移默化的影响,最终使其成为公司文化的执行者和维持者。联想并购IBM时,就采用了渗透式的文化整合模式。联想虽然是并购方,但是公司文化并不占据强势地位。

(4) 融合模式。融合模式是双方吸纳对方公司文化中的优良成果及先进经验,找到新企业文化生长的共同点,在达成共识的基础上形成新的企业文化体系。这种模式以充分沟通为基础,以求同存异为原则,力求得到并购双方的认同,减少文化整合风险,最终达到水乳交融的状态,这是文化整合的最高境界。但是值得注意的是,融合模式比较理想化,实际操作起来对并购双方的沟通能力、管理水平、谈判博弈均是不小的考验。

优酷土豆的并购案中,文化整合便属于融合模式。两家企业都属于中国土生土长的互联网视频公司,同样的时代背景使得这两家公司的文化十分相似。优酷和土豆分别作为行业的老大与老二,在公司文化方面都有其独到之处:优酷诞生于北京,企业文化更注重用户的体验,对用户反馈及时作出反应;而上海企业土豆则提倡分享精神,更多地把自主权交给了用户,提供平台让用户自行探索。在文化整合过程中选择在充分沟通的基础上兼容并包,使得重组后的优酷土豆更容易找到未来的发展方向。

(5) 自主模式。当并购双方文化差异巨大,并且并购方没有能力对标的公司进行文化输出时,就可以采用自主模式,不加干预,让标的公司保留原有的文化,尽量避免文化冲突造成公司核心人才流失。这种模式多用于保留式整合。自主模式在并购方文化输出能力不够的情况下,不失为一种过渡的选择。

吉利收购沃尔沃的文化整合就属于自主模式。在并购沃尔沃后的很长一段时间,吉利都保有着双塔式结构,只在技术上进行交流,并没有贸然进行文化整合,充分尊重沃尔沃的企业文化与瑞典的民族文化。2010年,当宣称汽车是"轮子加沙发"的李书福收购沃尔沃时,许多人都在等着看笑话。结果,沃尔沃起死回生,销量盈利连年走高。沃尔沃仅2023年三季度的营业利润已经超过190亿瑞典克朗。吉利收购沃尔沃已经成为中国企业跨国并购最成功的案例之一。

第五节　收购与兼并防御策略

一、收购与兼并防御动因

所谓收购与兼并防御,是指目标公司管理层为了防止公司控制权转移而采取的旨在预防或挫败收购方收购本公司的行为。可见,反收购的主体是目标公司,反收购的核心在于防止公司控制权的转移,挫败收购行为或迫使收购方提出更有利的收购条件。一般来说,反收购发生于敌意收购的情况之下。敌意收购是相对于友好或善意出价收购而言的,它是指遭到目标公司管理层反对的收购活动。

目标公司股东(特别是控股股东)和管理层抵制收购的主要原因有以下几点。

(1) 控制权是稀缺且有价的,能为持有者创造经济价值。因此持有者不愿让渡此项权力而进行反收购。

(2) 现任管理层因自身利益需要不希望丧失其对目标公司的控制。一旦被收购,目标公司的管理层将有较大变动,这将危及现任管理者的位置、权力、威望以及待遇。

(3) 资本市场并不一定是完全有效的,有时并未对目标公司作出正确、适当的评价。管理层相信公司具有较高的潜在价值,认为以收购方提出的条件出售公司不符合股东利益,因而不愿轻易出售公司的权益。

（4）收购方收购目标公司后，可能通过各种方式将目标公司分离支解，并大幅改变目标公司的企业文化和发展战略。如此行为，将给目标公司的经营业务、企业文化、社会责任、公众形象和组织结构带来巨大影响。为了减少这种行为带来的不利影响，也就引出了规避此行为的反收购措施。

（5）目标公司的利益相关者，不仅仅是其股东，还有目标公司的职员、供应商、客户、债权人、战略合作伙伴等，他们都与公司有着重要的利益关联。在一定程度上，为了维护利益相关者的利益，或迫于利益相关者的压力，目标公司管理层会作出反收购的决策。

（6）管理层或股东认为收购方出价偏低，希望通过抵制收购来迫使收购方为了收购成功而提高股票的溢价，从而为目标公司股东创造尽可能多的价值。目标公司抵制收购的行为会延缓收购方的收购步伐，从而让其他有兴趣的公司加入收购竞争的行列，最终提高收购价格。

二、收购与兼并防御策略

常用的收购与兼并防御策略有以下几种。

1. 剥离

目标企业管理层从接管的前景考虑，可能采取一些收缩经营战线、集中于公司主业的策略以提升股价。因此，接管企业要达到接管目的就不得不付出昂贵的代价。目标企业管理层采取的剥离策略主要有三种：出售资产、分立股票、发行追踪股票。

2. 公司章程

目标企业通常修改章程以增加收购难度，在章程中规定了接管条件。此外，另一种手段是暂时停止董事的选举，增加选举新一届董事会的难度。

3. 回购与停滞协议

回购与停滞协议是指目标公司安排定向回购活动以消除接管威胁，同时签订一项停滞协议，从法律上规定收购公司不能继续收购。

4. 排他式自我收购

排他式自我收购与定向目标回购相反，这种自我收购是指企业向目标股东之外的其他股东要约收购自己一定数量的股票。

5. 转为非上市和杠杆收购

转为非上市指的是企业由公众持有的股票被一个私人投资集团购买，而该集团通常是由现任管理层组成。常用的手段是杠杆收购，即购买股票所用的现金是举借债务得到的。这种方式具有创造价值的能力，具体表现在两方面。

（1）增加的负债会减少税负，而这将增加企业的价值。

（2）杠杆收购通常会使管理人员成为股东，从而提高工作积极性。

其他收购与兼并防御策略还包括"金保护伞"、"皇冠宝石"（又被称为"焦土地战略"，出售主要资产）、"毒丸计划"（在财务安排上，"毒丸"用来使他人厌恶某种股票）等方式，篇幅所限，此处不再赘述。

第六节　收购与兼并效应及风险控制

一、并购效应的实证证据

(一) Fundamentals of Corporate Finance 研究结论

Fundamentals of Corporate Finance[①] 对并购效应的研究结论如表 7-1 所示。

表 7-1　并购效应统计

短期情形是否成功	成功		未成功	
接管方式	目标企业	竞价企业	目标企业	竞价企业
发盘收购	30%	4%	−3%	−1%
兼并	20%	0%	−3%	−5%
投票委托权争夺	8%	N/A	8%	N/A
长期情形:				
非善意的现金发盘收购方式下的兼并企业(%)				61.7
善意的或非善意的支付现金的兼并企业(%)				18.5
所有的兼并企业(%)				−6.5
股票交换方式下的兼并企业(%)				24.2

短期情形的实证结论:①所有事件研究的结果表明,目标企业股东在成功的接管活动中,都获得了大量的短期收益;②竞价企业股票相对来说从接管中所获甚少;③在失败的兼并活动中,从发生要约日到撤销日,目标企业得到的回报是负值,即所有在开始得到的利得在得知兼并失败之时已全部丧失了。

长期情形的实证结论:①兼并企业股东长期收益在平均水平之下;②现金购买方式不同于股票交换方式;③现金收购方式亦可区分为善意的和非善意的,非善意的现金兼并企业股票的表现比善意的现金兼并企业股票的表现出色得多。

(二) 目标公司股东收益

Robert F. Bruner(2002)在 Journal of Applied Finance 上发表的文章"Does M&A Pay? A Survey of Evidence for the Decision-Maker"中对目标公司股东收益的研究结论如表 7-2 所示。

---

① Stephen A. Ross, Randolph W. Westerfield, Bradford D. Jordan. Fundamentals of Corporate Finance[M]. McGraw-Hill ISE, 2007.

表 7-2 目标公司股东收益（摘选）

研究者	累积超额收益（%或每笔交易平均获利美元金额）	样本大小	样本期间	事件窗（天）	正收益所占比例（%）	备注
Healy, Palepu, Ruback(1992)	+45.6%**	50	1979—1984	(5, 5)	N/A	期间内美国的最大的合并
Kaplan, Weisback(1992)	+26.9%**	209	1971—1982	(−5, 5)	94.7%	合并与要约收购
Berkovitch, Narayanan (1993)	+$130.1MM**	330	1963—1988	(−5, 5)	95.8%	要约收购
Smith, Kim (1994)	+30.19%** +15.84%**	177	1980—1986	(−5, 5) (−1, 0)	96.0% 91.3%	成功的与失败的要约收购
Schwert (1996)	+26.3%	666	1975—1991	(−42, 126)	N/A	合并与要约收购，也有各种交易属性的分段数据
Loughran, Vijh (1997)	+29.6%** 合并 +126.9%** 要约收购 +47.9%** 综合	419 135	1970—1989	(−2, 1 250)	N/A	收购后5年的收益，也有付款形式的分段数据
Maquieira, Megginson, Nail (1998)	+41.65%** 综合性大企业 +38.08%** 非综合性大企业	47 55	1963—1996	(−60, 60)	61.8% 83.0%	综合性大企业与非综合性大企业的换股合并收益研究
Eckbo, Thorbum(2000)	+7.45%**	332	1964—1983	(−40, 0)	N/A	仅是加拿大的目标公司
Leeth, Borg (2000)	+13.27%**	72	1919—1930	(−40, 0)	N/A	—
Mulherin, Boone(2000)	21.2%**	376	1990—1999	(−1, 1)	N/A	—
Mulherin (2000)	+10.14%**	202	1962—1997	(−1, 0)	76%	未完成收购的样本
Delong (2001)	+16.61%**	280	1988—1995	(−10, 1)	88.6%	至少有交易一方是银行
Houston 等人 (2001)	+15.58%** (1985—1990) +24.6%** (1991—1996) +20.8%** (综合)	27 37 64	1985—1996	(−4, 1)	N/A	交易双方均为银行

注：** 统计显著性。

研究结果表明：由于收购公司一般会向目标公司支付相当幅度的溢价，目标公司的股东通常是并购过程中的受益者。大量研究表明，并购重组为目标公司股东带来的收益很丰厚。表中的研究结果显示，目标公司股东的平均超额收益率在20%～30%。

（三）收购公司股东收益

Robert F. Bruner(2002)在 *Journal of Applied Finance* 上发表的文章"Does M&A Pay? A Survey of Evidence for the Decision-Maker"中对收购公司股东收益的研究结论如表7-3所示。

表7-3 收购公司股东收益（摘选）

研究者	累积超额收益（%或每笔交易平均获利美元金额）	样本大小	样本期间	事件窗	正收益所占比例（%）	备注
Mandelker(1974)	−1.32%仅为成功的竞价	241	1941—1963	(0, 365天)	N/A	仅为合并，事件日为交易完成日
Dodd, Ruback(1977)	−1.32%成功的 −1.60%失败的	124 48	1958—1978	(0, 365天)	N/A	仅为要约收购，事件日为报价日
Langetieg(1978)	−6.59%** 仅为成功的竞价	149	1929—1969	(0, 365天)	N/A	仅为合并，事件日为交易公告日
Asquith(1983)	−7.20%** 成功的 −9.60%** 失败的	196 89	1962—1976	(0, 240天)	N/A	仅为合并，事件日为交易公告日
Bradley, Desai, Kim(1983)	−7.85%** 仅为失败的竞价	94	1962—1980	(0, 365天)	N/A	仅为要约收购，每日数据
Malatesta(1983)	−2.90%样本整体 −13.70%** 1970年后 −7.70%竞价的小企业	121 75 59	1969—1974	(0, 365天)	N/A	仅为要约收购，事件日为交易公告日
Agrawal, Jaffe, Mandekler(1992)	−10.26%**	765	1955—1987	(0, 1 250天)	43.97%	仅为合并，合并后5年的业绩，要约收购后的业绩与零没有显著区别
Loderer, Martin(1992)	+1.5%	1 298	1966—1986	(0, 1 250天)	N/A	合并与要约收购，收购后5年的业绩
Gregory(1997)	−12%——18%**	452	1984—1992	(0, 500天)	31%—37%	使用事件研究法的6种变体，英国的合并与要约收购，收购后2年的业绩

(续表)

研究者	累积超额收益(%或每笔交易平均获利美元金额)	样本大小	样本期间	事件窗	正收益所占比例(%)	备注
Loughran, Vijh(1997)	−14.2%合并 +6.13%** 要约 −0.1%综合	434 100	1970—1989	(1, 1 250 天)	N/A	收购后5年的收益,也有付款形式的分段数据
Rau, Vermaelen(1998)	−4%** 合并 +9%** 要约收购	3 968 348	1980—1991	(0, 36 个月)	N/A	收购后3年的收益,深入研究了价值与 glamour 投资战略

注:** 统计显著性。

研究结果表明:收购为收购公司股东带来正收益的几率与为收购公司股东带来负收益的几率几乎一样大。从长期来看,表中的研究结果显示,收购公司股东收益随着年代推移呈递减趋势。

(四) 并购综合收益

Robert F. Bruner(2002)在 *Journal of Applied Finance* 上发表的文章"Does M&A Pay? A Survey of Evidence for the Decision-Maker"中对并购综合收益的研究结论如表7-4所示。

表7-4 并购综合收益

研究者	累积超额收益(%或每笔交易平均获利金额)	样本大小	样本期间	事件窗(天)	正收益所占比例(%)	备注
Halpern(1973)	+$27.35MM	77	1950—1965	(−140, 0)	N/A	合并
Langetieg(1978)	0%	149	1929—1969	(0, 60)	46%	兼并,以交易生效日为事件日
Firth(1980)	−£36.6MM	434	1969—1975	(−20, 0)	N/A	英国的收购
Bradley, Desai, Kim(1982)	+$17MM	162	1962—1980	(−20, 5)	N/A	要约收购,从 Jensen, Ruback(1983)文中间接得到
Bradley, Desai, Kim(1983)	+$33.9MM	161	1963—1980	(−20, 5)	N/A	从 Weidenbaum, Vogt(1987)文中间接得到
Malatesta(1983)	+$32.4MM**	30	1969—1974	(−20, 20)	N/A	合并

(续表)

研究者	累积超额收益（%或每笔交易平均获利金额）	样本大小	样本期间	事件窗（天）	正收益所占比例(%)	备注
Varaiya(1985)	+$60.7MM	N/A	N/A	(-60, 60)	N/A	从Weidenbaum, Vogt(1987)文中间接得到
Bradley, Desai, Kim(1988)	+$117MM (7.43%)**	236	1963—1984	(-5, 5)	75%	仅为要约收购；数据是1963年7月—1968年7月、1968年7月—1980年12月与1981年1月—1984年12月子时期的；随着时间变化，综合收益并没有显著变化
Lang, Stulz, Walkling(1989)	+11.3%**	87	1968—1986	(-5, 5)	N/A	仅为要约收购
Franks, Harris, Titman(1991)	+3.9%**	399	1975—1984	(-5, 5)	N/A	合并与要约收购
Servaes(1991)	+3.66%**	384	1972—1987	(-1, 完成)	N/A	合并与要约收购
Bannerjee, Owers(1992)	+$9.95%MM	33	1978—1987	(-1, 0)	N/A	白衣骑士竞价
Healy, Palepu, Ruback(1992)	+9.1%**	50	1979—1984	(-5, 5)	N/A	期间内美国的50起最大的合并
Kaplan, Weisbach(1992)	+3.74%**	209	1971—1982	(-5, 5)	66%	合并与要约收购
Berkovitch, Narayanan(1993)	+$120MM**	330	1963—1988	(-5, 5)	75%	仅为要约收购
Smith, Kim(1994)	+8.88%** +3.79%**	177	1980—1986	(-5, 5) (-1, 0)	79.1% 73.8%	仅为要约收购
Leeth, Borg(2000)	+$86MM	53	1919—1930	(-40, 0)	56.6%	1998年的美元
Mulherin, Boone(2000)	+3.56%	281	1990—1999	(-1, +1)	N/A	—
Mulherin(2000)	+2.53%**	116	1962—1997	(-1, 0)	66%	未完成收购的样本

(续表)

研究者	累积超额收益（%或每笔交易平均获利金额）	样本大小	样本期间	事件窗（天）	正收益所占比例（%）	备注
Houston 等（2001）	+0.14%（1985—1990） +3.11%**（1991—1996） +1.86%**（所有的）	27 37 64	1985—1996	(−4, 1)	N/A	交易双方均为银行

注：** 统计显著性。

研究结果表明：将目标公司和收购公司合并起来考虑，计算并购的综合收益，综合收益为正，表明并购在一定程度上增加了社会财富。由于收购公司比目标公司通常大得多，即使收益额在两者中均分，收购公司股东的超额收益率也比目标公司股东小得多。

(五)《商业周刊》的研究结论

美国《商业周刊》研究了1995—2001年发生在美国的约三百起大型兼并案例。研究得出的主要结论如下。

(1) 主并企业的股票表现比业界平均低4.3%，比标准普尔500指数低9.2%。

(2) 买家失败的主要原因是出价太高，从并购前一周开始，卖家股东就获得了19.3%的额外收益。

(3) 完全用股票进行的并购（占并购总数的65%）结果最糟。在并购一年后，它们的表现比业界平均低8%。而完全用现金收购的企业比业界平均表现好0.3%。

(4) 投资者最初的反应对于并购的成败是一种很好的预测。在并购第一周股价大幅下跌的企业中，66%的股价涨幅在一年后仍然落后于业界，平均幅度达25%。而在并购第一周股价上涨的企业在一年后的平均涨幅为31%，这些企业第一周的平均涨幅为5.6%。

二、收购与兼并股东的损失

(一) 兼并的两个"坏"理由

1. 收益的增长

并购会产生收益的增长，这将愚弄投资者，使他们高估企业的价值。这是收益增长的魔法，就像所有很棒的魔法一样，它是一种幻觉，两个企业的股东都将因此在没有任何付出的情况下有所收获。这种情形可能会持续一阵子，但从长远来看，有效市场终将发挥效力，市价也将随之降下来。

2. 多元化

多元化经常被列为兼并的好处之一。但是，多元化本身并不能增加价值。多元化无法消除系统性波动，所以兼并根本无法消除这种风险。相比之下，非系统风险可由兼并化解。实践表明,混合兼并实现的多元化通常并不能使股东受益。

(二) 股东因风险降低而付出的代价

若一家公司有负债,债权人集团通常会因并购受益,但被兼并企业的股东通常会牺牲一些利益,其大小等于债权人获益数。

然而,这些结论适用于不产生协同效益的并购。在产生协同效益的并购中,这些结论是否仍适用要取决于协同效益的大小。

股东可以通过以下两种方式减少由于共同保险效应而遭受的损失:一是有负债的企业股东可以在兼并公告日之前赎回债券,然后在兼并后再发行等量的债券;二是在兼并后增加负债。

三、收购与兼并面临的风险及防控

(一) 收购与兼并面临的风险

1. 动机风险

企业在实施并购行为之前,需要先明确并购动机,基于动机和目的开展并购活动。但是如果企业在并购之前没有明确并购动机,对市场环境、发展战略、经营方向缺乏思考和规划,只是受到社会舆论、好胜心以及短期利益的驱使进行并购,则容易产生经营风险,而这种风险是潜在的、难以预测的,会给企业造成巨大损失。

2. 盲目风险

并购活动关系到企业的未来发展,如果企业的并购行为较为盲目,自我膨胀或者自我夸大只是为了在竞争中获取优势,以低廉的价格开展并购,那么,盲目扩大生产规模,容易产生盲目风险。

3. 信息风险

信息是现代企业获取市场竞争优势的重要资源,尤其在信息时代下,掌握充足的信息则意味着企业在竞争中可以"快人一步"。信息风险主要是指在开展并购活动中,企业信息存在不对称情况,包括被并购企业的合法性、长期债务、短期债务、经营成果、生产规模等,信息方面的不对称会为企业并购埋下诸多隐患。

4. 法律风险

法律风险主要是指企业在开展并购行为时,由于目标企业的专利、产品、资产价值以及诉讼仲裁违反了相关法律规定,导致并购企业面临诉讼危机。

5. 经营风险

经营风险主要是指企业在扩大生产规模和经济互补中,对被并购企业进行资源优化配置、开展科研创新以及改进经营模式而诱发的经营风险。并购企业没有实现既定的收益,反而由于并购而造成经济损失。

6. 财务风险

财务风险属于企业并购中最为常见也最为严重的风险,其贯穿于并购活动的整个过程中,主要是指并购行为对企业的经营成果、财务状况造成不确定性,涉及资金筹集、价格评估等融资风险,或者财务整合风险以及流动资金风险等。

(二) 收购与兼并的风险识别

1. 专家调查法

邀请具有一定并购经验的专家来调查并购中可能发生的风险。专家调查法以并购专家的专业知识为基础,对企业进行深入分析,预测可能需要面对的风险。这种方法在风险预测和分析中应用广泛。通常情况下,采取该方法开展风险识别可按照确定专家组成员、拟定风险调查表、汇总专家意见、识别潜在风险四个步骤进行。

2. 风险树识别方法

风险树识别方法的优点是能够从浅入深地直观分析企业并购项目所面临的风险,有效锁定主要风险。主要按照三个步骤进行。

(1) 确定项目的主要风险;

(2) 通过筛选、监测和诊断等手段,对主要风险进行划分,重点关注风险的成因和不确定性;

(3) 通过将大风险逐步划分为小风险,可以准确地找出并购风险的原因和关键因素,从而进行评估和防范。

3. 分段风险识别法

分段识别方法是按照并购风险出现的时间进行划分的。分段风险识别的基本原则如下。

(1) 确定并购的风险管理目标;

(2) 充分了解并购的目标和相关信息,制定并购方案;

(3) 寻找并购中的风险因子,按照并购活动的决策、执行和整合等不同时期段逐一识别风险;

(4) 对识别出的风险开展风险测评和评估。

(三) 收购与兼并的风险防范

1. 制定发展战略

首先,企业要先对自身的经济实力有明确的认知,制定长远的发展规划,在规划的引领下合理地开展并购行为;其次,判断自身的资金流、融资能力、管理模式、主营业务、行业前景以及经营规模,确保并购活动符合自身利益;最后,企业并购不能存在盲目和侥幸心理,应基于经济大环境有计划地开展并购。

2. 强化忧患意识

正确看待并购中存在的各种不确定因素,衡量不确定因素可能造成的影响。并购企业的行业竞争力如果较强,则要将重心置于科研创新中,更新生产设备和生产技术,在夯实行业地位后,有选择地开展并购活动。由于现代市场环境变化迅速,例如国家政策、市场需求出现变化,则会对企业经营带来负面影响,甚至影响并购行为,因此,企业只有具备充足的现金流和备用金,才能确保生产正常运行。

3. 全面收集信息

充分利用信息技术,组建信息收集小组,对目标企业的信息进行全面收集,并整合为系统性的文件,提供给企业管理层,以便其制定相关决策,保证决策的合理性和科学性。收集信息应包含发展前景、市场价值、企业文化、经营成果以及财务状况,根据信息制定以及优化并购策略。信息收集属于动态过程,贯穿于并购过程中,企业在并购中要不断地收集信息,确保信息具有实时性和价值性。

4. 避免过高溢价

选择专业的评估机构在进行充分调研的基础上对被并购企业进行合理估值。对目标企业的产业整体情况、相关产业政策、企业的经营情况、资产负债等财务状况和企业的人力资源、技术资源以及流量资源进行充分的评估,确定一个并购企业可以接受的报价范围之后,与目标企业进行谈判,才能达成最终并购交易价格。

5. 规避财务风险

对目标企业的资产总值和行业价值进行评估,制定以及完善评估体系,通过科学的评估规避可能存在的财务风险。对并购所需的资金进行统筹规划,避免企业在完成并购后出现资金危机,做好企业融资管理。合理确定目标企业,对企业的盈利能力开展分析,避免企业在完成并购后亏损。

6. 防范法律风险

做好内控管理,对企业的所有部门开展监督和控制,可以发现企业在并购中存在的管理问题和法律问题。企业内部所有部门要形成协同配合体系,按照国家既定的法规、法律开展各项工作,从源头控制法律风险。

第七节 案例分析:吉利"蛇吞象"收购沃尔沃

吉利控股集团收购沃尔沃汽车是一起经典的"蛇吞象"收购案例,是中国企业在跨国收购中堪称里程碑式的事件,对中国汽车行业的飞速增长有着很大的促进作用,标志着我国民族汽车工业已经走出国门,迈向世界。

一、交易背景

(一)买方背景

吉利控股集团(以下简称"吉利")是一家民营性质的企业,成立于1986年,从生产电冰箱零件起步,发展到生产电冰箱、电冰柜、建筑装潢材料和摩托车。1997年,吉利才正式进入汽车领域,由于当时城市化进程的速度不断加快,人们对经济型轿车的需求旺盛,因此以低价策略为核心的吉利汽车很快获得了消费者的认可。在创始人李书福的带领下,经过二十多年的发展,吉利已成长为以中国为核心,业务覆盖世界大多数国家和地区的全球化企业集团。目前,吉利的总部设在杭州,旗下拥有吉利汽车、沃尔沃汽车、领克汽车、Polestar、宝腾汽车、路特斯汽车、伦敦电动汽车、远程新能源商用车等众多汽车品牌，涵盖了低端、中端和高端汽车市场。

在2007年之前，吉利的造车理念为"造老百姓买得起的好车"。1997—2001年，吉利主要处于产品模仿阶段。在这个时期，吉利没有专业的技术人员，由于刚进入汽车行业，其采用的研发方式就是对其他品牌汽车进行拆解和模仿，没有属于自己的核心研发，基本上属于山寨模仿的商业模式。

2002—2007年，吉利才开始进入核心零部件的自主研发阶段。这一阶段吉利的自主研发主要集中在发动机和变速器。即便如此，吉利的品牌核心依然是在低价的基础上保持良好质量，缺乏丰富的产品种类和品牌影响力。

从2007年开始，吉利决定实施战略转型，将造车理念从"造老百姓买得起的好车"变为"造最安全、最环保、最节能的好车，让吉利汽车走遍世界"，实施"价格优势"向"技术优势"的战略转型。吉利如果想走遍世界，就必须扩展海外市场，拥有自己的技术创新和良好的知名度。如此一来，并购一家世界知名汽车企业就成为吉利进入他国市场和打破技术壁垒的最好方式。

在2010年收购沃尔沃汽车之前，吉利汽车2005—2009年的营业收入分别为1.01亿港元、1.27亿港元、1.32亿元、42.89亿元和140.69亿元。而营业利润率分别为−7.21%、−21.65%、−23.07%、16.12%和11.13%。吉利汽车的营业利润在这五年同样呈现出增长的态势，虽然在2005—2007年这3年还出现负增长，但2008年和2009年都呈现巨幅增长。

在汽车销量方面，吉利2005—2009年同样呈现快速增长的趋势，分别为10万辆、15万辆、21.85万辆、23.34万辆和32.74万辆。

(二) 卖方背景

沃尔沃汽车是一家历史悠久的国际知名汽车制造企业，是全球三大名车之一。沃尔沃汽车原本是沃尔沃集团下属的一家子公司，主要生产中高端汽车，并以安全性能高为其显著特点，受到广大消费者喜爱。1999年，处于鼎盛时期的福特汽车斥资64亿美元收购沃尔沃汽车100%股权，使得沃尔沃汽车成为福特汽车旗下的一个全资子公司。遗憾的是，高价的收购并没有给福特汽车带来同等的利润回报。反之，沃尔沃汽车一直处于下滑状态，连续的亏损拖累了福特汽车的整体效益。

2006年，亏损额高达128亿美元的福特汽车决定对当时拥有的汽车品牌种类和数量进行"减负"，采用"一个福特"的策略，将重点放在自有品牌身上。对此，福特汽车采取了一系列措施。例如，在2007年和2008年将旗下的阿斯顿·马丁、捷豹和路虎打包出售。然而，一系列的"减负"措施并没能敌得过金融危机的吞噬。在2008年金融危机席卷而来的情况下，福特汽车的亏损额进一步增大，债务额度更是高达258亿元。为了改善财务状况，降低福特汽车的成本和债务，福特汽车在2008年12月4日发布公告，决定以60亿美元出售沃尔沃。福特汽车声称这是为了能更专注于自有品牌的发展，是其经营战略选择的结果。

与吉利汽车相反的是，沃尔沃汽车的营业收入和息税前利润呈现不断下跌的趋势。

2005—2009年，沃尔沃汽车的营业收入分别为142 312百万瑞典克朗、133 311百万瑞典克朗、121 620百万瑞典克朗、95 120百万瑞典克朗和95 700百万瑞典克朗，而息税前利润则分别为3 586百万瑞典克朗、−717百万瑞典克朗、−1 117百万瑞典克朗、−9 493百万瑞典克朗和−5 185百万瑞典克朗。可以看出沃尔沃汽车不景气的财务数据已经成为福特汽车沉重的包袱。

在销售量方面，沃尔沃汽车在2005—2009年虽有所下降，但还算比较稳定，分别为44.4万辆、42.7万辆、45.83万辆、37.43万辆和33.48万辆。

（三）行业背景

2007年8月，美国次贷危机爆发，导致金融危机蔓延至全球各国。长期以来，汽车和金融都是欧美国家的支柱产业。金融危机爆发之后，汽车产业便受到严重的冲击。在这种情况下，全球车市大受打击，2007—2009年，全球汽车销量以4%左右的速度连年下降。其中，北美市场的汽车销量下跌得最多，在2008年9月，北美汽车市场的销量创下了17年来最大跌幅纪录，跌幅高达26.6%。在恶劣的大环境下，许多老牌的车企都受到重创，其中就不乏通用、福特和克莱斯勒，这三家企业在当时都已经到了面临被迫申请破产保护的窘迫状态。许多车企面对这种情形，只能选择断臂求生，甩卖旗下的资产以求自保。因此，这段时间的汽车并购案例也明显增加。

金融危机同样波及中国的经济，但由于当时汽车产业尚不是中国的依赖性产业，因此这场金融危机对中国的汽车产业并没有造成特别不良的影响，反而带来了机遇。国务院于2009年颁布了《汽车产业调整和振兴规划》，意在振兴中国汽车企业，提升中国汽车在世界的市场份额。这时，像吉利和北汽这样的本土车企便开始投身世界汽车产业的重组浪潮当中。欧美国家的车企由于受到金融危机的冲击，开始减少对研发和设计等方面的支出，这刚好给了中国车企一个收购和兼并的好机会。2007—2009年，中国汽车销售量连年上升，在2009年甚至超过了美国，成为全球第一大汽车市场。

二、交易方案

2010年3月28日，福特汽车公司发布公告声称，与浙江吉利控股集团有限公司达成最终协议，出售沃尔沃汽车公司及其相关资产。具体交易方案如下。

> 交　易　标　的：沃尔沃汽车公司的全部已发行股本
> 认　　购　　方：浙江吉利控股集团有限公司
> 交　易　对　价：18亿美元
> 支　付　方　式：①2亿美元的卖方票据；②剩余的16亿美元以现金的形式支付。
> 交易附属协议：①该项交易完成后，福特汽车公司将继续在不同时期为沃尔沃汽车提供动力系统、冲压件和其他汽车零部件；②福特汽车公司承诺在过渡期为沃尔沃汽车提供工程支持、信息技术、通用部件和其他选定业务，以确保分离过程的顺利进行；③允许沃尔沃汽车将福特汽车使用的部分知识产权转授给包括吉利控股在内的第三方。

三、融资安排

为了收购沃尔沃汽车，吉利提前做了一些融资安排的准备。根据吉利汽车在2009年9月23日的公告，吉利与高盛集团的联营公司GS Capital Partners VI Fund，L. P.（以下简称"高盛"）在2009年9月22日签订了认购协议。高盛认购吉利汽车的可转换债券和认股权证，金额合计为3.3亿美元（按照当时的汇率，折合港币约25.86亿元）。当天吉利汽车发布公告称，本次高盛的投资款将用于集团资本开支、潜在收购事项和集团的一般用途。这被看作为收购沃尔沃所做的准备。

高盛所认购的可转换债券换股价为1.9港元，可以转换为9.98亿普通股，占当时吉利汽车已发行股本的13.7%。同时，吉利汽车还发行了2.995亿份认股权证，每股行权价为2.3港元，每份认股权证可以认购1股吉利汽车普通股，占公司当时已发行股本的4.1%。

截至2009年10月底，吉利汽车股价暴涨350%。高盛入股的效果使得吉利汽车的股本大为增加，整体市值高速增长。这使得吉利集团在未来能够有充足的资金储备来收购沃尔沃。在2010年3月吉利收购沃尔沃之前，吉利汽车的市值已经达到209亿港元。

在此次交易中，吉利一共支付了18亿美元完成了对沃尔沃汽车公司的全部股权收购。其中现金部分分别来自吉利、大庆国资委和上海国资委，中国建设银行伦敦分行提供了低息贷款；另外福特方提供了2亿美元卖方票据。在吉利支付的这笔资金中，自有资金仅为少部分，大部分资金来自外源融资。吉利收购沃尔沃的资金既有权益融资，也有债券融资，同时还运用了卖方票据这种特殊的融资方式。

吉利除了解决收购资金之外，同时还谋划了约105亿元人民币的后续运营融资。其中，由中国银行浙江分行与伦敦分行牵头组成的财团承诺为吉利提供为期5年共约70亿元人民币的贷款，成都银行与国家开发银行成都支行则为吉利提供为期5年共30亿元人民币的低息贷款，剩余的部分则由欧洲投资银行与瑞典银行承诺提供部分低息贷款担保。

为了顺利收购沃尔沃，吉利与出资方共同增资设立了收购沃尔沃的SPV公司——上海吉利兆圆国际投资有限公司。该公司的股东由北京吉利万源国际投资有限公司和上海嘉尔沃投资有限公司组成，前者持股比例为88%，后者则持股12%。北京吉利万源国际投资有限公司主要由吉利凯盛与大庆国资委共同出资组成，持股比例分别为51%和37%。上海嘉尔沃投资有限公司则由上海嘉定开发区与上海嘉定国资委共同出资组成，持股比例均为50%。

本次并购融资方案的巧妙之处还在于借助了政府的力量。在并购交易中，大庆国资委与上海国资委共出资40亿元人民币。而在并购交易的后续融资中，吉利还分别获得了由成都银行和国开行成都支行提供的20亿元人民币和10亿元人民币低息贷款。在贷款的前三年内，吉利仅需承担很少一部分利息，三年后再根据实际情况进行调整。

四、有效的整合

在公司并购重组中,并购后的整合工作是并购活动能否取得成功的关键。整合成功了,并购才能最终成功,否则只是在财务上和市值上的暂时操纵,最终将导致业务和财务上的双重失败。只有在后续的整合工作能够顺利进行的情况下,才能够真正实现"1+1>2"的并购协同效应。在吉利收购沃尔沃的案例中,吉利的整合尤其是在文化及组织结构整合、品牌整合这两个方面做得颇为出色。

(一)文化及组织结构整合

在跨国并购中,文化和价值观整合是非常困难的。历史上有许多跨国并购都败在了文化冲突的问题上,如2004年上汽集团收购韩国双龙汽车就是一个文化整合失败的反面案例。由于当时缺乏经验,上汽集团收购韩国双龙之后,采取了粗暴的整合方式,导致双龙工会的强烈抗议,指责公司的技术遭到上汽集团的偷窃,并因此引发了驱逐管理层的活动,最后上汽不得不撤离双龙,高达40亿元人民币的收购款也因此打了水漂。

与上汽集团收购韩国双龙相比,吉利收购沃尔沃的文化差异更加巨大。上汽集团与韩国双龙同处于亚洲国家,社会文化在一定程度是相似的。而吉利与沃尔沃的社会文化则完全不同,进行文化整合的困难程度必然比前者要更大,但吉利却很好地解决了这个问题。

沃尔沃于1927年成立于瑞典哥德堡,地处北欧,高福利和人人平等是北欧国家最大的文化特色,其企业文化也受到影响。首先,在管理方面,沃尔沃重视员工的个人利益,主张管理层与员工之间平等相待,其管理模式是由下至上,管理层会认真听取员工的意见。其次,在薪资方面,按照当地的法律规定,在沃尔沃工作的员工平均月薪必须在2万瑞典克朗以上。而吉利于1986年在中国浙江省成立,依托于中国文化及市场,吉利在管理上主张由上至下,即以管理层为核心,员工按照管理层的指令执行工作。在薪资方面,由于中国尚处在奔向小康社会的路上,因此,平均薪资与发达国家相比还处于较低的水平,吉利的平均月薪与沃尔沃的相差6~8倍。除此之外,沃尔沃与吉利还有许多经营管理方面的差异。

在充分了解彼此的文化差异之后,吉利方面在坚守商业底线的前提下,充分尊重沃尔沃的企业文化。李书福特别重视著名社会学家费孝通先生提出的16字箴言:"各美其美,美人之美,美美与共,天下大同",并将这16个字充分应用到收购沃尔沃的文化整合当中。

吉利收购沃尔沃汽车之后,构建了"双塔型"架构:吉利和沃尔沃各自独立运作,由两个不同的团队分开管理。沃尔沃独立运营,其名下的工厂、研发中心、经销网络和工会协议等保持不变。只调整了沃尔沃全球管理委员会和董事会部分成员,新增了产品战略部门和业务办公室的高管职位,原管理部门及高管职位继续保留。

并购后,吉利与沃尔沃各自的研发、生产和销售团队不变,吉利采取"沃人治沃,放虎归山"的治理策略。沃人治沃,以有边界的目标管理为导向,给予沃尔沃管理层充分自由,即通过目标管理调动主观能动性。当年福特兼并沃尔沃,将沃尔沃中高管理层全部换掉,完全按福特的思路来治理,导致沃尔沃产生了水土不服的效应。"放虎归山",则是让沃尔沃恢复历史辉煌。在福特旗下那几年,沃尔沃"工人只是上班下班",缺乏"主人翁精神",就像一只被关在笼子里的老虎。吉利接手后,决定让其重新回到山中,充分释放其活力和闯劲。

为了保持沃尔沃的独立性,恢复其往日的竞争力,同时保持吉利的控制力,吉利在充分尊重沃尔沃原有核心价值观和商业理念的基础上,打造了国际化的经营团队和新董事会。新董事会可谓"中西合璧",既有吉利的代表,还有多位原福特的高层管理者,同时也包括沃尔沃工会指定的其他3名代表。

"中西合璧"的团队模式是吉利汽车在国际化进程中的一个重要探索。"中西合璧"的管理团队构建,既有助于保持原有公司的生产经营理念,同时也能保持并购公司对标的公司的控制力,在高层之间产生生产经营理念的思想碰撞,更好地促进并购公司和标的公司的发展。构建"中西合璧"管理团队的另一个重要原因是,中国和瑞典的国家政策和法律法规有很大不同,吉利和沃尔沃的企业文化差异较大,在并购整合时,吉利需要大量的国际人才来为品牌整合保驾护航。

(二) 品牌整合

在品牌整合方面,吉利收购沃尔沃之后继续沿用多品牌并存的市场策略。始终坚持"吉利是吉利,沃尔沃是沃尔沃",形成一个良性的互补。

吉利集团的运营架构是:吉利控股集团下设沃尔沃汽车公司、吉利汽车公司与集团非汽车业务三个板块。运营原则是:吉利汽车是吉利汽车,沃尔沃汽车是沃尔沃汽车,双方独立核算和结算。当然,在实施多品牌战略时要对各品牌进行单独宣传,需要巨额的营销成本,对企业的资金要求较高。所以要实行多品牌策略,必须做好市场细分,根据市场差异对各个品牌进行定位、单独管理和维护,保持各品牌的相对独立性。

双方品牌定位也很明确,在各自的市场上占有一席之地。吉利集团对吉利汽车的定位是中国大众汽车品牌,而沃尔沃汽车是全球豪华汽车品牌。沃尔沃汽车中国销售公司CEO柯力世表示,沃尔沃的未来不会仿效宝马、奔驰、奥迪这些对手,而是会以个性鲜明的北欧风格保持其特色,沃尔沃仍将保持高端豪华的品牌定位。这样一来,便能实现从低端车到高端车的覆盖,提升市场占有率和品牌知名度。

五、案例评析

吉利对于沃尔沃的收购并不是心血来潮,而是经过精心且严密的一系列准备。早在2002年,吉利就已经关注到沃尔沃,此后双方就收购事宜洽谈了长达三年的时间。可以说,吉利为沃尔沃的收购做足了准备。

(一) 成功的并购决策

吉利在2007年之前,其造车理念为"造老百姓买得起的好车",这意味着当时吉利的定位是低端市场。2007年之后,吉利提出战略转型,提出打造"最安全、最环保、最节能"的好车,而安全、环保正好是沃尔沃的核心价值理念。从某种意义上来讲,两者的战略主张不谋而合,存在默契点。如若能够成功收购沃尔沃,将能极大地提高吉利的品牌形象,改变其一直留在消费者心目中"低端车"的印象。同时,吉利也能学习和借鉴沃尔沃的品牌经营理念,加快其由低端车过渡到高端车的转变过程。

（二）精心的尽职调查

在收购沃尔沃之前,吉利组建了专业的团队,对沃尔沃的品牌和资产做了详细的尽职调查,充分发现沃尔沃存在的风险和隐藏的价值。

沃尔沃2005—2009年的营业利润连年亏损,销量也呈现下降的趋势,说明收购沃尔沃存在一定的财务风险。尽管如此,吉利仍然认为沃尔沃具有长远的投资价值。福特汽车公布的一份由吉利团队评估后出具的《购买资产估值报告》显示,尽管沃尔沃汽车连年亏损,但仍是一家资产超过15亿美元、具备可持续发展空间的优质企业。吉利团队发现沃尔沃汽车拥有以下资产:①超过4 000名以上的高素质研发人员;②拥有3款发动机和10款整车,可以满足欧5汽车废气排放标准;③拥有超过2 500家分布在全球100多个国家的经销商;④拥有接近60万辆轿车产能的生产线。

通过精心的尽职调查,吉利发现沃尔沃的整体品牌价值接近100亿美元。如果能够成功收购沃尔沃,将可以实现"1+1>2"的效果,在拥有沃尔沃全部品牌资产的同时,也有助于提升吉利自主品牌的价值。

（三）合理的估值

此前福特收购沃尔沃时缺乏经验,对其进行估值时存在严重的信息不对称,导致最终严重高估了沃尔沃的实际价值。吸取了福特的经验教训,吉利聘请了洛希尔国际投资银行,综合运用多种方法对沃尔沃进行合理估值。最终,洛希尔国际银行在权衡了各种估值方法的结果之后,对沃尔沃给出了15亿—20亿美元的估值。最终吉利以18亿美元与福特达成收购沃尔沃的协议,比当年福特收购沃尔沃时少了三分之二。

（四）整合效果显著

在收购沃尔沃之前,外界都在怀疑吉利是否能整合这块"烫手的山芋"。然而,沃尔沃在被吉利接手之后,便迅速摆脱了亏损的困境,极大地复苏了沃尔沃这个品牌。

吉利在接手沃尔沃之后,采取了"沃人治沃,放虎归山"的策略。并购沃尔沃后,李书福或吉利相关人士并没有出任CEO,而是由奥尔森继续担任,充分体现了吉利对沃尔沃组织结构的尊重,也是"沃人治沃"的体现。2010年,沃尔沃企业内部民意调查显示,员工满意度达到了84%,相比较并购前2009年的82%不降反升,这表明吉利的整合工作稳定了沃尔沃集团内部的工作气氛,留住了重要人才。

在2010年被吉利接手之后,沃尔沃的销量逐步回升,息税前利润也开始扭亏为盈。进入2014年之后,沃尔沃汽车的营业收入和息税前利润开始呈现爆发式增长。其中,2015—2017年的息税前利润分别同比增长193.96%、66.37%、28.02%,2017年的息税前利润更是创下历史新高。

从吉利的角度分析,自从收购沃尔沃,其品牌形象大大提升,这点充分体现在销量和市值增长上。2010年完成收购后,吉利除了2014年销量同比下降以外,其余年份销量均保持增长,并且于 2017 年首次突破百万,年销量达到 124.71 万辆。从销量同比增长率的角度看,并购后除了 2014 年吉利汽车销量同比增长率低于全国销量同比增长率之外,其余年份均不低于全国汽车销量的同比增长率,并且销量增长速度逐年加快。

吉利在完成沃尔沃的收购之后,市值也得到大幅提升,吉利收购沃尔沃之前的股价和之后的股价走势与吉利汽车的营收情况走势相吻合,2015 年之后呈现爆发之势。

另外,吉利汽车的营业收入与营业利润变动趋势基本保持一致。从整体趋势看,吉利汽车 2010 年完成收购后,除了 2014 年由于吉利营销方面的重大改革导致收入与利润暂时下跌外,其余年度的营业收入与净利润均保持显著的增长,尤其是 2015 年以后,收入和净利润都出现爆发式的增长。

(五) 巧妙的融资安排

在本次交易中,吉利以小博大的资金运作能力,帮助吉利成为国内汽车行业首个并购汽车品牌的企业。这种巧妙的融资安排是值得借鉴的,但更需要学习的是,吉利对融资的系统性和长远性的考虑安排。首先,在并购前,引入高盛,向其发行可转债和认股权证,做大股本并提振市值,使得吉利的融资成本下降、融资能力增强。其次,在并购交易中,巧妙地引入地方政府融资平台,极大地降低了融资成本和融资风险。最后,在后续的运营融资安排中,吉利借助了国外和国内的低息银行贷款,有效地降低了运营风险和运营成本。吉利对于"并购前+并购+并购后"的融资是经过整体考虑的,这体现了吉利的战略眼光以及对风险控制的重视。

在这场"蛇吞象"的收购案中,我们还需要关注吉利在沃尔沃收购案中开创的"利用政府融资进行海外并购"的模式。汽车工业的长产业链对地方投资和就业的拉动吸引着地方政府,主动向汽车厂商放开条件,提供各种资源便利,如土地、产业园形式、税收优惠等。吉利将并购融资与国内建厂紧密捆绑,通过沃尔沃中国工厂选址撬动地方政府资本。吉利集团相当于以自有资金 41 亿元人民币撬动了 10 亿元的上海政府股权投资和 30 亿元的大庆政府股权资金,以及 30 亿元的成都政府借贷资金。而吉利则承诺沃尔沃汽车在大庆、上海和成都分别建立工厂作为回报。

通过收购沃尔沃,吉利实现了外延式增长,扩大了公司规模,提高了品牌知名度。吉利在并购前精心的尽职调查、并购时巧妙的融资安排以及并购后的有效整合,使得沃尔沃与吉利无论是在技术、管理还是财务方面都产生了协同效应,实现了"1+1>2"的收购结果。

基于收购沃尔沃的成功经验,吉利逐步加快了全球化的步伐,并购海外的成熟技术、成熟零部件、成熟汽车公司。

2013 年,吉利投资 1 104 万英镑收购了英国锰铜控股的业务与核心资产,其主要业务是生产伦敦经典黑色出租车。

2017 年 5 月,吉利收购了 DRB 旗下宝腾汽车 49.9% 的股份以及豪华品牌路特斯 51% 的股份。宝腾汽车是马来西亚的大众品牌,而路特斯则是与保时捷、法拉利齐名的世界著名跑车品牌。

2017年11月,吉利宣布收购美国最大飞行汽车公司太力(Terrafugia)的全部业务和资产。太力是一家专注于飞行汽车设计和制造的美国企业。

2017年12月,吉利宣布收购沃尔沃集团8.2%的股份,成为沃尔沃集团第一大股东。

2018年4月,吉利宣布收购丹麦宝盛银行51.5%的股份。宝盛银行是一家专注于全球资本市场和多资产交易与投资服务的金融机构。该银行受到欧盟全面监管,提供3万余种交易产品。

吉利海外并购的另一标志性事件是,2018年2月24日,吉利宣布,已经通过旗下海外企业主体收购奔驰母公司戴姆勒9.69%具有表决权的股份。这一持股比例意味着吉利成为戴姆勒集团最大的股东。这是吉利继收购沃尔沃之后,又一个备受瞩目的并购行为。不过这项并购进行得也不是一帆风顺,在吉利公布该消息没多久,德国联邦金融监管局便认为吉利收购戴姆勒股份一事违反了德国《证券交易法》,表示将考虑对其进行罚款。好在吉利有着丰富的海外收购经验,一切收购都遵循合法的原则进行。2018年12月16日,经过德国联邦金融监管局的调查,吉利收购戴姆勒9.69%股份一事属于合法行为,吉利不会受到任何罚款。这意味着,吉利成功成为戴姆勒第一大股东。

吉利在过去10年时间里,至少发生8次海外并购,投资规模超过150亿美元,涉及汽车零部件、成熟技术和成熟汽车公司。而通过并购,吉利集团已经拥有沃尔沃汽车、Polestar、领克汽车、吉利汽车、伦敦电动汽车、远程商用车、莲花豪华跑车、奔驰汽车等多个品牌。

通过发展自主品牌与海外收购相结合,吉利已经成为一家真正意义上的世界一线汽车企业,获得了与国内合资汽车厂商竞争甚至反超的能力。目前吉利是一家全球500强企业,李书福也曾提出要将吉利集团打造成全球汽车产业前十强。可以预见的是,吉利的海外收购之路不会停止,吉利的海外版图将继续扩大,后续的整合协同效果也会越来越好。

第八章 实体企业金融管理：德隆集团的覆灭①

第一节 德隆的时代背景

德隆从一家发迹于边城乌鲁木齐的小公司，一度成为一个控制资产超过1 200亿的实业和金融帝国，从杏酱、番茄酱、水泥到汽车零配件、电动工具、重型卡车，再到种业、矿业、旅游业、娱乐业、乳业、亚麻纺织业、现代流通业、金融业等不一而足。是什么造就了这个中国最大的民营企业？又是什么使它终结？这家企业在金融管理方面出现了什么问题？

一、对德隆的评价

先从专家对德隆的两个评价开始。

经济学家赵晓这样说道：无论德隆往事是否终如云烟，无论唐万新及其兄弟们的企业家生命是否已经画上句号，我们都需要思考德隆。思考德隆就是思考中国，思考唐万新就是思考我们自身，因为德隆的命运就是我们的警钟。在德隆及其灵魂人物唐万新的身上，实则浓缩了太多的转型时期中国企业以及中国企业家的元素和符号乃至宿命。

赵晓认为，思考德隆就是思考中国，思考唐万新就是思考我们自身。这对德隆的评价是非常高的。

而另一位专家于向东的评价：唐万新和他的德隆，已成为新疆民间一部完整的"现代启示录"。这是值得珍视的。

通过他的评价，同样可以看出他对德隆的评价非常高，也非常有感情。

那么，德隆到底是怎样一家企业呢？这要从它的领头人——唐万新说起。

---

① 本案例部分引自唐立久、张旭《解构德隆》（浙江人民出版社，2008年），并改写。

二、唐万新其人

追溯到 20 世纪 50 年代初，生于重庆万州的唐明中和生于陕西汉中的王玉玺从同济大学和陕西农业大学毕业后，从内地来到了新疆，最后扎根乌鲁木齐。唐明中工作于乌鲁木齐市城建局(后改为规划设计院)，任总工程师，王玉玺任乌鲁木齐市园林处处长。

40 年后，他们的孩子——"德隆系"五兄妹横空出世：唐万里(1956 年出生，新疆师范大学化学系毕业)、唐万华(女，1958 年出生，现为北京友谊医院眼科医生)、唐万平(1960 年出生，新疆工学院毕业)、唐万川(1962 年出生，北京邮电大学毕业)和唐万新(1964 年 4 月 3 日出生，中国石油大学退学，新疆石油学院肄业)，简称"万里平川一片新"。

1981 年 9 月，唐万新考入了"文革"中迁校至山东东营的原北京石油学院——已改称华东石油学院，现为中国石油大学的石油地质系。由于所学专业与自己梦想差距甚远，入校一年半后，唐万新退学了。随后唐万新义无反顾地回到乌鲁木齐复读重考大学，虽然成绩达到了复旦大学物理系的分数线，但按当时国家教育部最新规定，在读大学生参加高考只能由原在读大学录取，而华东石油学院已录取完毕，无奈唐万新只能被新疆石油学院录取，成为物理科学家和发明家的梦想又一次破灭。

有一段时间，唐万新天天在乌鲁木齐北门研究老太太卖冰棍用的"冰箱"，拿个木头柜子，用棉毯盖着，然后保温，研究好长时间没研究出来。因为当时一个电冰箱几千元，而唐万新则希望发明一个几百元，能专供老太太卖冰棍用的冰箱。当时许多新疆人认为除商业上使用冰箱外，新疆冬天寒冷漫长，家庭用不着电冰箱，但唐万新坚决认为，冰箱包括空调器必然走进乌鲁木齐人的家庭。

虽然后来研发失败了，但也证明，唐万新在创新和市场需求的结合点上，是极有悟性和想象力的，后来德隆的资本运作、产业整合、金融控股包括金融产品创新，无不与此种能力相契合。可以说是梦想与远见、洞察和想象力、创新和激情的集合，构成了唐万新的特质。

另一方面，新疆的地方特点也培养了唐万新。新疆历史上曾是古代印度、阿拉伯、希腊、罗马与中原文化交汇处，各种文明经过长期的交流融合，形成了底蕴深厚、灿烂发达的西域文化，堪称东西部文化荟萃之地，具有强大的包容性。

三、创业初期及经营理念的形成

1986 年，改革开放的大潮正迅猛地在新疆大地奔流涌动，人们创业的激情之火被点燃。

唐万新经过近一年的"科学实验"和创造发明，均告失败。受挫之下，不禁开始思考下一步该怎么办。

1986 年 12 月 5 日，在时任新疆八一中学化学教师的兄长唐万里大力帮助下，唐万新与其八一中学的初中同学张万军、张业光、叶磊、刘勇、周凡等 6 人以仅有的 400 元钱在乌鲁木齐创办了一家名为"朋友"的彩扩部（独立法人），以彩色相片冲洗扩印为主业，唐万新就这样摸索着开始了他的创业之路。

彩扩业务充分展示了唐万新的经营天才：他先以彩扩部的名义招工，许多没考上大学或中专、在家待业的人前来报名，唐万新要求被招收人员先交押金，再拿着押金，去租赁商场或店面旁一米或半米左右的柜台窗口，然后贴上"彩色扩印"的牌子。如此这般，在乌鲁木齐设点20处之多。后来，此种模式被许多人效法。

扩印照片价格1元一张，一个星期内给顾客交货。胶卷收上后，唐万新亲自将胶卷带到广州冲洗，或通过小恩小惠托去广州的乘客，或建立人脉关系，让没有坐过飞机的人免费去广州，蹲点人员去白云机场接应，完成他们的业务流程。

后来，唐买了台旧冲洗机，冲洗价格比市场便宜60%，使其在短期内获利约60万元，这就是德隆的第一桶金。在"万元户"都极其稀罕的年代，年轻的唐万新找到了无比良好的感觉，再加上频繁的广州旅程，南方城市浓厚的市场经济氛围和民营经济的蓬勃朝气，深深地感染了他。

彩扩业务成功后，唐万新开始向众多领域进发，并聘请了数位顾问，每月发30—60元不等的顾问费。

在20世纪80年代，自行车作为家庭的重要财产之一，其丢失和被盗成为社会上较为普遍的治安问题。唐万新借鉴国外汽车锁方向盘的思路，完成了自行车车把锁产品的开发，将军锁厂应运而生。将军锁厂在办理了生产许可证及相关手续后，采取哑铃型的管理模式，即主抓研发和销售，生产外包，在当时的中国无疑是非常先进的。可惜一次事故，发现这种车锁的一个重大缺陷，车把行程的极限位置容易造成锁死。生产自行车锁，非但没有赚钱，反而因此打起诉讼官司。有关部门立即取消了生产许可证等相关手续，将军锁厂只好关闭。

1988年，唐万新承包了自治区科委下属的乌鲁木齐市新产品技术开发部，出资研制卫星接收器，用来接收苏联的电视节目。虽然项目开发成功，但连人带技术都被其他公司挖走。

同年，唐万新经销广州"翠竹"牌饲料添加剂，也因业绩不佳，只好终止这项业务。

1988年底，唐万新决定承包经营塔什库尔干县的帕米尔宾馆。他亲自率领6人的经营小组，对宾馆进行全方位的改革。但由于根本无市场和商业价值可言，所有改革措施也只是徒增成本，加大经营亏损。最后，经营小组不得不做出撤离的打算，而县政府又不让走，后来竟然出动警力将已出县城的人员"归劝"回来。显然，帕米尔宾馆的承包经营，注定不可能赚钱。

之后唐万新开始做科技新产品——人造毛的经销生意，在北京长安街摆放10张桌子进行产品销售，结果入不敷出。其另一尝试——航空俱乐部，实际上也是亏本的买卖，仅可作为年轻人随便玩玩的娱乐项目。

1988—1990年唐万新经过连续3年的经营扩张，鼎盛时期，24岁的唐万新麾下拥有100多人。除上述业务外，还涉足电脑打字、名片制作、复印、贸易、提供大中学生课外辅导材料服务、兴办魔芋挂面厂、玉石云子加工厂、小化工厂、服装自选店和开发软件项目等。一切新鲜的市场机会，唐万新都乐意尝试，且每一次尝试都是一堆设备加一群人的投入，但最后均以失败告终。

这是德隆第一轮创业周期面临的最大危机。商业经营不但使公司赔光，唐万新的公司银行账户上只有 3 万元，而且其银行贷款总额达 180 余万元，其中建设银行、工商银行的贷款亦全部逾期，工商银行甚至诉讼至法院处理。

当时唐万新在乌鲁木齐南门新华书店购书时，对他人说，我把书店有关管理方面的书籍全都看完了。他似乎认为，只要掌握了管理知识，就可以办好企业。

1990 年年底，唐万新与张业光前往海口市，筹办出国留学咨询中心，并在《中国青年报》打广告，不到一年就挣了 30 万元。但由于中心经营执照出现问题，唐万新很快又返回了新疆。

这次海口经营活动促成了唐万新日后经营管理哲学的一次大转折。唐万新在海南呆了 8 个月，自学金融知识，萌生了尝试金融业的想法，他发现自己对金融有着天生的兴趣，并很快迎来了实践的机遇。

1991 年，唐万新在乌鲁木齐成立科海开发公司，主要经销电脑。当时赶上了新疆油田大开发和口岸开放的大潮，代理电脑销售使他一度成为新疆最大的电脑散件供应商，先后签订了新疆吐哈油田、新疆烟草公司两个大单，仅四通打印机在新疆就卖了将近 1 万台，马上又挣回来 150 万元。

唐万新挣钱后的第一件事就是上门还款。还款后的唐万新在乌鲁木齐商界赢得了口碑，也体会到了资金筹划和诚信的重要性。

人的性格往往形成于童年，而对于个人乃至企业，"第一桶金"往往决定了其日后的价值取向和经营理念。也许，正是德隆"少年期"的奇迹造就了其悲剧，唐万新似乎相信任何东西都可以通过计谋和走捷径迅速获得。没有实业支持，怎么办？买！由此派生出产业整合的理念。没有管理人才，怎么办？买！由此派生出引以为豪的庞大职业经理人队伍。没有资金，怎么办？买！由此派生出复杂的资金债务链条。

第二节　德隆的诞生与快速发展

一、德隆的诞生

1990 年年底，中国资本市场的大门历史性地开启——上海证券交易所成立；次年 7 月，深圳证券交易所挂牌运营。几乎与中国资本市场的诞生同步，20 世纪 90 年代初，唐万新开始涉足股市，进入第二轮创业周期。

中国各地的国有企业纷纷改制上市，第一个环节就是向企业员工发行内部职工股；接着是各级政府出面，向社会推销出售乃至于"摊派"原始股。然后几乎所有人拿着像纸一样的股票心里打鼓：这东西最后能变成钱吗？于是一级半市场出现：如果你不相信这张纸能够赚钱,可以先把它在市场上卖给别人。

唐万新借了5万元,去西安开始做股份制改造过程中的认购权的买卖:其间包销了黄河机器厂发行的3 000万新股中的1 000万股、国棉五厂800万股,此后还做了精密合金、陕西五棉、西安金花、西安民生等十几家企业的法人股认购权买卖,然后又以1倍或2倍的价格卖给新疆建设银行等金融机构,新疆生产建设兵团,石油、民航和铁路系统及深圳的一些公司。后来唐自称:"从中赚取差价(每股0.5元到1.5元),到1993年3月,就赚到5 000万元至7 000万元。"

1992年,唐万新名声大振。最大胆的一次,他们以1 000万元的金额,受让了"西北轴承"1 000万股的法人股,几个月后又以4 000万元卖了出去,净赚3 000万元。

后来,国家开始实行排队领取认购证的办法,规定每个身份证只能认领一张抽签表或认购证,每张认购证只能买500—1 000股原始股。唐万新此时尽显大手笔本色:最高峰的时候,他们在乌鲁木齐市花钱请了1 500名民工去排队领取"宏源信托"(现改为"宏源证券")认购证。这些人一排就是2天,每天领取劳务费50元。认购证很快换成原始股,然后原始股变成了大把钞票。

这是德隆的"第二桶金"。唐万新认为,德隆通过买卖股票,尤其是购买原始股,可使其以10倍、100倍速度成长。

唐万新在资本运作方面有着先天的敏感和悟性。初生的中国股市,充满了风险也蕴藏着机会,就在相当多的人把原始股看作烫手山芋的时候,唐万新却坚信股票的增值潜力,他把股票称为"中国人第一次真正拥有的个人财产"。

1992年,唐万新、唐万里及三位创始人在乌鲁木齐,第一次以"德隆"命名,注册成立"新疆德隆实业公司",投入资本金800万元人民币,主要对一级半、二级股票市场进行投资和运作。很快又以500万元人民币的注册资本,创建"乌鲁木齐德隆房地产公司"。德隆系由此诞生。

二、狂奔的"马车"

1994年8月以后,唐万新移师上海,开始以金新信托的名义来运作一级半市场业务,一直持续到2001年,前后一共赚了7亿—8亿元。这些资金成为其收购后来所谓"老三股"股权的资本:其中,初始购买新疆屯河9%的股权,用去1 000万元左右,后来又以1亿元购买全部法人股股权;沈阳合金全部法人股6 500万元;湘火炬全部法人股7 500万元;1995年参股控股新疆金融租赁;1996—1997年收购金新信托。

1994年12月,德隆投资的北京JJ迪斯科舞厅开业,成为当时亚洲最大的迪斯科娱乐项目,仅内部装修就投入了200万美元,总面积1 600平方米,在音响、灯光和内部装修布置上都颇具特色,一开业就非常火爆,很快成为北京青年人纵情欢悦的理想之地,其影响力更遍及全国,许多外地朋友也慕名而来。JJ迪斯科舞厅是德隆最成功的投资项目之一。

1995年,德隆入股新疆金融租赁有限公司,成为德隆最早进入的金融机构。唐万新入主新疆金融租赁,掌控了当时全国仅有的16家非银行金融机构之一。至此,唐万新对潜入金融机构信心倍增。

1996年底至1997年,收购金新信托。1997年9月—2001年中期,金新信托在各地设立了20多家办事处,专做委托理财业务,理财总额已经超过100亿元。委托理财业务网络吸纳而来的资金,最终用于湘火炬、新疆屯河以及合金投资股票的护盘申购。

唐万新通过进入新疆金融租赁和金新信托,开始布局德隆的金融产业。

1992—2000年,为德隆的资本运作阶段:1996年10月、1997年6月、1997年11月26日,新疆德隆通过受让法人股的形式,先后控股新疆屯河、沈阳合金、湘火炬三家上市公司,完成"老三股的收购"。

三、产业整合

1994年,德隆进入农业领域。当年成立的"新疆德隆农牧业有限公司",先后投入2亿多元在新疆各地建立起了4家大型现代化农场,首期开发土地10万亩。新疆广袤的土地和特殊的优惠政策令投资农业成为唐万新想象中的一个区别于炒股获利的长期稳定的收入来源。此项目的运作可谓一石三鸟:政府支持;融资工具;产业整合的基础。

1995年,注册资本为2亿的新疆德隆国际实业总公司成立。同年,德隆北美联络处成立。唐万新来到加拿大的多伦多,投资了一些小产业,考察发达国家的金融业、农业和工业的状况。

唐万新的北美之行获益匪浅,他发现了中国传统产业的巨大投资价值——首先,中外制造业在技术水平尤其是加工能力上的差距,正在迅速缩小;其次,中国的劳动力价格低廉,导致中国制造业的生产成本远低于发达国家。因此,伴随着发达国家和市场正在兴起的"非工业化运动",全球劳动和资源密集型的传统产业,有着大规模从欧美日乃至东南亚向中国内地转移的基本前提。中国的历史性机遇就是传统制造产业,但是具体从事什么产业,当时他的思路并不清晰。

德隆已经有了资本,但随着资本市场赢利空间的缩小,以及对单纯"买卖股票"的厌倦,他们决定从实业领域寻找落地的空间,而恰在此时,实业领域为他们打开了一扇"产业并购整合模式"的大门。唐万新已敏锐地洞察到中国企业购并和资产重组时代的到来,他认为,通过购并重组一批国有企业,可使德隆做大做强。

1996年,德隆总部由乌鲁木齐迁往北京,并提出了"创造传统行业新价值"的核心理念。唐万新认为,"全球的产业结构正在发生一次巨大的演变,中国正成为其中最重要的一环,很多传统产业都存在迅猛发展的机遇,但是由于体制和观念的落后,绝大多数企业规模偏小、投资分散、没有竞争力。因此,通过资本市场并购的方式,将之进行优化整合,盘活存量,这将是中国经济腾飞的希望所在"。

中国的传统产业为什么没有形成强大的国际竞争力呢?其原因在于,中国是一个新兴的市场经济国家,产业布局地方化,投资分散,企业小规模低效率,而且绝大部分行业都没有经过真正有效整合。那么如何整合?唐万新认为,这件事很难靠政府去捏合,而只能用市场的手段,通过资本的力量进行"产业并购",实现传统产业的价值提升。所以盘活存量、优化资源配置的并购式成长,是最适合中国经济增长的一种方式。

1997年5月,唐万新召集在京的11名德隆高管,进行了一次被称为"德隆10年发展历程中具有转折意义的务虚会"。会议上,唐万新基于自己对世界范围内产业调整的判断,对德隆确立了由"项目投资"转向"行业投资"的投资理念,即由投机转向投资,决定介入并整合传统产业,而整合的手段便是所谓的资本运作,由此确定了"创造传统行业的新价值"的德隆核心理念。

1998年,新疆德隆改制成"新疆德隆(集团)有限公司"。刚刚收购的老三股被德隆迅速拿来作为整合传统产业的平台,三个公司均由股份有限公司更名为投资股份有限公司:沈阳合金以电动工具为支柱产业,启动以"星特浩"为核心的系列并购;湘火炬则是汽配产业,瞄准了美国MAT公司;而新疆屯河则将初步整合的水泥产业转换成"红色"产业,开始收购番茄酱厂以及美国和意大利的主流番茄酱销售公司以及经销商。唐万新提出,要把德隆做成世界级一流公司!

唐万新表示:德隆是做产业的,而不是做企业的。对此所下注脚是:德隆借助中国资本市场的力量,对没有形成垄断的,尤其是在全球市场没有形成高度垄断的产业,进行市场重组。在2003年10月21日出台的胡润"2003资本控制50强"上,德隆唐氏兄弟以控制217亿元人民币的上市公司市值位居榜首。

德隆一度拥有158人的庞大研究队伍,长期对不同行业进行跟踪,并特地专门选了60个值得跟踪的产业长期投资。短短几年间,德隆完成了数起并购。它通常的做法是不对被收购企业管理层进行大换班,而是渴望大家肝胆相照地把它做大,不能控制的就扔掉,这就是唐万新追求的企业家俱乐部文化。

2000年7月,德隆国际战略投资有限公司在上海成立。从此,德隆声称其目标是成为依托资本市场整合中国传统产业的"国际化战略投资公司"。德隆国际成为"德隆帝国"的神经中枢。

第三节 德隆金融管理的失败

一、德隆危机

德隆危机源于2000年12月的"中科事件"和2001年4月"郎咸平炮轰德隆"后发生的金新信托挤兑风波,随后这种风波又发生了5起,最终导致2004年4月13日德隆系股票崩盘。

2001年初,金新信托旗下融资网络与客户签订的委托理财总余额为143亿元。一季度金新信托即发生挤兑风波;整个2001年,挤兑风波发生了三四起。2001年第一季度,金新信托出现了23亿元资金到期无法兑付的状况,当年年底到期未兑付资金缺口扩大到41亿元。

按照当时的实际状况,德隆系企业——屯河投资、重庆实业持有的金新信托股权不足

29%，金新信托挤兑风波蔓延或倒闭，对德隆没有太大的影响。除唐万新之外，董事会其余7人均决定让金新信托破产。唐万新认为，一方面通过金新信托委托理财受损的客户主要是新疆企业，而这些企业对新疆的开发和建设举足轻重，从情感上讲，对不起家乡父老；另一方面，德隆的产业布局和财务结构及盈利状况足以拯救金新信托；还有，可以此为契机，扩大融资通道，全面进入金融行业，扩大金融资产规模，进而抵御挤兑风险，打造中国本土第一金融品牌，改变德隆在中国股市上的"庄家"形象。因此，他提议挽救金新信托，主张扩大收购金融企业，扩大委托理财规模，增加金融产品品种。

金新信托的挤兑风波成为德隆发展的分水岭。德隆大举进入金融领域，并购金融机构，由2家发展到27家。如果说之前德隆系企业正朝着规范化、精细化方向发展，那之后就开始扭曲和不正常了。

到2001年年底，通过长期的运作，德隆老三股的股价上涨幅度全部超过1 000%，其中沈阳合金涨幅更是超过1 500%。这种接近于自残的非常规之举，使德隆赢得了"中国第一庄"的恶名。

2001年6月—2002年1月，中国股市出现了连续三轮的狂跌，上证综合指数从2 245点的高位，连续"蹦极"跌至1 300多点。市场信心崩塌，监管部门介入调查，德隆从此被看作高风险因素，逐渐被贴上了"贪婪""黑幕""庄家""金融大鳄"的标签。德隆只能越来越高地抬升自己的股价，来向世人证明"我是有实力的、我是优秀的"。

二、德隆的覆灭

2002年1月—2003年3月是德隆历史上最为繁忙的时段，唐万新同时介入六大领域：混业经营战略金融平台的组建和运营、金融领域的全面进入、农资超市大规模布网、畜牧产业的大举投入、重型汽车的市场扩张、旅游产业整合计划，这六大领域消耗了大量的人力、财力和物力，最终导致"金融帝国"的塌陷。

2003年1月，德隆做出适度收缩的战略决策，但是德隆战略投资部门多年形成的结构惯性，并非朝夕可以改变。与此同时，唐家也遇到变故。

4月初，唐万平与汇源集团董事长朱新礼就北京汇源股权收购的谈判正处于关键时刻，却突发脑溢血，九死一生。经过全力抢救，唐万平的生命保住了，但已不能继续工作。

7月4日，唐万新的母亲被查出肝癌晚期。后脑溢血突发于7月24日去世。唐万新是有名的孝子，极度悲伤，工作不在状态一直持续到8月下旬。

10月27日，啤酒花董事长艾克拉木·艾沙由夫外逃，导致啤酒花股票崩盘。与之有担保关系的公司，包括友好集团、天山股份、汇通水利、屯河投资、新疆众和、天利高新、广汇股份等也均出现了大幅的下跌，甚至整个新疆板块都惨遭跌停的厄运。

2003年10月5日—2004年1月15日，德隆系各金融机构均发生挤兑现象，资金头寸全面告急。2003年12月31日，德隆老三股中的湘火炬、新疆屯河拉出最后一根无力的阳线之后，便与大盘反向而行，开始了漫漫阴跌的走势。

2004年1—3月，唐万里四处奔走，寻求中央各部委和地方政府的支持。

4月，冯仑将唐引荐给民生银行行长董文标。董表示民生银行将考虑拿出50亿元，帮助德隆整体解决问题。后来，"德隆与民生银行的合作计划方案"最终没有获得批准。

4月26日，唐万新率领德隆核心团队，带去一张资产负债表（截至2004年3月31日，总资产284亿元，总负债281亿元），向中国证监会相关部门汇报工作。汇报的核心内容：一是德隆问题必须整体处理，不能分割；二是最好找一家银行统一托管债务和资产。

6月3日，上海银监局要求各商业银行采取资产保全的紧急措施，只要涉及德隆有关的贷款，无论贷款合同是否到期，均要积极申请查封德隆系在上海的所有资产。德隆在上海被冻结的资产约为13亿，而其在沪的贷款约为28亿元。釜底抽薪，德隆败局已定。

7月26日，德隆建议稿《市场化解决德隆问题的整体方案》连同相关附件，被递交到了中国人民银行和银监会。《市场化解决德隆问题的整体方案》中指出：截至2003年年底，德隆年销售收入超过400亿元，年纳税总额近20亿元，现有员工5.7万余人，为社会提供了27万多个就业岗位，解决了包括新疆农牧民在内的100多万人员的生计。德隆提出，希望通过国家政策支持，按照市场化原则，在监管机构和债权人委员会的严格监督下，集中管理、统一调用德隆资源，通过引进战略投资人恢复市场信用，盘活资产，在运营中清偿债务。

8月26日，德隆国际、新疆德隆、新疆屯河及华融分别作为合同的甲乙丙丁方签定了一份《资产托管协议》。根据协议规定，德隆将其2004年8月31日合法拥有的全部资产不可撤回地全权托管给华融，由华融全权行使德隆全部资产的管理和处置权利。

12月14日，武汉市检察院"以涉嫌非法吸收公众存款"为由，签发了对德隆核心人物唐万新的逮捕令。标志着德隆的彻底崩溃。

2006年，唐万新因非法吸收公众存款和操纵证券交易价格罪，被判处有期徒刑8年。

第四节　德隆金融管理得失：员工角度

本节从一名德隆员工的角度分析德隆金融管理的得与失，对实体企业金融运营管理提供一个更加清晰、独特的视角。

一、德隆架构

2001年年底，我成为了德隆国际战略投资公司的一名员工，职位是战略监控经理。此前，我已经在国企和外企晃了一圈，有10来年的财务工作经验。

我进德隆国际的第一年，德隆还是租在陆家嘴证券大厦办公。那时候德隆总部的员工还不多，也就40来人。除了十几个人是唐氏兄弟从新疆带来的，大部分都是在上海招聘的。我在德隆国际的同事都是来自大型国企、上市公司或者是外资企业的核心部门，和我一样具有财务背景的居多，再就是具有相关产业背景的。

2002年年底，德隆集团在上海的大部分产业都搬到了德隆自建的德隆大厦。这之后德隆国际经历了一次人员的大扩张。行政部由原来的 10 来个人膨胀到了 30 多个人，战略部的人也膨胀到了 30 多个人，投资部更是从 5 个人膨胀到 40 多个人，总人数比原来增加了两倍。

在外人看来，德隆是一个比较神秘的机构，其实不然。我所在的德隆国际主要负责德隆的产业经营，友联战略管理中心则负责金融这一块，而租住在炎黄物流那个楼里的中企东方资产管理公司则主要负责行业和证券研究。这三块产业应该说构成了德隆集团的核心平台。

德隆国际最主要的两大部门一是战略部，二是投资部。我所在的德隆国际战略部，主要负责上市公司的经营。2001 年我们进德隆国际的时候，德隆战略部还没有进行分拆，后来德隆战略部被分拆成几个小的战略部，如汽车、机电、食品、水泥、发展部等，汽车对口湘火炬，机电对口合金投资。

战略部是德隆国际的核心，而投资部则主要负责非上市公司资产的经营，比如说乳业、矿业和油脂产业等。

如果说有什么部门让我们这些员工觉得神秘的话，那就是德隆大厦的六楼了，因为在我们内部的通信录上，都没有这家公司或部门的名字，大家只知道在那层楼上班的人是负责操盘或者说是炒股票的。

二、产业思路

我们战略部做项目时，对任何一个行业都是放在全球视野中去考察，而且很重视研究这个产业在什么样的人均 GDP 下处于高速发展期，再把选定的某个产业针对某个上市公司进行嫁接。选定行业后再对业内所有大的公司进行竞争分析，现在手上的企业处于什么样的竞争水平，需要提高哪方面的能力，哪些企业是我们潜在的合作对象等。

由于直接进行培育的时间太长，而且风险高，再加上要给股东快速回报，所以我们切入某个行业更多是通过并购扩张的方式。如果是需要长期培育的产业，我们就放在非上市公司里面。

这样的努力也获得了比较好的回报，新疆屯河、合金投资、湘火炬等三家上市公司的业绩由于产业的提升获得了快速的增长。可以说，德隆旗下上市公司的业绩还是比较真实的。

不过和大部分民营企业一样，随着德隆的加速扩张，也有许多不太好的迹象慢慢呈现出来。

2002 年以前，德隆国际对投资还是比较谨慎的。所有的项目，哪怕只有几百万的投资，从项目经理到项目人员以及执委会成员都会组成一个团队，召开多次投资分析会议。唐万平参加得比较多，有时候唐万新也会参加。大家会很热烈地讨论项目还会有什么样的机会和风险，项目经理可能面对很多各种各样的提问甚至是责难，必须一一回答清楚。

2003 年年初，随着人员的膨胀，这里的官僚主义氛围变得很重，各个部门相互割裂，繁文缛节很多。做项目也不像以前那么谨慎，可以说是变得狂热了。有些项目经理对项目的选择，更多是为了个人利益，他会把一些不合适的项目极度美化，并要求做项目的人把报告一定要写得漂亮。因为总裁已经不参加这种讨论了，对项目的监管也远不像以前那么严了。

三、唐氏四兄弟

由于工作的关系，唐氏四兄弟中，与我们打交道比较多的是老四唐万新和老二唐万平。

唐万新是德隆国际的总裁，我们战略部和投资部这一块则由唐万平具体管理。老大唐万里是德隆的董事局主席，主要呆在北京，负责和上层的公关，不参与企业管理。唐万川则主管中企东方资产管理公司。

唐万新和我们一起开会应该有三四次的样子，主要是以前在证券大厦的时候，只要是上了几千万的项目他都会参加。他应该是很有魅力和智慧的人，但大部分的同事觉得他有时候理念过于超前。而且更多的时候，只要他认定的项目和行业，项目人员做的研究可能只是去进一步印证他的想法。他可能只是对自己的想法进行一定的修正，但大的方向是早就定下来了的。

四、老三股引发危机

在 2002 年年底以后，很多同事都感觉德隆可能会出事，开始有同事陆续离开。好友大林就在 2003 年年初投奔了另一家民企新设的投资部。

追究德隆轰然倒地的原因，我认为答案毫无疑问，那就是湘火炬、合金投资和新疆屯河这"老三股"的股价最终压垮了德隆这头骆驼。

从外部来看，德隆好像是金融和产业的混合体，但真实的情况是，它的金融和产业实际上是互相割裂的。我们不了解金融做了些什么东西，金融对我们的情况更是一无所知。我们做产业的时候也想得到他们在信托、金融租赁、保险等方面的支持，但是召开了多次协调会议，最终都由于相互之间的利益冲突不了了之。

德隆对外界的宣传是以产业为基础、资本为纽带、金融为核心的模式，就是通过金融筹集庞大的资金支持产业发展。但这一理念事实上从来就没有被实施过，因为他在"老三股"里面陷得太深了。这三只股票共有 200 亿的市值，即使以 15% 的融资成本计，每年要消耗 20 亿—30 亿的成本，最后变成了产业融来的资金反而要来填这个"老三股"的窟窿。

"老三股"的股价在 2002 年以后就滞涨了。德隆就一直考虑如何让股价进行软着陆，一种就是采取阴跌的方式，还有就是通过产业的高速增长，和股本的扩张使股价平稳地降下来。后者对做产业的这批人压力特别大，因为每年要保持 40%～50% 的增长。"老三股"的业绩增长到一定的时候，就会遇到瓶颈，进一步的并购扩张又需要更多的时间，再维持这种高速增长难度太大了。

因此，2003 年 9 月份，我们做战略规划时第一次提出来，要把股价主动下调，比如说把"老三股"的市盈率降到20倍左右,净资产收益率维持在15%～20%,这样的盈利水平还是可以得到市场认可的。

然而在调整的过程中,由于德隆持有的筹码太集中了,没有人愿意接盘,而原有的委托理财资金也担心资金收不回去,就要求提前兑付,这进一步加速了股价的雪崩。

所以资本运作的钱来得快,去得更快,如果说是产业亏10个亿、20个亿,我们也只是损失一年的利润或者是时间,但股价的雪崩和随之而来的挤兑确实成为了德隆覆灭的直接原因。

五、最后的挣扎

2003年4月19日的早上,公司临时召集战略部和投资部的20来个员工开了一个紧急会议,会议由行政部总经理沈巍和工会主席黄江主持,会议的内容是要求上市公司和员工买新疆屯河或者是湘火炬这两只股票,而且必须是在20日和21日这两天。

会上提出,将买股票作为公司2003年的业绩考核指标,并且实行一票否决制。

具体的指标是,新疆屯河总经理张国玺200万股,湘火炬老总聂新勇500万股,合金投资董事长付忠150万股,重庆实业董事长也有几十万股。德隆的员工也要买,经理级别的是20 000股到25 000股不等,普通员工至少也要1 000股,而且你要把交割单复印件交上去。

事后很多人其实都买得更多。因为当时沈巍是这么说的,买得多表示对公司贡献大,更主要的是他说大家齐心把跌停板打开,公司已经准备了一笔资金,很快会把股价做上去,到时候公司发大财,你们发小财。

后面的故事相信大家都能猜出来了,4月21日那天,新疆屯河和湘火炬确实放巨量打开了跌停,但随即又是一路狂跌不止。德隆最后的一次挣扎让员工损失惨重,有些部门经理亏了几十万,我自己也亏了两三万,幸好还是跑得比较快。

六、无言的结局

6月10日,在事先没有任何正式通知的情况下,德隆国际和整个德隆大厦里的员工开始被大面积遣散。300多号人被遣散了80%。投资部和战略部这种最核心的部门基本无一幸免。我们拿到的除了一份提前解除劳动合同的通知,再就是一张数额从五六万到二十多万不等的欠条。

但最让我们心痛的绝非金钱的损失,而是我们对德隆深深的失望。

第五节 德隆金融管理的教训与启示

一、往事并不如烟

德隆起于草根,成于庄家。德隆认为资本富有人性,财富源自真诚。梦想在资本市场上创造一个多赢的模式。打造"中国式的财团和金融控股公司",这是唐万新一直坚持的理念和急欲实现的目标。

德隆并不认为自己在坐庄,为实现其持久直接融资的目的,而奉行一种"集中持股"的理论,即试图大量长期持有一种股票,然后对上市公司进行产业整合,以达到在股市上创造一个大股东赢、股民赢、上市公司赢的三赢模式,但最终失败了。产业开发与增长环节跟不上股价发展的速度,再加上"老鼠仓",最终套住的不仅是自己,还损害了公众的利益。

往事并不如烟,人们在回忆中前行,回忆亦可能就是我们的现实。从1986年到2004年之间出现过的那个德隆,真的如此短暂? 德隆究竟对中国民营经济、资本市场和股市有什么作用? 德隆对中国传统产业的整合和升级换代有什么可借鉴之处? 我们应该如何认识评估唐万新?

二、德隆金融管理模式

德隆主要依靠的融资渠道有两种——银行贷款和金融机构委托理财。

德隆获得银行贷款的方式是:先由上市公司贷出用于下一步并购所需的资金,并购完成后,再由下一级被并购企业向银行贷款,反过来由上市公司担保。这些资金虽然不直接归属德隆使用,但是德隆通过层层绝对控股,对这些资金拥有绝对的支配权。德隆正式控股的上市公司一度达到6家,除了"老三股"以外,还有北京中燕、重庆实业和天山股份,称为"新三股",曾经密切合作的上市公司有40余家。根据上市公司公告,这些上市公司被德隆占用的资金总额超过40亿元。德隆还将相当多的流通股进行质押以获得资金。

德隆融资的另一个主要手法就是通过委托理财从民间和机构获得巨额资金。最早是新疆屯河控制了新疆金融租赁、金新信托,此后诸如伊斯兰信托、德恒证券、中富证券等银行、证券、信托、金融租赁、保险、基金机构被德隆控制,利用这些金融企业进行委托理财业务。德隆公开的数据是,它从中融到的资金在250亿元以上。为了拿到这些融资,德隆长期开出12%~22%的年息。

金新信托的挤兑风波成为德隆发展的分水岭。德隆大举进入金融领域,并购金融机构,由2家发展到27家。之前德隆系企业正朝着规范化、精细化的方向发展,之后就开始扭曲和不正常了。

为应对危机,唐万新提出综合金融的理念,即并不组建金融控股公司,而当某企业需要一种综合金融服务时,与德隆有股权纽带关系的银行、信托公司、证券公司、租赁公司、保险公司就分别找上门来,以不同金融机构的名义却又是协作的方式展开服务——先看你有什么需求,然后再为你量身定做个性化的金融服务产品,你需要经营性租赁可以帮你完成,你需要战略并购也能帮你实现,你的企业需要扩充负债时帮你融资,你的企业负债率太高,需要扩充资本金时又帮你私募或上市……它所实际构建的,正是一个混业经营模式下的综合金融服务平台。

德隆通过整合现有的银行、证券、信托、金融租赁、保险、基金、期货等齐备的金融业态构建所谓的"金融超市",在分业环境下做混业,既用来满足不同客户的金融需求,并通过这些来安排其复杂的产业投资。

通过壳公司和各个公司的专用账户划拨资金，相互拆借，德隆国际化解危机的措施才得以顺利实施。期间，德隆系的实业企业在危机的不同阶段都参与了德隆的"救援"工作，对延缓危机起了作用，德隆从所属实业中调动资金以理财、存款等名义支持金融企业渡过危机，其中德隆上市公司支持28亿元，非上市公司支持10亿元。

通过这些措施，德隆金融企业的挤兑危机逐渐得到"缓解"。2002年年底，德隆不能按期兑付的到期客户资金从2001年年底的40多亿元降至不到20亿元。到2003年6月，客户的到期资金则已全部兑付，甚至还有十几亿元的备付金。但由于后续一系列不可预见的突发事件及社会信誉的负面影响，导致德隆最后难以走出崩溃的命运。

三、德隆覆灭的原因

(一) 直接原因

通过德隆集团的发展与崩溃路径进行分析，可以得出以下方面的直接原因。

一是企业管理层对宏观政策的跟进步伐把握不足。德隆系股票崩盘的导火索，是因为国家对宏观经济的调控转为"实现经济平稳较快增长，高度重视防止通货膨胀和金融风险"。

二是甩之不去的地雷：老三股。新疆屯河、湘火炬、合金股份，德隆旗下三驾马车曾经创造了中国股市中最为离奇的涨势。自唐氏接手之后，股价最高时分别上涨了1 100%、1 500%、1 100%。

但是在高股价背后，是德隆系的巨额资金。由于乏人参与，老三股的变现困难，占用着德隆系的大量资金。

三是行业整合与金融管理不协调。德隆仅仅是将资产买进了自己的系统内部，却再没有对后续资金进行调理，改善经营状况，只是依靠该企业内部资金的积累谋求发展，根本跟不上德隆兼并的步伐。

四是忽略了媒体的力量。媒体在一定程度上于德隆的崩盘中起了"墙倒众人推"的负面效果，同时也极大地影响了投资人的信心。

(二) 深层次原因：产业整合和金融管理模式的失败

1. 产业整合：缺乏支撑的空中楼阁

德隆所整合的多为传统制造业，这些行业投入大，见效慢，回收周期长。如果没有相应期限的融资做支撑，资金链很容易出问题。支撑企业战略发展的长期股权投资，因为关联公司之间的控制权交易，而没有新的资金注入，使得长远发展的资金储备严重缺乏。

而且，从企业外部角度，德隆还存在着融资环境不匹配、融资手段不光明、整合效果不理想这三个明显的问题，更容易造成产业整合缺乏后续资金来源的支撑。

2. 德隆的金融管理模式具有内在的缺陷

(1) 德隆金融管理中融资和投资的搭配不合理。

德隆只是通过旗下的金融机构，协调整个集团内部资金的运作，并依靠资产、股权、信用等为抵押，大量增加银行的借贷款，甚至深入银行内部，通过持有商业银行的股权，获得庞大的流动资金。短期融资用以支撑长期投资项目的不同阶段开发。受企业性质所限,德隆的融资多数采取短贷长投的模式,资金来源的短期性与资金使用的长期性形成了难以弥补的缺陷。

(2) 德隆金融管理中产业与金融的发展速度不匹配。

德隆模式是以产业和金融为两翼,互相配合,共同前进。但是,实业与金融业毕竟性质不同,产业整合效益的速度,总体上无法跟上金融的速度,因此很难平衡两者。

为达到这种平衡,早期的德隆通常的做法是,先控股一家上市公司,通过这个窗口融资,投入产业发展,提高公司业绩,然后再融资进入下一个循环。这是一种资金利用率非常高的运营手法,通过杠杆作用充分利用资本市场的融资功能来壮大自己。但是,单单通过直接融资是远远不能达到德隆的战略目标的。

随着德隆系产业的扩大,德隆必须依赖大量银行贷款才能维持资金链条,支持其发展战略。德隆通过将持有的法人股抵押贷款,或者通过所属公司互相担保来取得贷款。

此外,德隆开始介入金新信托、德恒证券、恒信证券、新疆金融租赁等多家非银行金融机构,以及昆明、长沙、南昌等地的商业银行,希望把风险都控制在内部。

据监管部门自2002年年末以来的调查,德隆在整个银行体系的贷款额高达200亿—300亿元,主要来自四大国有银行。如果再加上委托理财、证券公司三方委托贷款等,德隆占压的银行资金高达四五百亿元。在银行贷款越来越多的情况下,一旦产业整合不利,银行紧缩贷款,那么德隆的资金链条会立刻出现险象,从而导致全面的系统崩塌。

(3) 缺少对金融风险的评估和控制。

对于德隆来说,构建了如此庞大的金融体系,却缺少对金融风险的评估和控制。金融管理的一个基本规律是:金融工具的杠杆效应越大,对应的风险也越高。无论设立多少中间公司、变换多少手法,只要最终希望达到以一搏多的效果,就必然面临更大的风险。然而,风险是可以作为成本来评估的。换句话说,未来的不确定性可以折算成当前资产净现值的损失。如果一项金融操作增加了大量风险,即使账面盈利,实际仍可能是亏损的。

当德隆快速扩张的时候,它的资产价值可能早就在缩水了。德隆并不是微软、雅虎那样拥有丰厚"技术红利"的高科技公司,其控制的资产大多是传统产业。扩张的账面边际收益会逐渐下降。与此同时,各种复杂资产关系、金融交易以及项目生命周期所潜藏的风险,却使扩张的风险成本不断增加。换句话说,德隆可能早就过了一个临界点,在那之后,德隆的账面净资产增加得越多,其真实价值反而越来越小。假若德隆内部做过这样的评估,也许它早就应该采取更加谨慎的扩张模式,甚至主动出售一些非核心的资产和业务。这样,它就不至于到最后被动地变卖旗下企业了。

四、德隆事件对金融运营管理的启示

通过对德隆集团的研究,可以带来如下启示。

(一) 金融运营管理首先要有正确、健康的投资理念

在投资理念上,德隆的做法很值得今天的企业参考——偏重战略管理。德隆做的都

是三年以上的滚动规划，往前看三年、甚至七年，而且都使用大股东思维，通过内生发展，更多则是通过并购整合，把企业做强做大。

现在的资本运作则更多是进行财务性投资，过于追求财务性投资的盈利，会导致公司发展比较急功近利，只好通过所谓的市值管理，使公司牺牲一些战略思维，为长期利益的形成作出一些妥协。作为一个具备战略思维的投资人，需要具备长远的眼光、国际化的视野，才能把行业看深看透，从而实现标的公司更长久的价值。

德隆之所以成为战略管理者，与它掌握的资源和对企业的参与思路有关。当时德隆旗下有几家上市公司，如果没有长期思维，就不能实现上市公司价值长期成长，也不会有那么多的人跟随。

这些上市公司的操作思路都是在战略管理的基础上，投资人和标的企业同心同德，以投资人对标的企业的尊重、对企业价值的认同，有方法、有耐心地把企业推向行业高度。

所以不管是收购天山水泥、湘火炬还是收购汇源果汁，都是一样的手法，再加上华尔街的思维和国际大牌顾问公司的参与，让投资人和企业的融合更加完善。

比如对湘火炬的整体策划，无论是与国外企业的购并，还是和国内企业的合作，贯穿始终的是实现行业整合，把国内外优秀的企业都串在价值链上，这样才能在四五年的时间里，把企业从1个亿销售收入做到100个亿。

当然，这样的战略需要强大的团队来执行，德隆以前的做法是对所有被并购的标的企业，派出战略管理队伍，从财务、战略上保持一致。同时实现投资人和标的企业对同一个文化的认同，以确保整合的顺利实施。与长期投资思路相吻合的，是对于各行各业的深入研究，这也是战略管理的前提。

（二）实体企业的金融运营管理要防止过于激进

很多企业以同一笔资金，根据某种需要，辗转注册了数家企业，形成一个集团的架构。然后在资本运营的同时，利用这些企业的不实虚置资产和业绩，以抵押、担保，甚至重复抵押等方式进行融资套现，支撑企业的经营运作。在如此循环往复的过程中，发生的融资成本和管理成本不断吞噬着企业的现金流，又必须不断以新的更大的资金融入维持还本付息和资金消耗。这样的企业是在靠银行的输血维持着表面的繁荣，其本身是缺乏造血功能的。一旦银行停止输血，企业的结局就是黯然退场。

因此，企业即使有机会融到便宜的资金，也要学会克制，要回归到企业经营的本质上来，时刻站在战略的层面去俯视自己的企业，思考自己的行动是否过于激进。同时，要用战略管理的手段来统筹和牵引企业的一切经营活动，同时做到居安思危、稳健经营。

（三）金融运营管理的前提是公司治理结构的完善

德隆问题特别是资金黑洞问题，暴露了企业的产业扩张和资本运作存在着不少弊端和缺陷，深层次原因就是公司治理结构的不完善，导致管理者行为缺乏监督和控制。因此，改革企业的金融运营和管理模式，首先需要完善公司治理结构，企业必须树立积极的危机意识，要建立危机管理、预防机制。通过不断的、有益的探索和尝试，以促进金融资本与产业资本的相互融合和渗透，进而为建立我国真正的金融控股集团打下坚实的基础。

第六节 案例分析:德隆金融管理与行业整合的双轮驱动

一、为何选择德隆?

德隆从一间名不见经传的新疆小公司迅速崛起,尤其是资本市场和产业整合方面的非凡运作,引起国内强烈反响。德隆是妖魔枭雄还是时代英雄?世人各执一方,但德隆能够迅速崛起成为全国商界焦点,有一点可以肯定,它不是一般企业,尤其是其金融运营管理与行业整合的思路,值得作为典型案例进行研究。

纵观德隆发迹,有"一点两面"是可以作为德隆发展主线予以肯定的:一点就是德隆企业发展战略的准确定位——创造传统产业新价值。围绕这个中心点,一方面充分借助金融运营手段,进行企业兼并、资金融通,另一方面,整合产业,夯实提升产业竞争力。

而这些都是通过股权控制所进行的战略方面设计,德隆并不负责具体的企业运营,只是通过目标管理进行控制。从这些方面来说,多年的经验和理论均可验证其做法是合乎逻辑、行得通的,这些可成为实体企业进行产业拓展和金融运营的借鉴案例。

二、德隆的行业整合与金融运营管理

(一)步入实业

1994年,拥有大量闲置资金的德隆,开始琢磨新的发展模式。首先相中了新疆得天独厚的农业,1995年在乌鲁木齐以注册资本人民币1亿元成立新疆德隆农牧业有限责任公司,1996年在昌吉以注册资金2 000万元成立新疆屯河农牧业发展有限公司(后合并为新疆德隆国际实业总公司,注册资本人民币2亿元),投入资金1.7亿元在新疆乌苏县、呼图壁县、昌吉县、塔城市先后建成4个现代化农场,农场全部采用高度机械化和先进的节水农业技术。德隆设想围绕农业种植建立起配套的农产品加工企业,形成引种、栽培、养殖、运输、加工、包装、储藏、销售一个完整的产业链。

(二)买壳上市,赢得腾挪大舞台

1996年,国家为法人股上市流通问题困扰着,这为德隆在资本市场进行一些更大胆的操作提供了难得的机遇,1996年10月,新疆德隆国际实业总公司通过法人股转让方式以每股2.51元的价格受让了昌吉州屯河建材工贸总公司持有的450万股和新疆八一钢铁总厂持有的263万股新疆屯河法人股,合计占总股本的10.185%,成为新疆屯河第四大股东,之后,新疆德隆多次收购屯河股份第一大股东屯河集团的股权,通过公司重组、股权集中等多种方式,成为屯河集团的第一大股东,到1998年才以直接持股和间接持股的混合方式实现对屯河股份的控股。

1997年6月,新疆德隆在公开招标会上以竞价收购的方式投入大量资金,以每股3.11元的最高报价总共4 665万元,购得沈阳合金股份有限公司1 500万法人股,占总股本29.02%。成为沈阳合金第一大股东,取得控股权地位,进入家用户外维护设备、电动

工具制造领域。

1997年11月,新疆德隆又以每股2.8元总共7 000万元,投入大量资金受让湘火炬投资股份有限公司2 500万法人股,占总股本25.71%,成为湘火炬的第一大股东,取得控股权地位,进入汽车零部件制造领域。

在以上被德隆所收购控股的公司,原来的经营管理班子基本保持不动,而这些收购为德隆下一步较为有效地利用资本市场实现扩张创造了条件。公司实际业绩的增长支持着公司市值的上升及资本市场上的融资,然后资本市场上的融资再反过来支持公司经营业绩继续实现新的扩张,以实现更多的财富,这成为德隆迫切需要解决的问题。

民营企业借壳上市,不外乎借助资本市场的融资功能获得急需的发展资金,或者借助资本市场的资源配置功能和机制转换功能,改善自身的产业结构和经营机制,提高盈利能力,增强企业后劲。

三、产业整合,打造产业价值链运作优势

1997年,德隆集团在北京"达园会议"上确立了由"做企业"改为"做产业"的发展方向,进行了新疆屯河"红色产业"、沈阳合金、湘火炬"大汽配产业"三大产业整合战役。

(一)新疆屯河"红色产业"整合

德隆借壳上市获取资金融通后,将屯河水泥剥离出去给天山股份,通过屯河间接控股天山,整合了新疆主要的水泥生产能力。同时,自己选择了"红色产业",通过收购、重组新疆各地的番茄加工企业和国内、国外销售网络,几年内迅速发展为全世界第二大番茄经营企业,成了新疆继"黑色产业""白色产业"之后,又一强势产业,堪称企业发展战略提升为地区经济发展战略的典型。整合后的主要运作方式如下。

1. 内外整合

德隆入主屯河之初,仍立足于企业原有主业求发展,通过技术改造,企业整合,迅速由40万吨水泥年生产能力提升为百万多吨的新疆第二大水泥产业。

2. 战略出让

水泥的销售经济半径大约为500公里,产能日益增长的新疆屯河与近在咫尺不足50公里的新疆最大水泥企业——天山股份的竞争日益惨烈,如何突破发展限制?成为德隆、新疆屯河迫切需要解决的问题。为此,在德隆的推动下,新疆屯河动用了800万元左右的资金,聘请有关专家和4家国际知名咨询公司到国内外,就资源优势、国外市场容量等进行全面详细调研,形成极具参考价值的番茄等行业战略研究报告,采用链条式产业化运作,从生产番茄酱和其他加工品,延伸到番茄种植以及经营出口等整个链条。1998年12月,在新疆政府的支持下,德隆召开由国内20多名专家、院士参加的"红色产业"论证会,提出新疆"红色产业"建设与发展战略,进行番茄、红花、枸杞、葡萄等种植和加工,使"红色产业"逐步成为新疆经济发展的一大支柱产业。

经过精心策划,从1999年起,新疆屯河公司在扩大水泥生产能力的同时,充分利用新疆的自然资源优势,以配股资金和自筹资金收购了一些企业,逐步涉足番茄酱的生产和销

售,由以往水泥生产为主的建材行业拓展到农产品的深加工领域。随着一家家现代化的番茄酱厂的迅速投资与建立,形成了屯河的主要利润来源。水泥产业似乎成为了屯河的"鸡肋"。

2000年10月,屯河以1.78亿元的价格将自己水泥资产51%的股份转让给天山股份。在转让水泥资产的同时,它又以1.1亿元的价格受让了天山股份的第一大股东新疆天山建材公司30%的股权,得以间接对天山股份施加控制。而且,在与天山股份新设立的水泥公司中,新疆屯河仍持有49%的股权,从而保持稳定的投资收益。

3. 屯河战略转型

2002年底,天山股份经审计每股净资产4.72元,新疆屯河在此基础上按照每股4.80元收购天山水泥5 100万股,交易金额2.448亿元,而天山股份再收购新疆屯河所持有的屯河水泥股权,同样将支付2亿多元。从此,新疆屯河彻底退出水泥"灰色产业"。

新疆由于特殊的地理环境和气候原因,出产的红色果蔬红色素含量高,富含维生素及多种营养成分,是生产健康食品的最佳原料,尤其是番茄酱,新疆是世界少有的、最适合种植的地区,番茄产量高、质量好。番茄酱及其制品成了运作最早、最大、最成熟的"红色产业"。

为将"红色产业"这一"资源优势转化为经济优势",按照规模经济要求,通过并购整合和改扩建,以低成本收购了新疆十几家小而分散的番茄加工企业,大规模、高水平、高速度形成屯河番茄加工企业群;同时,屯河投资2亿多元人民币,引进10多条当时最先进的意大利番茄生产线,在天山北坡和焉耆盆地,扩建和新建起10多个日处理2 000吨番茄的加工企业,所生产番茄的色泽、粘稠度、低霉菌含量超出国际品质标准,在短短3年内,实现20万吨番茄生产规模,成为亚洲第一,在全球也仅比美国亨氏低2万吨而居第二位。

4. 并购销售渠道,迅速打通价值链

德隆利用从资本市场募集来的资金,收购目标企业,重组市场,打造整合价值链:在国外,德隆收购了具有20多年经营资历的美国番茄酱销售商新瑞公司和意大利甘多弗公司,通过控股这些公司庞大推销网络以获取"带品牌的销售收入",并与世界著名食品品牌——亨氏建立合作关系,成功打入国际市场;在国内,2001年5月,屯河以合资组建方式以51%股权控股北京汇源集团(汇源在果蔬饮料方面以23%的绝对优势居全国第一),赢得汇源成熟的销售网络,通过汇源来扩大屯河果蔬饮料市场。

5. 产业链延伸

屯河精耕细作的另一产业——胡萝卜制品,可以错开番茄酱加工季节,利用其80%的生产设备,生产期延长5个月。新疆得天独厚的地产资源红花、枸杞、葡萄等当地特色果蔬资源也得到有效开发和规模生产。

经过这样的整合,德隆得以实现一箭双雕。

(1) 新疆屯河将水泥资产转移给天山股份,强强联合,减少新疆屯河与天山股份的同业竞争内耗,壮大了天山股份主业,提高其水泥行业地位与规模效应,屯河通过对天山水泥控股获取更多水泥产业的投资收益。

(2) 新疆屯河集中力量去做番茄酱等农业产业化项目；德隆等于用屯河的水泥业务和2.448亿元的资金换来了天山股份的控股权，在旗下又增添了一家上市公司资源。

（二）沈阳"合金产业"整合

德隆实业的业务一开始局限于新疆，收购沈阳合金后，标志德隆战略投资拉开新的一幕。沈阳合金的主要产品是镍合金，尽管市场占有率高达80%，但镍合金市场规模太小，全国总需求每年不过1个亿，企业注定长不大，难以超常规发展。

1. 初试风雨，锁定传统产业

如何改造沈阳合金以及"太空梭动感电影设备"项目的迅速崛起与衰败，令德隆感悟到：中国企业的最大发展空间在传统产业。只有传统产业，才能发挥中国在劳动力和技术方面的比较优势；只有传统企业，才有一个成熟、现成的，而不是潜在的市场；只有传统产业，才没有太多的不确定因素。合金股份开始了一系列的跨行业、跨地区甚至跨省际的兼并、收购策划，从此走向以生产经营和资本相结合的扩张之路。

2. 拓入电动工具，整合下游价值链

电动工具行业比较冷门，海外市场虽然比较大，但国内企业强占出口市场、相互压价、内耗不止，谁也死不了，谁也活不好，中国电动工具业就像一群散兵游勇。1998年，合金将从资本市场募集的几乎全部资金投入到一系列并购、整合中。

1998年9月，合金出资9 000万元，受让星特浩持有的的上海星特浩（直流电动工具老大）75%的股权，通过此举进军机电产品的国际市场，一方面，为合金产品的下游找出路，另一方面，采用"拿来主义"利用上海星特浩公司成熟的市场销售渠道。

1999年6月，合金股份以控股的上海星特浩企业与渭阳柴油机厂（以风冷柴油机、摩托车、滤产品为主的国家一级大型企业）、星特浩（香港）发展有限公司共同出资成立陕西宝鸡星宝机电有限公司，成为第一大股东，开发生产国际市场上畅销的2—16马力小型汽油机。

1999年6月，以上海星特浩出资2 000万元安置全部职工的零资产方式收购苏州太湖集团（交流电动工具老大）75%的股权。

其后又通过星浩特出资3 210万元收购了苏州黑猫集团（生产高压水枪等系列产品）80%股份，出资3 633万元收购了上海美浩电器有限公司（生产清洗机械）75%的股份。并与中信合作成立山西中浩园林机械有限公司（生产割草机等草地园林机械）。

至2001年止，德隆渗透到由原料供应到重要配套，再到终端产品形成的产业链全过程，并基本上控制了全套自助电动工具的生产，并重新配置了电动工具市场的资源。

3. 结盟Murray，对接国际市场

面对中国生产的电工工具数量占全球70%，销售收入却仅占10%，利润还不到1%的残酷现实，德隆意识到除内耗之外，更关键是需要打通品牌、销售渠道、售后服务网络，把国内整个行业全部整合起来，以提高合金股份与国外客商的谈判地位。继2000年下半年与Murray（美国一家具有70年历史的户外机械生产开发商，其手推式和坐式割草机分别占世界份额第一、第二位)结成战略合作伙伴后,不断探讨更深层次合作:利用 Murray 的品牌和销售渠道,销售合金的产品;利用合金的生产基地,加工生产 Murray 的产品,共同开发销往欧美的产品。并商谈收购 Murray 公司事宜。

4. 产业链延伸

沈阳合金生产的汽车火花塞电极材料在国内市场占有率达 80% 以上,并成为湘火炬最大的供应商,合金股份大批的应收账款来自湘火炬,因此,德隆入主湘火炬,将其纳入产业链中。

(三) 湘火炬"大汽配"产业整合

由于技术成熟,汽车零部件的生产属于劳动密集型企业,随着世界经济一体化和全球工业结构的调整,以及我国整车国产化率要求,国际大型企业和汽车零部件企业纷纷抢滩中国,给我国汽车零部件工业发展带来前所未有的机遇。

1. 注入了发展"大汽配"产业的理念,向多品种汽配产品发展

几十年来,湘火炬只有单一的火花塞主导产品,面对乡镇企业突起,市场份额不断受到吞噬。德隆入主后,改变了过去单纯依靠火花塞独闯天下的发展模式,利用公司现有的研发能力和品牌优势,向汽车刹车系统、汽车点火系统、火花塞、特种陶瓷等为主体的系列汽车零部件及其机电产品体系综合发展。确定"以主导产品为主,两翼展开,发展大汽配,创立民族汽配第一品牌"的战略。

2. 舞活壳资源,在国内进行低成本战略扩张整合

1998 年 9 月,湘火炬收购株洲活塞销厂(国家内燃机配件重点骨干企业);

1999 年 9 月,湘火炬以 3 300 万美元总价收购了最有威胁的竞争对手——美国最大的刹车片进口商 MAT 公司及其所拥有的香港地区两家公司、美国两家公司以及其在中国内地 9 家合资公司的 75% 股权,从而获得了美国汽车零部件进口市场 15% 的份额,当年就实现了 1.5 亿美元的在美销售额;

1999 年 10 月,湘火炬又斥巨资,收购了新疆机械进出口公司,拓宽了国外销售渠道,拥有了一支具有丰富专业知识经验的国际贸易团队;

2000 年 10 月,出资 2 250 万元受让上海和达 50% 股权,2001 年又增持了 25% 的股权(主要看中人才和与国际接轨的技术)。

3. 内结外联,共同打造汽配产业

通过合作企业和美国 EATON 公司、CATERPILLAR 公司商谈联合从事变速箱 OEM 业务,为 EATON 和 CATERPILLAR 提供配套服务;和德国知名铸造公司 EB 商谈引进该公司的技术、管理,以联合投资形式,进行整合中国精密铸造业从而参与国际汽车零部件制造业。

4. 打响整车战役,打造重型汽车帝国

从 2002 年 7 月份开始,湘火炬接连发布公告,投入巨资进军汽车整车领域。

2002 年 7 月 3 日,湘火炬宣布出资 3 600 万元与东风汽车合资成立东风越野车公司,占注册资本的 60%。2002 年 9 月 7 日,经临时股东大会通过,湘火炬与陕西汽车集团合

资成立陕西重型汽车有限公司,注册资本4.9亿元人民币。湘火炬以现金出资2.5亿元,占注册资本的51%。2002年12月24日,湘火炬公告称,已与重庆重汽集团及德隆国际签订合同,合资组建重庆红岩汽车有限责任公司,合资公司注册资金为5亿元人民币,湘火炬以现金方式出资2.55亿元,占合资公司注册资本的51%,德隆国际出资2 000万元,占4%。

（四）德隆失败的产业整合：要么控制,要么退出

2003年5月16日,"新疆屯河"(600737)正式发布公告称,将以53 040万元的价格出售北京汇源饮料食品集团有限公司(下称"北京汇源")51%的股权,标志着"新疆屯河"与"汇源集团"正式分手,也标志着此次整合以失败告终。

德隆擅长产业整合,通过整合一个企业而实现整合一个产业的目标。从1999年开始,"德隆"通过"新疆屯河"进行了三次产业整合。以控制力为基础的产业整合,要么控制,要么退出,在水泥产业和番茄酱产业中均获得成功,但在通过"北京汇源"整合果汁饮料行业过程中却受到了挫折,最终"德隆"选择了退出。

四、案例总结

通过德隆的产业整合及金融管理之路,可以看出德隆在当时的发展思路是比较领先的,发展理念是通过金融支撑以行业整合为抓手振兴民族产业,发展动机也是为了产业的升级。尽管如此,由于德隆的金融管理模式及风险控制都出现问题,加上内外环境因素的影响,最终导致企业崩盘的命运。因此,不管是金融机构还是实体企业,金融运营管理无疑都是非常重要的,是企业持续稳定发展的根本保障。

总结与展望

本书属于微观金融的范畴,从金融机构和实体企业两个层面对金融运营管理进行了探讨。研究范围主要包括四个部分,分别为金融机构运营、金融机构管理、实体企业运营和实体企业管理。

围绕研究的主题,本书其他部分对金融运营管理的相关理论基础进行了探讨。

第一章分析了金融运营管理的六个基本要素,分别为信用、道德与社会责任、环境、战略、管理、运营,每一个要素都是金融运营管理不可或缺的,是金融运营与金融管理必须恪守的理念。在此基础上,总结了金融运营管理的精神实质,也就是水的精神。

第二章讨论了金融运营管理的两个基础,包括战略规划和财务计划两部分内容。战略是金融运营管理的六大核心要素之一,同时战略规划也构成了金融运营管理的基础支撑,没有好的战略规划,金融运营管理也就失去了目标和方向;相对于战略规划,财务计划则更加微观、具体,是战略规划实施的财务支撑,也是金融运营管理的基础前提。

第三章、第四章侧重于金融运营管理的环境分析。环境是金融运营管理中重要的外部变量,具体包括政治环境、社会环境、经济环境、技术环境、市场环境等方面。金融运营与金融管理在相当大程度上受到外部环境的制约,只有在外部环境作用下,实现协调平衡,金融运营管理才能发挥作用。在众多环境中,最为重要的是国际、国内的政治经济环境。为此,本书对国际环境和国内环境进行分析,主要聚焦在新型城镇化这一我国经济未来发展的重要引擎,通过对新型城镇化发展思路、发展历程的探讨,以此为基础,让读者对金融运营管理的环境分析更好地领悟和把握。

第五章、第六章聚焦在金融机构运营及金融机构管理。在金融运营部分,以开发性金融发展与运营模式作为整体案例具体分析金融机构运营如何开展;在金融管理部分,以开发性金融规划先行作为整体案例,探究一项战略措施在金融机构实际工作中的工作流程和管理思路。通过这两章的分析,增强读者对金融机构运营、金融机构管理的可视化,增强分析内容的实践性和应用性。

第七章是实体企业金融运营:收购与兼并。对实体企业而言,发行股票、发行债券、配股、增发新股、转让股权、派送红股、转增股本、股权回购,企业的合并、托管、收购、兼并、分立以及风险投资等,资产重组,对企业的资产进行剥离、置换、出售、转让,或对企业进行合并、托管、收购、兼并、分立的行为,都是资本运作或金融运营的方式,但收购与兼并是企业运用资本运营实现快速发展的最核心、最主要方式。因此,实体企业金融运营立足在收购与兼并这一领域进行探讨。

第八章是实体企业金融管理:德隆集团的覆灭。选择 20 世纪末中国民营资本的龙头——德隆集团作为案例的理由是它的发展带有非常鲜明的特色,抛开快速发展、最后崩溃的发展历程之外,德隆发展中的民族担当有一定的悲情色彩,加之金融管理的巨大失误,能给研究实体企业金融管理带来非常重要的启示。

金融运营管理有三层含义,一是金融运作,二是金融经营,三是金融管理。由此,对金融运营管理的研究则涉及两类实体:金融机构和实体企业;聚焦到三个领域,一是要具有怎样的金融运营管理理念,二是选择怎样的金融运营模式,三是如何做好金融管理。期望通过本书的研究在金融运营管理领域做到金融机构与实体企业的结合,并对上述三个领域都能给出相应的解答。

本书的研究难免挂一漏万,希望有识之士不吝批评,也希望广大同仁在金融运营管理领域做出更多有意义的创新性研究成果。

参 考 文 献

[1] Adams D. Urban Planning and the Development Process[M]. Acta Petrolei Sinica,1994.

[2] Dreher A. IMF and Economic Growth: The Effects of Programs, Loans, and Compliance with Conditionality[J]. World Development, 2006, 5(34): 769-788.

[3] Berkovitch E, Naveen K. A Theory of the Acquisition Markets: Mergers versus Tender Offers, and Golden Parachutes[J]. Review of Financial Studies, 1991, (4): 149-174.

[4] Black F, Scholes M. The Pricing of Options and Corporate Liabilities[J]. Journal of Political Economy, 1973, 3(81): 637-654.

[5] Cullingworth J B. Town and Country Planning in Britain [M]. Unwin Hyman,1988.

[6] Faccio M, Masulis R. The Choice of Financing Methods in European Mergers & Acquisitions[J]. Journal of Finance, 2005, 3(60): 1345-1388.

[7] Khublall N, Yuan B. Development Control and Planning Law in Singapore[M]. Longman,1991.

[8] Hans R. The Role of a Development Bank in a Social Market Economy[R]. China Development Bank International Advisory Council Meeting, 2002.

[9] Butkiewicz J L, Yanikkaya H. The Effects of IMF and World Bank Lending on Long-Run Economic Growth: An Empirical Analysis[J]. World Development, 2005, 33(3): 371-391.

[10] Lins K V. Equity Ownership and Firm Value in Emerging Markets[J]. Journal of Financial and Quantitative Analysis, 2003, 38(1): 159-184.

[11] Ministry of Construction, Government of Japan. Urban Land Use Planning System in Japan[R]. 1996.

[12] Manuela F. Measuring the Performance and Achievement of Social Objective of Development Finance Institutions[R]. WPS 4506, The World Bank, 2008.

[13] Schreiner M, Yaron J. Development Finance Institution: Measuring Their Subsidy

[M]. World Bank Publications, 2001.

[14] Dowall David E. American Development Control: Parallels and Paradoxes from an English Perspective by Richard Wakeford HMSO Books, London, UK, 1990, 277: 25[J]. Land Use Policy, 1991, 8(3): 260-261.

[15] Yaron J. State-Owned Development Financial Institution: Background, Political Economy, and Performance Assessment[R]. IADB Conference on Public Banks, February 25, 2005, Inter-American Development Bank, Washington, DC, 2004.

[16] Zhao L K. Collars and Value Maximization in Stock Mergers: Theory and Evidence[D]. UBS Ph. D. Thesis, 2003.

[17] [美]J. 弗雷德·威斯通,[韩]S. 郑光,[美]苏珊·E. 侯格. 兼并、重组与公司控制[M]. 经济科学出版社,1998.

[18] 白钦先,王伟. 各国开发性政策性金融体制比较[M]. 中国金融出版社,2005.

[19] 卢惠明,陈立天. 香港城市规划导论[M]. 三联书店(香港)有限公司,1998.

[20] 陈元. 创建国际一流市场业绩的开发性金融[J]. 求是,2003,(19):32-34.

[21] 陈元. 发挥开发性金融作用 促进中国经济社会可持续发展[J]. 管理世界,2004,(7):1-15.

[22] 陈元. 改革的十年,发展的十年[J]. 求是,2004,(13):40-42.

[23] 陈元. 做好科学发展规划推动经济社会又好又快发展[N]. 光明日报,2009-06-26.

[24] 陈元. 市场信用体制建设是经济发展第四推动力[J]. 国际融资,2009,(11):5.

[25] 陈元. 开发性金融与逆经济周期调节[J]. 财贸经济,2010,(12):13-19.

[26] 丁健. 社会主义新农村建设中的开发性金融支持研究[D]. 苏州大学硕士学位论文,2007.

[27] 国家开发银行、中国人民大学联合课题组. 开发性金融论纲[M]. 中国人民大学出版社,2006.

[28] 国务院发展研究中心《开发性金融研究》课题组. 依托国家信用行使职能——国外政策性金融的发展趋势[J]. 国际贸易,2005,(5):53-55.

[29] 郝娟. 西欧城市规划理论与实践[M]. 天津大学出版社,1997.

[30] 黄刚,蔡高根,刘金林. 运用开发性金融解决广西科技型中小企业融资问题研究[M]. 广西人民出版社,2007.

[31] 李荣融. 并购重组——企业发展的必由之路[M]. 中国财政经济出版社,2004.

[32] 李远. 德国区域规划的"区域管理"及其组织结构[J]. 城乡建设,2006,(2):61-64.

[33] 李远. 联邦德国区域规划的协调机制[J]. 城市问题,2008,(3):92-96,101.

[34] 林燕平. 美、德、日企业合并规制的最新发展及其评述[J]. 政治与法律,1998,(2):53-55.

[35] 马永斌. 公司并购重组与整合[M]. 清华大学出版社,2020.

[36] 梅世文. 开发性金融支持新农村建设研究[D]. 中国农业科学院博士学位论文,2007.

[37] 齐安甜.企业并购中的实物期权与博弈分析[M].中国金融出版社,2007.
[38] 唐立久,张旭.解构德隆[M].杭州:浙江人民出版社,2008.
[39] 王英辉,李文陆.中国企业跨国并购风险系统分析及对策研究[J].中国经济评论,2003,3(12):11.
[40] 王绍宏.中国开发性金融及其转型研究[D].天津财经大学博士学位论文,2008.
[41] 吴敬茹.论日本的开发性金融发展改革及对我国的影响[J].当代经济,2007,(18):84-85.
[42] 白钦先,王伟.政策性金融可持续发展必须实现的"六大协调均衡"[J].金融研究,2004,(7):14-22.
[43] 袁莹莹.我国开发性金融问题探究[D].上海交通大学硕士学位论文,2007.
[44] 袁振华.国家开发银行核心竞争力研究[D].中南大学博士学位论文,2011.
[45] 袁乐平,陈森,袁振华.开发性金融:新的内涵、理论定位及改革方向[J].江西社会科学.2012,(1):5.
[46] 张新.《上市公司收购管理办法》价值取向和操作流程[J].新财富,2002(12):86-94.
[47] 张正华,周萃.国开行:以市场建设助力宏观调控[N].金融时报,2006-06-14.
[48] 周春生.融资、并购与公司控制(第三版)[M].北京大学出版社,2013.
[49] 邹力行.商业银行形态开发性金融机构发展模式研究[J].科学决策,2010(6):1-10.

图书在版编目(CIP)数据

金融运营管理/牛淑珍,齐安甜主编.—上海:复旦大学出版社,2023.11
(复旦卓越.金融学系列)
ISBN 978-7-309-17057-3

Ⅰ.①金… Ⅱ.①牛…②齐… Ⅲ.①金融管理-运营管理 Ⅳ.①F830.2

中国国家版本馆 CIP 数据核字(2023)第 221902 号

金融运营管理
牛淑珍 齐安甜 主编
责任编辑/姜作达

复旦大学出版社有限公司出版发行
上海市国权路 579 号 邮编:200433
网址:fupnet@fudanpress.com http://www.fudanpress.com
门市零售:86-21-65102580 团体订购:86-21-65104505
出版部电话:86-21-65642845
上海四维数字图文有限公司

开本 787 毫米×1092 毫米 1/16 印张 13.5 字数 295 千字
2023 年 11 月第 1 版第 1 次印刷

ISBN 978-7-309-17057-3/F·3008
定价:46.00 元

如有印装质量问题,请向复旦大学出版社有限公司出版部调换。
版权所有 侵权必究